文化是一个国家、一个民族的灵魂,是社会发展的"根"和"魂",缺少了优秀文化的滋养,乡村振兴就缺少了灵魂。

回顾与展望：中国乡村文化建设策略研究

晋东海 著

河南大学出版社

·郑州·

图书在版编目(CIP)数据

回顾与展望：中国乡村文化建设策略研究／晋东海著.--郑州：河南大学出版社,2022.1
ISBN 978-7-5649-5006-4

Ⅰ.①回… Ⅱ.①晋… Ⅲ.①农村文化-文化事业-建设-研究-中国 Ⅳ.①G127

中国版本图书馆 CIP 数据核字（2022）第 018303 号

责任编辑　李亚涛
责任校对　郑　鑫
封面设计　晋东海

出版发行　河南大学出版社
　　　　　地址：郑州市郑东新区商务外环中华大厦 2401 号
　　　　　邮编：450046
　　　　　电话（0371-86059713（高等教育与职业教育分公司）
　　　　　　　　0371-86059701（营销部）
　　　　　网址：hupress.henu.edu.cn
排　　版　郑州市今日文教印制有限公司
印　　刷　广东虎彩云印刷有限公司
版　　次　2022 年 1 月第 1 版
印　　次　2022 年 1 月第 1 次印刷
开　　本　710 mm×1010 mm　1/16
印　　张　13
字　　数　206 千字
定　　价　45.00 元

（本书如有印装质量问题，请与河南大学出版社营销部联系调换。）

序言一

乡村文化是乡村经济社会发展的重要基础，乡村经济、政治等方面的发展，离不开乡村传统文化的支撑。我国是一个农业大国，农业、农村、农民问题一直是影响我国发展的重大问题。改革开放以来，我国乡村的经济社会生活发生了巨大变化，乡村文化建设也取得了一系列成就，但这些发展仍然不能满足广大农民的新需求，特别是不能够满足大家对美好生活的向往，进一步影响了乡村经济社会的可持续发展。按照新时代的要求，从全面建成小康社会和中华民族伟大复兴的战略高度，党的十九大作出了实施乡村振兴战略的重大部署。其中，一个重要环节就是加强乡村文化建设，实现乡村文化振兴。事实上，乡村文化建设不仅是乡村振兴的重要内容，也是社会主义先进文化建设的重要组成部分。只有不断推进乡村文化建设，才能全面提升广大农民的文化素质，更好地解决"三农"问题，促进乡村经济社会的全面发展。

乡村文化是中华传统文明与中华传统文化的根脉所在，它既承载着我国传统文化的内在基因，又担负着社会主义先进文化传承创新的历史重任。传承创新优秀的乡村文化，能够提振农村居民的精气神，增强农村凝聚力，孕育社会新风尚，提高农民的幸福感。只有把乡村文化建设好，中华民族传统文化的繁荣发展才有扎实的根基。党的十八大以来，在习近平新时代中国特色社会主义思想指导下，我国乡村文化建设获得了一系列新成就。这些成就主要表现在以下三个方面：一是在历史层面，延续了中华民族实现伟大复兴的乡村文化脉络，为新时代乡村文化建设奠定了深厚的历史底蕴；二是在理论层面，通过中华优秀传统文化创造性转化、创新性发展，使乡村传统文化传承创新成为习近平新时代中国特色社会主义思想的重要组成部分；三是在实践层面，伴随全面建成小康社会和全面推进乡村振兴的伟大探索，农村的党员干部不忘初心、牢记使命，共同推进中国特色社会主义先进乡村文化建设，为推进乡村全面振兴注入了强大的精神动力。

本书提出,中国共产党领导的乡村文化建设是历史逻辑、理论逻辑与实践逻辑的完整统一,为构筑新时代乡村文化建设的整体性框架提供了重要理论与实践支持。从中国共产党成立以来领导乡村文化建设的历史视角考量,中国共产党的领导是乡村文化建设之要,社会主义核心价值观是乡村文化建设之魂,乡村优秀传统文化是乡村文化建设之基,基层治理体系和治理能力现代化是乡村文化建设之本。新时代乡村振兴中加强乡村文化建设是历史赋予一代人的重任,也是本书探索的核心要义。

期望本书的出版,为新时代乡村文化振兴提供一个新的视角,贡献一种新的力量!

河南省社会科学院原院长

张占仓　研究员

2022 年 1 月 13 日

序言二

党的十八大以来,随着新时代城乡一体化建设的不断深入推进,我国的经济发展质量在不断提高,人民生活水平也在明显改善。但与我国的整体发展情况比较,我国乡村文化发展情况依然处于相对滞后状态,乡村居民的整体素质并没有显著提高,居民的幸福指数甚至还在下降,乡村传统文化在慢慢消失,乡愁乡情也渐行渐远。乡村文化的整体状况不仅不能追随经济的快速发展步伐,也不能适应时代的发展要求,更不能满足农民对美好生活的向往。因此,乡村文化建设势在必行,而且需要全面推进。习近平总书记在党的十九大报告中提出了乡村振兴战略,2018年中央一号文件正式颁布实施乡村振兴战略,乡村振兴全面启动。而乡村文化建设则是乡村振兴的重要推手,不仅可以提高乡村社会的文明程度,更有助于推进全面的乡村振兴。乡村文化建设是一场长期性、艰巨性和复杂性的伟大斗争,也是一项利国利民的伟大工程,还是一项功在当代和利在千秋的伟大事业,更是实现伟大梦想的思想保障和智力支持。乡村文化建设是一项系统性工程,需要政府高度重视,需要社会力量的支持参与,需要积极发挥农民的主体作用,需要协调各方面的力量共同建设,更需要调动各种积极因素为乡村文化建设服务。

本书不仅对中国共产党领导下的百年乡村文化建设进行了回顾,而且对习近平新时代乡村文化建设策略进行了系统性的研究。从乡村文化建设的基本内涵、基本原则、经验借鉴、具体路径、保障体系五个方面着手,旨在构建一个完整的、系统化的建设体系,进而谋求乡村文化的"安、魂、基、本、根"一体化建设。

总之,学术研究的目的在于回应社会现实问题。新时代中国共产党领导乡村文化建设面临诸多问题和挑战,回顾历史、汲取经验、反思不足、服务当下,以中国共产党成立以来乡村文化建设的宏大历史为基础,为新时代乡村振兴战略的有效实施与乡村问题的系统解决提供文化之维,走中国道路,弘扬中国精神,凝聚中国力量,这就是本书研究的核心。

河南职业技术学院党委书记

李桂贞

2022 年 1 月 15 日

前　言

不忘来时的路,走好未来的路。乡村文化的变迁始终是我国文化变革的一条主线,是我们回归精神家园的必经之路。对中国近百年乡村文化建设的历程进行回顾与展望,总结百年乡村文化建设的基本经验,谋划新时代乡村文化建设的系统策略,既是对"不忘初心、牢记使命"主题教育的积极回应,也是对党中央提出的文化强国和乡村振兴战略的积极响应,不仅具有重要的理论价值,还具有重要的实践意义。

新民主主义革命时期的乡村文化建设。新民主主义革命时期的乡村文化建设是在乡村经济的凋敝、乡村社会秩序的混乱状态、传统文化的衰落和西方文化的冲击这样的境遇中开始的。大革命和土地革命时期的乡村文化建设主要表现在:产生了对农民在乡村文化建设中地位的初步认识,形成了党领导乡村文化建设观,开始了乡村建设道路的探索,涌现出党领导下的乡村文化建设诸多举措。尔后,就是抗日战争时期的乡村文化建设,接下来就是解放战争时期的乡村文化建设。新民主革命时期乡村文化建设的基本经验可归纳为:乡村文化建设始终坚持党的领导;乡村文化建设需要调动各方面的积极性;乡村文化建设必须以人民为中心;坚持马克思主义的指导,加强与中国传统文化的融合;批判各种错误思想是推进乡村文化建设的强大武器。

社会主义革命和建设时期的乡村文化建设。社会主义改造时期的乡村文化建设主要表现在:在乡村传播社会主义新文化,对乡村传统文化进行改造,提高农民的文化素养和科学素质。全面建设社会主义时期乡村文化建设主要表现在:在乡村开展全国性的扫除文盲运动,文化教育领域的"大跃进"在乡村的实施及其调整。社会主义革命和建设时期乡村文化建设基本经验可归纳为三个方面:一是在党的领导下,改造与重建并重;二是乡村文化建设,一定要以人民为中心;三是坚持"双百"方针,激发乡村文化活力。

改革开放以来的乡村文化建设。改革开放以来的乡村文化建设主要表现在：重视乡村教育实现乡村文化转型；重视农村社会主义文化阵地建设并呈现出新特点；聚焦"三农"问题进行社会主义新农村文化建设。改革开放以来中国共产党领导的乡村文化建设基本经验可归纳为三个方面：一是在乡村文化建设中加强党的领导，唤起村民的文化自觉；二是大力发展乡村教育，坚持以乡村为本位；三是弘扬传统文化与吸收外来文化精华相结合。

新时代乡村文化建设策略。首先，弄清新时代乡村文化建设制约的因素：一是乡村经济发展滞后因素，二是乡村人才匮乏因素，三是乡村社会治理水平不足因素，四是乡村核心价值观缺失因素。第二，弄清新时代乡村文化建设目标与内容。第三，在此基础上，确立新时代乡村文化建设坚持的基本原则：一是坚持以科学理论指导乡村文化建设，二是坚持以正确的价值认同重塑乡村文化，三是坚持对乡村文化价值重建的路径进行示范引领，四是坚持吸收并借鉴国（境）外乡村文化建设的有益经验。第四，确立新时代乡村文化建设的策略：一要突出新思想引领，传承发展乡村优秀传统文化；二要增强乡村公共文化活力，创新乡村文化传播方式；三要培育乡风文明，建设独具特色的乡村文化；四要重塑乡贤文化，发挥乡贤的示范引领作用；五要提升乡村文化阵地，加强乡村文化队伍建设；六要推进城乡教育公平，坚定乡村文化自信。最后，构建乡村文化建设的保障体系：一要增强党的政治引领，明确乡村文化建设的前进方向；二要助力发展乡村经济，夯实乡村文化建设的物质基础；三是改革乡村文化体制，激活乡村文化建设的主体力量；四是构建现代国家治理体系，为乡村文化振兴提供保障。

关于本书的创新，主要在四个方面有所突破，一是在研究视角上，回顾百年以来这个时段乡村文化建设的历程，对原有研究场域拓展与研究视界进行转换，打破了城市视角支配下所持有的乡村文化建设必须按照城市文化范本改造乡村文化的误区，从乡村社会内在逻辑来重建乡村文化秩序与乡村生活方式；二是在研究内容上，将宏大叙事与微观分析相结合，从理论创新、顶层设计与实践探索等方面全方位研究了百年以来乡村文化建设的历史逻辑，并进行了系统总结；三是在研究方法上，本书以马克思主义理论方法为基础，吸收了历史文献法、比较研究法、调查研究法、学科交叉法等方法对乡村文化建设进行系统梳理;四是在研究结论上,从乡村文化建设面临挑战、基本原则、经验借鉴、具体路径、保障体系五个方面着手,旨在构建起一个完整的、系统化的建设体系,进而谋求乡村文化建设的"要、魂、基、本、根"的一体化。即党的领导是乡村文化建设之要;马克思主义理论是乡村文化建设之魂;乡村优秀传统文化是乡村文化建设之基;乡村民众是乡村文化建设之体;"五位一体"系统发展是乡村文化建设之根。这是历史赋予我们最珍贵的启迪

总之,学术研究的目的在于回应社会现实问题。新时代乡村文化建设面临诸多问题和挑战,回顾历史、汲取经验、反思不足、服务当下,以百年以来乡村文化建设的宏大历史为基础,为新时代乡村振兴战略的有效实施与乡村问题的系统解决提供文化之维,走中国道路,弘扬中国精神,凝聚中国力量,这就是本书研究的核心。

晋东海

2022 年 1 月 10 日

目　录

第1章　绪论 ……………………………………………………（ 1 ）
　1.1　研究依据和研究意义 …………………………………（ 1 ）
　1.2　学术史回顾与分析 ……………………………………（ 5 ）
　1.3　当前研究的基础与本书的创新 ………………………（ 14 ）
　1.4　研究思路与研究方法 …………………………………（ 17 ）
　1.5　相关概念与理论渊源 …………………………………（ 19 ）

第2章　新民主主义革命时期乡村文化建设回顾 …………（ 25 ）
　2.1　新民主主义革命时期乡村文化建设面临的危机 ……（ 25 ）
　2.2　大革命和土地革命时期乡村文化建设回顾 …………（ 40 ）
　2.3　全面抗日战争时期乡村文化建设回顾 ………………（ 54 ）
　2.4　解放战争时期乡村文化建设回顾 ……………………（ 61 ）
　2.5　新民主主义革命时期乡村文化建设的经验总结 ……（ 66 ）

第3章　社会主义革命和建设时期乡村文化建设回顾 ……（ 70 ）
　3.1　社会主义改造时期乡村文化建设回顾 ………………（ 72 ）
　3.2　全面建设社会主义时期乡村文化建设回顾 …………（ 82 ）
　3.3　社会主义革命和建设时期乡村文化建设经验总结 …（ 90 ）

第4章　改革开放以来乡村文化建设回顾 …………………（ 94 ）
　4.1　重视乡村教育，实现乡村文化转型 …………………（ 95 ）
　4.2　构建乡村文化体系，满足农民多元文化需求 ………（101）
　4.3　聚焦"三农"问题，进行社会主义新农村文化建设 …（106）
　4.4　改革开放以来乡村文化建设的经验总结 ……………（114）

第5章　新时代乡村文化体系构建策略 ……………………（118）
　5.1　新时代乡村文化建设面临的挑战 ……………………（119）

5.2 确立新时代乡村文化建设的目标和内容 …………………（125）
5.3 确立新时代乡村文化建设坚持的基本原则 ………………（129）
5.4 确立新时代乡村文化建设的系统策略 ……………………（145）
5.5 构建新时代乡村文化建设的保障体系 ……………………（167）
结　语……………………………………………………………（175）
参考文献…………………………………………………………（181）
后　记……………………………………………………………（194）

第 1 章 绪 论

1.1 研究依据和研究意义

1.1.1 研究依据

中国是一个农业大国,农业、农村和农民问题从中华人民共和国成立以来,就成为国家建设、发展和改革的重要问题。目前,农村人口温饱问题已基本解决,但在迈向全面建成小康社会、建设社会主义现代化强国的征途中"三农"问题依然十分突出。改革开放以来,在经济建设快速发展的大趋势之下,我国农村地区的经济也紧跟时代的脚步,不断增长发展,农村地区居民的基本生活水平也在逐步提高,但随着95后、00后农民进城务工潮流的到来,农村出现了中坚力量空心化的结果,老一代农民、新生代农民、农村精英、进城农民、农村出身的大学生,每个群体的文化都不尽相同,乡村文化的"荒漠化"和"无根化"问题更加突出。针对乡村文化的缺失和发展滞后等一系列问题,习近平总书记在党的十九大报告中,提出乡村振兴战略,把"三农"问题放在重中之重位置。习近平总书记关于治国理政的系列讲话,以及在全国各地考察农业、农村、农民问题时,也专门提到乡村文化发展的问题。如何将习近平总书记的讲话精神深入贯彻到社会主义新农村文化建设中,这就需要从事乡村文化建设的专家学者通过深入研究,来探索如何在一个有着5000年农耕文明史的农业大国进行乡村文化建设,为中国尽早实现现代化奠定坚实的基础。无论是社会主义新农村建设,还是乡村振兴战略,都需要乡村文化提供强有力的思想支撑。如果缺少乡村文化的引领,新农村建设和乡村振兴战略就会失去方向,因此,乡村文化扮演着对乡村建设提供精神动力和智力支持的角色。

一个国家的发展变迁"首先是一种文化现象而不简单的是经济现象,是不能通过经济数据和人口数据简单统计来衡量的……导致国家退化和沦落的原因并非像通常假定的那样,是由于经济上的剥削,而是被牺牲者所处文化大环境的解体"。① 20世纪70年代末,在中国农村推行的家庭联产承包责任制拉开了改革开放的序幕,重新启动了中国的现代化建设的进程。随着改革的深入发展,国家将现代化建设的重心由乡村转向城市,又加之社会主义市场经济和城市化进程的影响,在蕴含现代气息的城市文化的冲击下,传统的富于乡土气息的乡村文化不可避免地被边缘化,乡村文化价值逐渐衰落,乃至解体。改革开放四十多年所带来的中国社会向现代化转型,使传统社会乡村社会的农民,已不再是过去传统意义上的一个农民群体,而是经过农民不断的进城—回乡—进城,对农民进行不断分化,特别是大量农村人口进城务工,农村人口流动性更加频繁,加之城乡之间差距越拉越大,农民从原来的抱团和家族群体逐渐演变成为分散在城市的孤单群体。许多的进城务工农民在城乡之间不断往复式地进行着候鸟式的流动,无归属感的这种流动,让进城务工农民在心理上非常孤单,在城市也找不到归属感。改革开放大大加快了中国的工业化进程和市场化进程,在此进程中传统的乡村文化秩序也随之改变,为适应这种急剧的变革,广大农民也开始对现代生活进行理性思考并做出理性选择。然而,理性化的现代生活不仅使他们在传统乡村社会中的熟人关系网络的注重情感生活的特性逐渐淡薄,而且造成乡村文化发展变迁过程中显露出各种矛盾和冲突,这就需要我们从不同视角、不同维度、不同层次对新时代乡村文化建设进行全方位的理性思考和系统建构。

1.1.2 研究意义

本书立足于我国乡村社会建设、经济发展的伟大实践,针对"社会主义新

---

① 扈海鹂.反思乡村文化的走向[J].中国社会科学院院报,2009(6).

农村建设"和"乡村振兴战略进程中乡村文化变迁的矛盾冲突"以及"乡村文化在系统构建过程中面临的困难和障碍",提出了中国共产党领导的乡村文化如何系统建设的问题,对于培育和建设党的十九大报告所描述的"产业兴旺、生态宜居、乡风文明、治理有效、生活富裕"的文明乡村,构建和谐乡村新文化、增强广大农民的社会责任感、国家主人翁意识,进而促进推动城乡一体化发展具有非常重要的意义。本书研究的理论意义和应用价值如下。

第一,本书通过对中国共产党领导的乡村文化建设百年历程的梳理与考察,可以从历史的视角为当下乡村文化建设提供思想资源,也能从理论上进一步丰富和发展对乡村文化建设问题的研究。自20世纪90年代以来,"三农"问题成为中国现代化建设的重中之重,为此,中共中央十分重视,先后制定出一系列破解"三农"问题的文件,提出相应的措施。在此背景下,学术界也从不同视角对该问题进行研究,"三农"问题研究逐渐成为学术界关注的热点。目前学术界把注意力主要集中在乡村经济发展和乡村社会治理上,而对引领乡村社会发展精神层面的思想意识即乡村精神文化需求的关注不够,即便有一些学者关注,但更关注乡村社会的表面,缺少深入和系统的理论支撑。查阅百年以来,深入研究乡村文化的著作或者研究报告,能够深入一线的不多,特别是改革开放40多年后的今天,真实的乡村社会、留下的乡村文化到底是什么,当前的研究成果也比较少。中共中央自2004年以来到2019年连续十六年发布的中央一号文件均关注"三农"问题,并强调指出乡村文化建设的重要地位。党的十八大报告中分别从国家层面、社会层面、个人层面提出社会主义核心价值观,即"富强、民主、文明、和谐","自由、平等、公正、法治","爱国、敬业、诚信、友善"。这实际上成为社会主义新农村文化建设的纲领,为乡村文化价值的重建注入了新的内容和活力。在党的十九大报告中,更是把社会主义核心价值观又提升了一个高度,力争让社会主义核心价值观导入到生活的各个方面,进而转化为人们的情感认同和行为习惯。为破除城乡文化建设的二元壁垒,推进城乡文化一体化建设,乡村文化唯有保持自身文化传统,增加农民对乡村文化的认同感,并借鉴吸收城市文化,才能重塑乡村文化的价值,为建设社会主义文化强国奠定基础。

第二,本书拟从微观与宏观两个层面进行研究,既突破了当前学界对传统乡村文化微观区域研究的局限,也突破了对那种乡村文化一体化研究的模式。首先,随着改革开放的再出发、再深入,国际化、工业化、市场化、城乡一体化等各种不同因素深刻地影响着乡村社会,新时代乡村发展建设中的"新乡村秩序"与"新乡村文化"的构建问题更加凸显出来。随着经济全球化和市场化的深入,中国也随之步入了"利益时代",广大农民也从中有机会得到"秩序构建"中的公共资源,这也是维护社会公平公正秩序正常运行的关键环节。其次,为"社会秩序"发展提供引领作用的乡村文化进行新的系统建构也迫在眉睫。乡村文化在历经近代百年以来革命性的、激进的乡村社会结构变革之后,当下的中国乡村文化已不再是传统乡村社会中农耕文明基础上的民俗文化的简单重复,而是正处于向现代化转型的临界点。以往学界对乡村文化的研究主要集中在微观层面,尤其是对那些具有地域特色和民族特色的村落文化研究上。解放以前,国家管制基本上到县一级就停止了,乡村基本是自治的。而中华人民共和国成立以后,随着中央政权的下沉以及对乡村社会控制的增强,中共中央主导的主流意识形态逐渐深入到乡村文化之中,传统的乡村文化也被注入了赋予时代特色的红色文化。百年以来,中国经历了从清末到民国、从民国到中华人民共和国、从新中国成立到1978年改革开放、从1978年开始改革到2012年,在这四次历史性变革中,中国的乡村文化也进行着巨大变化,如果仅仅局限于微观的社区研究和表层文化变量研究,很难揭示出具有几千年历史文化厚重感和深刻内涵的文明社会基础,以及在主流意识形态主导下的百年乡村文化变迁的历史轨迹。故此,本书既要从微观层面对近百年中国共产党领导的乡村文化建设进行全景化扫描,又要从宏观视角对新时代乡村文化建设中面临的诸多问题以及遭遇到的瓶颈进行整体透视和系统分析,在此基础上提出新时代乡村文化建设的原则与路径,以期对当下的乡村振兴战略提供有益的借鉴和启示。

第三,实践层面,传统乡村文化是中华文明的血脉之根,因此,植根于乡村文化的新农村文化建设,不仅为乡村社会稳定发展提供思想动力,而且也能为建设社会主义文化强国奠定基础。改革开放使中国社会进入了前所未有的大变局之中,但城乡差距日趋扩大成为无可争议的社会共识,乡村文化建设,处于发展方向模糊、发展内容空白的滞后状态,随着城市化进程的加快发展,乡村中的青壮年劳动力进城务工,留在乡村的主要是以留守妇女、空巢老人和留守儿童为主,导致乡村社会缺乏活力,呈现出死气沉沉的局面,其向心力、凝聚力几乎丧失。城乡差距不断扩大的现实及其产生的负面效应,以及乡村文化建设的缺失,在这种格局下,广大农民不得不面对价值失序、精神失落、信仰危机、公德缺失、是非观念模糊等一系列问题。在市场经济大潮冲击下,传统乡村社会中传承的优秀文化逐渐削弱,不但对良好乡风民俗的延续产生消极影响,而且对乡村社会发展稳定的大局也必然产生不可忽视的负面作用。故此,唯有通过构建一整套符合时代发展需要的乡村文化体系,实现传统乡村文化创新性发展和创造性转化,以及对通过对新时代乡村文化价值观的整合创新,建构出社会主义核心价值观为引领的乡村文化体系,建立一套完整的城乡一体化的制度,城乡保持互动协调发展,才能保持乡村社会的稳定,同时促进乡村社会的发展。

1.2 学术史回顾与分析

1.2.1 国内研究现状

从国内看,自清末洋务运动拉开中国现代化建设的序幕以来,经民国时期到中华人民共和国成立,中国由传统的农耕文明向现代工业文明转型,社会结构几经变动。新中国经历40多年的改革开放之后,"三农"问题愈演愈烈,特别是乡村文化导向的缺失,引起了许多学者和专家的高度重视,成为当下学界研究的焦点问题,从不同视角提出了新的见解和观点,这些研究成果为中共中央提出的决策奠定了坚实的理论基础。然而,关于新时代乡村文化建设问题的研究还处于探索阶段,有待于进一步研究。由于中国幅员辽阔,各地的风土人情各具特色,因而其乡村文化也富有地域和民族特色。此外,由于乡村社会经济发展滞后,使乡村文化问题的研究更加复杂。乡村文化建设是推动乡村全面发展的必然要求,是全面建成小康社会的内在要求,鉴于乡村文化建设的重要性,学术界对乡村文化建设展开了深入的研究,近年来学术界关于乡村文化建设的研究主要集中在乡村社会现代转型问题、乡村文化特点、乡村文化变迁及其冲突与矛盾、乡村文化建设面临的问题、解决乡村文化的对策、乡村文化建设路径几个方面。

第一,对乡村社会现代化转型问题的研究。由于立场和视角不同,国内外学者对现代化问题的诠释虽然各具特色,但真正立足农村基层现实社会的研究成果相对不足。中国现代化理论研究的开创者罗荣渠教授提出"一元多线历史发展观",将中国百年巨变的历史置于世界现代化进程中进行考察。从宏观的历史学视角出发,他认为现代化是一个全球性的历史转变过程,是自工业革命以来人类社会所经历的最深刻的社会变革,在工业化的推动下,传统农业社会向现代工业社会转型的具有世界性的大变革。从狭义上来说,是落后国家通过工业化进程,进而使整个社会进行大变革,最终实现现代化的历史过程。

在《中国农村现代化道路研究》中,陆学艺指出:系统改造传统的农业社会、二元社会结构如何演变到一元社会结构、中国农村如何实现现代化等方面进行了比较系统的梳理和研究,并提出在我国农村地区推行现代化建设,需要采用梯度推进与整体推进相结合的策略。① 葛志华的《从新农村到新国家》一书对中国乡村百年变迁进行了系统全面的描述,通过分析"三农"问题的由来与特征,以及对社会主义新农村建设面临的问题和取得的成果进行评述,在社会主义新农村建设方面,提出了许多有价值的观点和策略。②

在《中国文化的展望》中,学术视野开阔的殷海光先生,借鉴西方社会学的概念和分析方法,对近代中国的文化变迁进行历史考察,同时将其置于世界文化变迁的进程之中,在西方强势工业文明的冲击下,近代中国社会文化如何应对提出了自己的看法,试图以此来探索中国文化复兴之路。1978年改革开放以后,刚刚从封闭状态中醒来的中国人,转眼又沦陷于脱序的空虚之中,再也找不到天朝大国的文化自信。伦理目标和价值系统相继丧失,进入了带着不安全感转身西行的社会,百年以来一直在找寻一种可以依靠的"信仰"。但

---

① 陆学艺,王春光.中国农村现代化道路研究[M].南宁:广西人民出版社,1998:59.
② 葛志华.从新农村到新国家[M].南京:江苏人民出版社,2008:32.

西风压倒东风,"国学"不再,中国文化的自信也荡然无存了。自晚清以来,随着西方列强的入侵,传统文化无法提供挽救民族危亡的方案,中国知识分子不得不一步步陷入全盘西化的潮流之中,可以说中国的知识分子在认识世界、走向世界的道路上步履艰辛。

第二,关于乡村文化基本内涵的研究。不同学者对乡村文化的内涵有不同的界定。郑太亮在《新农村建设背景下的乡村文化研究》一文中认为,乡村文化是在乡村形成、发展和传播的,有别于其他文化的一种特定文化。① 刘翠在《当代中国乡村文化建设的若干问题研究》一文中认为,乡村文化是指在乡村社会中,在一定的社会经济条件下形成的,以农民为主体,建立在乡村社会的生产方式基础上的文化,是乡村社会的价值观念、社会心理、行为方式的表现。② 张宏伟在《乡村振兴战略实施中的乡村文化建设》一文中认为乡村文化是在农民生产生活实践中产生的社会认知心理、道德情感追求、是非曲直标准以及为人处世方式等,乡村文化主要表现为民风民俗作为,能够对人们的生产生活产生潜移默化的影响。③ 谭建跃在《当前我国乡村文化建设存在的问题及对策——以湖南 X 乡村为例》一文中,把乡村文化的含义区分为狭义的乡村文化和广义的乡村文化,狭义方面的乡村文化主要是指乡村文化生活及其他意识形态在内的乡村精神财富,广义的乡村文化反映的是乡村居民与社会、自然的关系,包括物质文化、行为文化、制度文化、精神文化和环境文化五个部分。④ 著名社会学者费孝通,在社会人类学研究中将农村文化定义为乡村文化,以便强调在 20 世纪 30 年代期间,传统的中国文化与乡土之间具有难以切割的密切关系。总之,在进行乡村文化研究中,学术界有许多种不同的分析结论和概念框架。费孝通在《乡土中国》中以"差序格局"的著名论断,揭示了中国文化的伦理关系、人际关系和社会网络模式的文化原理。由于土地是农民赖以生存的基础,因此他认为"乡土性"、血缘化和自我主义是中国传统文化

---

① 郑太亮.新农村建设背景下的乡村文化研究[J].黄河科技大学学报,2007(5):74-76.
② 刘翠.当代中国乡村文化建设的若干问题研究[D].济南:山东师范大学硕士学位论文,2008.
③ 张宏伟.乡村振兴战略实施中的乡村文化建设[J].沈阳农业大学学报(社会科学版),2019(2):56-58.
④ 谭建跃.当前我国乡村文化建设存在的问题及对策——以湖南 X 乡村为例[J].南华大学学报(社会科学版),2008(4):15-19.

的三个层面。①

黄树民在《林村的故事》一书中,通过以民族志形式对福建林村40多年文化历史变迁的详尽而又细微的实证分析和阐释,揭示了主流意识形态与传统乡村文化之间的互动。② 他认为传统社会中具有自治的广大乡村,在一系列政治运动的冲击下,农民也卷入其中,呈现出与政治斗争密切相关的单一化的大众文化。王沪宁在《当代中国村落家族文化——对中国社会现代化的一项探索》一书中,通过对村落家族文化向现代社会转型的特征进行诠释,他认为传统村落文化由血缘性的家族文化转向社团性的群体文化,宗法礼俗也逐渐向现代法治转变,传统的农业耕作方式也会转向现代工业化,自给自足的自然经济向商品经济转化,生活方式的保守封闭向开放宽容转变。③

第三,关于乡村文化变迁的研究。随着"三农"问题逐渐成为研究的热点,相关研究成果也不断涌现。李友梅将城市化和工业化对乡村文化的冲击,概括"三个阶段、四个路径"。第一个阶段是改革开放初期,随着乡镇企业的崛起,在"离土不离乡"的背景下,1亿多农民实现了职业身份的转变;第二个阶段是20世纪90年代以来,在市场经济大潮冲击下,农村劳动力进城务工,其身份发生了转变;第三阶段是随着工业化进程和城市化进程的加速发展,从20世纪90年代后期开始,大批城中村依赖大规模的征地拆迁,致使1亿多农民的社会身份"不得不"发生转变,成为"城镇人口"。④

王国胜指出传统乡村文化是建立在农耕文明基础之上,因而具有独特的乡土气息。经济飞速发展造成乡村文化的变迁并非始于今日,自中国改革开放开始,乡村文化遭受了巨大的挤压,加快了其没落的速度。⑤ 范大平认为在全球化的背景下审视中国乡村社会文化的转型,不难发现乡村文化和农民心理无不受其影响。在现代化、市场化和全球化的冲击下,农民对乡村文化呈现

---

① 费孝通.乡土中国[M].上海:上海人民出版社,2006:89.
② 黄树民.林村的故事——一九四九年后的中国农村变革[M].素兰,纳日碧力戈译.北京:生活.读书.新知三联书店,2002:87.
③ 王沪宁.当代中国村落家族文化——对中国社会现代化的一项探索[M].上海:上海人民出版社,1991:102.
④ 李友梅.快速城市化过程中的乡村文化转型[M].上海:上海人民出版社,2007:117.
⑤ 王国胜.现代化过程中的乡村文化变迁探微[J].理论探索,2006(5):12-14.

疏离感,心态日渐矛盾、迷茫、困惑、焦虑不安、不知所措。唯有强化农民对乡村文化的认同感,重塑乡村文化价值,为社会主义新乡村文化建设提供思想文化支撑。①

第四,关于乡村文化建设重要性的研究。学术界侧重于从特定的时代背景出发来研究乡村文化建设的重要性。党的十六届四中全会和五中全会分别提出要构建和谐社会与推进新农村建设,以此为背景,学术界在这一时期内着重分析乡村文化建设对促进乡村社会和谐以及建设新农村的意义。解松在《乡村文化建设与社会主义新农村建设——兼谈苏南地区乡村文化建设》一文中认为,社会主义新农村建设的一个重要目标是实现农民的现代化转型,为了达到这一目标,必须加强乡村文化建设。② 潘家德在《论社会主义新农村视域下的乡村文化建设》一文中认为,乡村文化发展作为新农村建设的"软实力",是提高广大村民文化素质,培养乡村人才,提升乡村文化软实力,从而促进乡村全面发展的重要支撑。③ 马永强在《重建乡村公共文化空间的意义与实现途径》一文中认为,拓展乡村公共文化空间与丰富乡村公共生活能够促进乡村社区的稳定,对村民文化养成和村庄舆论形成具有十分重要的意义,并且为乡村文化的传承提供了载体和空间。④ 2017 年党的十九大报告提出了要实施乡村振兴战略,并把乡村振兴战略作为新时代解决"三农"问题的总抓手。乡村文化建设作为乡村振兴的题中之意,更加受到了学术界的重视。近几年,学术界多以乡村振兴战略为背景来分析乡村文化建设的意义。马永平在《乡村振兴战略视域下的乡村文化建设》一文中认为乡村文化是乡村振兴战略的重要内容,能够为实施乡村振兴战略提供动力支撑和精神支持。⑤ 杨婷婷在《从乡村振兴战略的视角略论乡村文化建设》一文中认为坚持乡村全面振兴必须加强乡村文化建设,加强乡村文化建设能够为乡村发展提供精神动力;另

---

① 范大平.矛盾·困惑·出路——对当代中国农民文化心理的探析与思考[J].船山学刊,2004(3):178-181.
② 解松.乡村文化建设与社会主义新农村建设——兼谈苏南地区乡村文化建设[J].江南社会学院学报,2007(3):53-57.
③ 潘家德.论社会主义新农村视域下的乡村文化建设[J].西南交通大学学报(社会科学版),2011(6):89-93.
④ 马永强.重建乡村公共文化空间的意义与实现途径[J].甘肃社会科学,2011(3):179-183.
⑤ 马永平.乡村振兴战略视域下的乡村文化建设[J].天水行政学院学报,2019(6):40-43.

外,加强乡村文化建设能够不断满足人民群众日益增长的美好生活需要,是全面深化农村改革的必然要求。① 何白鸥、齐善兵在《乡村振兴战略实施中加强乡村文化建设的建议》一文中认为,乡村文化为乡村群众提供精神上的支撑以及道德上的滋养,加强乡村文化建设为全面建成小康社会提供强大的精神力量,是实施乡村振兴战略的基础保障。②

第五,关于乡村文化建设取得的成就和存在问题的研究。郑欣在《治理困境下的乡村文化建设研究:以农家书屋为例》一文中着重分析了农村书屋建设取得的成效和存在的问题。郑欣认为农村书屋在满足农民精神文化需求,提升农民整体素质等方面取得一定成就,但仍存在使用率低,分布不均,管理不善等问题。③ 张波波在《当前我国乡村文化建设问题研究》一文中指出,在党和国家一系列政策的支持下,乡村文化建设取得长足进步,乡村文化基础设施建设成效显著,乡村教育进步、农民素质提升,文化市场逐步规范,乡村旅游业等乡村文化产业发展;而当前乡村文化建设仍存在的不足包括乡村文化总体水平落后、乡村文化市场管理混乱、乡村文化发展区域差异大。④ 田琳琳、李坤在《加强新时代乡村文化建设的思考》一文中认为,党的十八大以来乡村文化建设取得了突出的成就。一是乡风更加文明,优秀农耕文化在乡村传播,弘扬了主旋律和社会正气;二是乡村文化基础设施增多,乡村公共文化服务水平提升;三是乡村文化产业更加优化,推动了乡村文化的全面发展。另外,当前乡村文化建设仍存一些问题,如农民这一乡村文化建设主体弱化,乡村文化建设人才相对紧缺等。⑤ 马永平在《乡村振兴战略视域下的乡村文化建设》一文中认为,当前乡村文化建设面临的问题主要包括因城镇化导致的乡村文化建设主体的流失、乡村传统文化传承的断层以及黄赌毒等低俗文化依然占据乡村文化市场。⑥ 张才志在《乡村振兴战略实施中乡村文化建设的价值取向研

---

① 杨婷婷.从乡村振兴战略的视角略论乡村文化建设[J].河北经贸大学学报(综合版),2019(1):22-26.
② 何白鸥,齐善兵.乡村振兴战略实施中加强乡村文化建设的建议[J].领导科学,2018(12):4-5.
③ 郑欣.治理困境下的乡村文化建设研究:以农家书屋为例[J].中国地质大学学报(社会科学版),2012(02):131-137.
④ 张波波.当前我国乡村文化建设问题研究[D].齐鲁工业大学硕士论文,2014.
⑤ 田琳琳,李坤.加强新时代乡村文化建设的思考[J].社会治理,2020(1):35-40.
⑥ 马永平.乡村振兴战略视域下的乡村文化建设[J].天水行政学院学报,2019(6):40-43.

究》一文中认为,在乡村振兴战略实施过程中乡村文化建设存在城乡文化融合受阻、农村人口减少而使乡村文化缺乏活力、文化产品供给不足等问题。①

第六,关于解决乡村文化问题对策的研究。张东华指出我国在"三农"问题上的许多困境,很大程度上是受农民文化素质、农民工和农民企业家的心理偏见等因素的制约,并认为这是阻碍农村现代化进程的主要原因,而受教育程度低是导致农民文化素质低的主要原因。② 李云等人指出由于城乡二元体制的影响,③在现代化进程中,城乡文化差距不仅没有缩小,相反越来越大。在强势城市文化的冲击下,乡村文化逐渐衰落,农民对乡村文化的认同发生危机。在统筹城乡一体化发展背景下,创新乡村文化管理体制,推动城乡文化一体化发展。丁永祥认为在城市化进程中,乡村社会也卷入其中,农民不仅对传统乡村文化的认同发生危机,产生疏离感,而且其精神上也呈现出不知所措的困境。为重新构建农民对传统乡村文化的认同,应充分重视民间文化资源,尤其是各地独具特色的地域文化,构建多元共生的文化生态体系,既植根于传统乡村文化,又形成新时期的乡村文化特色。④

第七,关于完善乡村文化建设路径的研究。关于完善乡村文化建设路径,学术界主要是从增强农民乡村文化建设主体地位、传承并发展乡村传统文化资源、完善乡村文化基础设施、发展乡村文化市场等方面来谈的。潘家德在《论社会主义新农村视域下的乡村文化建设》一文中认为,加强乡村文化建设需要坚持正确的思想引领,创新乡村文化建设的内容形式和观念,健全乡村文化建设的体制机制,以及推动乡村文化产业化发展。⑤ 罗志峰在《改革开放以来中国共产党乡村文化建设的基本经验》一文中全面总结了改革开放四十多年以来中国共产党乡村文化建设的经验,即要把握先进文化的前进方向,加强党组织对文化建设的领导,推进文化管理体制的改革和创新,突出文化发展的

---

① 张才志.乡村振兴战略实施中乡村文化建设的价值取向研究[J].农业经济,2019(8):42-44.
② 张东华.我国农民文化素质面临的问题与对策[J].华中农业大学学报(社会科学版),2006(5):38-42.
③ 李云,张顺畅.乡村文化建设的体制性制约及对策[J].邵阳学院学报,2006(3):12-14,33.
④ 丁永祥.城市化进程中乡村文化建设的困境与反思[J].江西社会科学,2008(11):212-214.
⑤ 潘家德.论社会主义新农村视域下的乡村文化建设[J].西南交通大学学报(社会科学版),2011(6):89-93.

社会效益,促进传统文化和现代文化的融合。① 田云刚、张元杰在《乡村振兴的乡村文化产业化路径探析》一文中认为,中国传统文化重事业而非重产业是导致乡村文化衰落的内在原因,因此要推动乡村文化产业化的措施包括绿化乡村环境、推动乡村旅游、推动乡村故事影视化等。② 胡剑南在《乡村振兴战略背景下的乡村文化研究》一文中认为可以通过提升乡村文化的经济价值、推动乡村文化产业化发展来发展乡村文化;另外还可以进一步挖掘乡村文化中的优秀思想观念和人文精神,在传承的基础上创新乡村文化发展的新形式。③ 何白鸥、齐善兵在《乡村振兴战略实施中加强乡村文化建设的建议》一文中就乡村文化建设提出了具体的建议,认为可以通过办好新时代农民讲习所来从思想上教育农民,培育有文化、有担当的新时代农民;还可以通过传承优秀乡村文化遗产和重塑乡贤文化来为乡村振兴战略提供支撑。④ 邓坚在《乡村振兴战略实施中加强乡村文化建设的研究》一文中认为可以从保护优秀乡村文化遗产、注重乡村文化传承创新、加强乡村文化基础设施建设、利用互联网丰富网络文化产品、改善乡村居住环境这些方面来建设乡村文化。⑤

1.2.2 国(境)外研究现状

国(境)外对新乡村建设研究比较完善的主要有德国、土耳其、中国台湾等国家和地区,可以为我们提供一些有益的启示和借鉴。早在19世纪中叶,德国就拉开了乡村社会的现代化转型,通过社会转型实现乡村社会的转型;20世纪60年代土耳其通过对农民推行农业技术指导,开展"农村经济更生运动";台湾地区从1970年通过致力于提高农民素质,开展新农村建设运动;20世纪末,欧盟通过实施人力资源培训推行新农村建设。这些成功经验都有一

---

① 罗志峰.改革开放以来中国共产党乡村文化建设的基本经验[J].云南行政学院学报,2019(1):13-15.
② 田云刚.乡村振兴的乡村文化产业化路径探析[J].山西农业大学学报(社会科学版),2019(1):9-15.
③ 胡剑南.乡村振兴战略背景下的乡村文化研究[J].重庆社会科学,2019(5):120-128.
④ 何白鸥,齐善兵.乡村振兴战略实施中加强乡村文化建设的建议[J].领导科学,2018(12):4-5.
⑤ 邓坚.乡村振兴战略实施中加强乡村文化建设的研究[J].经济与社会发展,2018(3):36-38.

个共性,即实行农村、农业、农民的协调发展,良性互动。通过对不同国家和地区采取的不同措施的透视,可以发现这些举措成效显著,不仅重视乡村文化的传承和发展,而且也注重对农民自身的现代化转型。

理查德·麦迪森通过对中国大陆和香港乡村居民的大量访谈,指出中国乡村社会中的政治士绅的产生有其必然性,同时指出中国共产党倡导的阶级观点是建立在以普遍公平与正义为诉求的基础之上。从这个视角来揭示中国乡村村落文化变迁的原因。但他研究的不足之处就是过分夸大了意识形态对乡村文化发展的影响,事实上传统乡村文化根深蒂固,绝不是像他诠释的那样被轻而易举地予以否定,它只是以另一种形态被隐藏起来了。美国学者奥格本认为社会变迁就是文化现象,应从人的文化方面而非人的生物本性中去寻找社会变迁的根源。社会变迁是在旧秩序打破后新秩序重建以至于达到均衡化的过程,由于新旧秩序的衔接不是一蹴而就的,因而文化滞后的发生也就成为一种必然。① 奥格本过分强调技术发明在社会变迁中的决定性作用,被后人称为"技术决定论"的典型代表。在1918年到1919年,美国著名学者葛学溥深入到广东凤凰村开展一线社会调查,在其著作《华南的乡村生活——广东凤凰村的家族主义社会学研究》②中,他详细记录了凤凰村的人口构成、乡村制度、农民信仰和宗教活动等关于乡村文化各层面状况,这个研究后来被认为国外学者对中国乡村文化方面具有开创性的研究。印度学者杜赞奇在其著作《文化、权力与国家:1900—1942年的华北农村》一书中,比较详细地探讨了在20世纪上半叶我国华北地区农村文化和社会的变迁情况,提出了乡村中存在的根深蒂固的"文化网络",它们是乡村社会赖以生存的基础。权力形塑了文化网络,而文化网络也在不断斗争中改变着社会权力结构。③ 在1978年至1991年,美国学者弗里曼、毕克伟在其著作《中国乡村,社会主义国家》中,通过对1935年至1960年间华北平原地区农民的生活状态、乡村的价值理念和

---

① [美]奥格本.社会变迁:关于文化和先天的本质[M].王晓毅译.杭州:浙江人民出版社 1989:116.
② [美]葛学溥.华南的乡村生活:广东凤凰村的家族主义社会学研究[M].周大鸣译.北京:知识产权出版社 2012:187.
③ [美]杜赞奇.文化、权力与国家:1900-1942年的华北农村[M].南京:江苏人民出版社,2018:182.

乡村社会的发展变迁深入研究,深刻剖析了我国乡村文化的连续性和继承性。① 加拿大学者宝森从1989年至1999年多次重访云南禄村,参考费孝通先生曾经在云南禄村的调查研究报告为基础,在其《中国妇女与农村发展——云南禄村六十年的变迁》一书中,他认真梳理了乡村人口变迁、土地制度、婚姻与家庭、乡村的缠足习俗等乡村文化的诸多层面,再现了我国乡村社会的文化变迁过程,详细阐述了过去六十年我国乡村在经济和社会生活等方面所发生的巨大变化。② 此外,还有美国学者黄宗智在其著作《华北的小农经济与社会变迁》中,提出在解析中国乡村社会结构时,必须考虑到"一个牵涉国家、士绅和村庄三方面关系的三角结构,而不是仅仅是由国家和士绅间权力转移所塑造的二元结构"。③

简要评价:学术界对乡村治理研究得比较多,对乡村文化、乡土文化研究得比较少;对中国共产党领导革命、建设、改革的历程研究得比较多,对中国共产党领导乡村文化建设历程研究得比较少;对中国共产党领导革命、建设、改革基本经验研究得比较多,对中国共产党领导乡村文化建设的基本经验研究得比较少;对新时代中国共产党领导的文化建设研究整体研究得比较多,对新时代中国共产党领导的乡村文化建设研究得比较少。因此,选择中国共产党领导的乡村文化建设这一课题研究,不仅具有比较重要的理论价值和实践价值,还具有一定的学术价值。

1.3 当前研究的基础与本书的创新

20世纪70年代末,肇始于农村的改革重新启动了中国的现代化进程,40多年来的改革开放使中国社会发生了历史性巨变,乡村社会也逐渐迈向了现代化之路。然而,在城市化、市场化大潮的冲击下,传统乡村社会的价值观念、

---

① [美]弗里曼.中国乡村,社会主义国家[M].陶鹤山译.北京:社会科学文献出版社,2002:98.
② [加]宝森.中国妇女与农村发展—云南禄村六十年的变迁[M].胡玉坤译.南京:江苏人民出版社,2005:98.
③ [美]黄宗智.华北的小农经济与社会变迁[M].陶鹤山译.上海:中华书局,2000:201.

风土人情、伦理道德逐渐衰落,农民对乡村文化的认同感发生危机,逐渐产生疏离感。为统筹城乡发展,打破城乡二元体制的束缚,应对乡村文化失调的现象,重建乡村文化的价值,使农民重新认同乡村文化,为新时代乡村文化建设奠定基础。

本书以时间发展的顺序对近百年来中国共产党领导下乡村文化建设的脉络进行梳理和考察,对中国共产党领导的乡村文化建设的历程和基本经验进行阐述。中国共产党在革命时期对乡村文化的改造,以及针对1949年中国共产党执政后对乡村文化的改造和建设的举措,进行系统的分析和总结,特别针对改革开放以来乡村文化建设的成效以及改革进程中遇到的种种困难,分析中国传统文化模式转型的不同原因,对乡村二元文化结构的形成进行梳理,从中总结出乡村文化建设的经验和教训,为新时代乡村文化建设提供思想资源。

在此基础上,提出习近平新时代乡村文化建设的指导思想,使农民对乡村文化重新建立认同感,针对中国乡村文化变迁中的矛盾与冲突以及乡村文化建设中遭遇到的各种困难与瓶颈,以党的十九大报告中关于国家价值文化体系为指导方针,尤其是以习近平总书记对新农村文化建设提出的"三农"思想指导方针为根本原则,提出新时代重塑乡村文化价值,建设乡村文化的路径以及实现乡村文化振兴的保障。

本书的创新之处:

第一,从历史的视角,对近代中国共产党领导的乡村文化建设的历史脉络进行梳理考察。将中国共产党领导的乡村文化建设的历程置于中国现代化的历史进程中进行审视,突破现有研究中呈现出来的阶段性和区域性特点。从革命时期、建设时期、新时期和习近平新时代四个历史时期对中国共产党领导的乡村文化建设历程进行梳理和历史考察,分析各个时期呈现出来的不同特色,总结各个时期中国共产党领导的乡村文化建设的基本经验。尤其是改革开放后,由于家庭联产承包责任制、乡镇企业异军突起、民工潮以及城乡一体化发展,促进乡村文化向现代转型。对当下农村地区文化空缺、进城农民的文化矛盾、农村大学毕业生的文化迷茫进行分析,对进城农民工和留守乡村的农民文化心态进行分析。对中国共产党领导的乡村文化建设既作历史回顾,又对中国共产党领导的乡村文化建设进行发展展望,也是本书创新点之一。

第二,转换研究视角和评价方式,打破传统现代单一线性思维模式,采用多种视角,采用跨学科的研究方法。以往的研究将传统与现代对立起来进行研究,脱离中国传统文化的"根"和"血脉"的乡村文化,一味强调现代化,就会变成无源之水无本之木,也就无法把握中国共产党领导的乡村文化建设的整体进程和趋势。本书拟从不同视角,采用历史学、政治学、经济学、人文学、哲学等多学科交叉的方法,对近百年以来中国共产党领导的乡村文化建设,采用背景分析、文本诠释、宏观与微观、进行纵向对比分析的方法,回到历史现场,进行综合考察分析。

第三,从哲学的实用价值角度,分析马克思主义指导下的意识形态和文化观念在乡村文化建设中推动困难的根本原因。从市场化和城市化视角分析平民文化和精英文化衰落的根源,审视宗教文化为何成为乡村文化现代转型的障碍。进而提出重塑乡村文化的路径、原则与保障体系。在乡村文化建设问题的对策研究中,现有的学者基本上针对单一方面进行研究,很少提出对乡村文化进行系统建构的策略。笔者认为构建一套完整的乡村文化体系是一项复杂的工程,唯有国家、社会、个人各个层面保持协调一致,乡村文化建设才能够具有实效性,乡村文化体系才能得到系统塑造。故此,本书从微观和宏观两个层面入手,微观层面主要指乡村文化主体知识与价值系统,是乡村文化建设体系的核心与灵魂;宏观层面包含国家文化层面、社会文化层面、个体文化层面、文化发展保障层面,是乡村文化的制度、管理和运行系统。将近代中国各个不同历史时期的乡村文化变迁的历程,遭遇到的困境进行全方位诠释,尤其凸显新时期乡村文化变迁过程中的矛盾和冲突,还对乡村文化建设过程中的面临的各种困境进行系统分析。从微观视角来看,乡村文化认同危机、乡村文化价值衰落、乡村文化载体不足、乡村特色文化流失、乡村教育"空心化"成为当下乡村社会的普遍现象。从宏观视角来审视,在社会主义新农村建设中,将党的十九大提出的习近平新时代中国特色的社会主义思想作为指导,培育和践行社会主义核心价值观引导乡村文化建设,在乡村文化建设上提出更加符合时代需求的措施,发挥不同地区乡村文化的地域特色,只有将微观层面和宏观层面更加紧密结合起来,才能更好地解决当下乡村文化建设面临的诸多问题。新时代乡村文化的构建,应从舆论导向、学校教育、大众媒体、伦理道德的构建等方面入手,进行系统乡村文化的再构造,打造一个国家文化与乡村文化、城市文化与乡村文化、社会文化与乡村文化、乡村精英文化与乡村大众文化协调发展的系统格局。构建新乡贤文化、培养新型职业农民、新农民,建立新农合组织,发挥村民社会团体自治作用,从多个维度共同构建乡村文化建设共同体也是本书的创新点之一。

第四,建设文化强国是国家富强的重要指标,是民族振兴的内在需求。虽然中国已经成为世界第二大经济体,但文化软实力还是比较弱,新时代为建设文化强国,应植根于中国传统乡村文化,树立开放包容的文化心态,对中华传统文化蕴含的人文精神、思想观念、道德规范进行系统深入挖掘,结合新时代社会主义核心价值观塑造的要求,重塑乡村文化的价值,让中国传统文化的"根"和"血脉"在新时期展现永久魅力和时代风采,为中华文明的复兴奠定基础。唯如此,我们才能树立文化自信,进而为中国道路提供思想资源和智力支持,为中国文化走向世界提供动力。

1.4 研究思路与研究方法

本书以中国共产党成立后、中华人民共和国成立后、改革开放40年、习近平新时代四个发展阶段为历史线索,以中国共产党领导的乡村文化建设历程为脉络,以近百年以来不同时期乡村文化建设思想为背景,首先从宏观方面分析当下乡村文化建设面临的问题以及造成问题的根本原因,然后从微观层面探讨狭义的乡村文化建设历史变迁和价值塑造问题。同时对新时代党中央提出的乡村振兴战略如何落地推行,特别是在乡村文化建设过程中遭遇的各种困境进行深入透视,提出乡村文化建设原则、路径与保障体系。本书把乡村文化建设置于中国共产党成立近百年历史大变迁之中,并通过对比传统文化与现代文化,以及对各个时期文化与政治、经济之间的关系进行分析,对不同阶段的乡村文化建设的特点进行系统分析。

通过分析中国传统社会结构和文化结构的转变进程对乡村文化的影响,同时描述革命时期中国共产党领导的乡村文化建设概貌、1949年中华人民共和国成立以后中国共产党领导的乡村文化建设概况、1978年改革开放后中国共产党领导的文化建设概况以及当下的乡村文化现状,从四个历史发展阶段来阐释中国共产党领导的乡村文化所经历的重组与变迁,并且总结不同时期乡村文化建设所产生的深远影响。不仅找到传统二元社会中乡村文化所具有的特点,同时指出如何塑造当下中国乡村文化的主导力量,并对习近平新时期乡村文化建设中存在的问题进行宏观和微观分析,找出如何在十九大报告中提出乡村振兴战略中的文化建设框架下,加强乡村文化建设,找出城乡文化一体化发展的路径与对策。

在综合分析借鉴前人研究的基础上,本书拟采用以下研究方法进行研究。

第一,运用历史与逻辑相统一的方法。通过梳理史料,拉开历史的长时段对中国共产党领导的乡村文化建设进行回顾与展望,分析其在中国现代化进程中的历史方位,以及演进的历史脉络。在理性透视分析中国共产党领导的乡村文化建设的历史和现实之后,形成一定的解释框架和原则,在研究过程中实现历史与逻辑方法的有机统一。

第二,运用学科交叉的综合研究方法。由于本书涉中国近现代文化史、中共党史、社会学、政治学、哲学等相关学科,因此本书拟采用跨学科综合研究法,探求在国家走向现代化进程中,中国共产党领导的乡村文化建设变迁脉络与发展趋势,力求找到中国共产党领导的乡村文化建设的原则与规律。

第三,理论与实践相结合的方法。由于中国是一个农业大国,同时当下国家又在推行乡村振兴战略,乡村文化建设问题与乡村振兴战略紧密相连,因此本书在研究中将二者结合起来,不仅注重乡村文化建设的学理性,同时又突出落实乡村振兴政策的实践性。理论联系实际,探究新时代中国共产党领导的乡村文化建设的原则与路径,为党和政府制定科学的乡村文化建设策略和方法提供借鉴。

就研究框架而言,本书共分五章,以中国共产党成立以来百年历史的发展脉络为研究进路,力图对中国共产党领导的乡村文化建设进行全景式呈现与研究。第一章是绪论,介绍研究依据、学术史梳理、研究思路、研究方法和相关概念。第二章阐述民主革命时期中国共产党领导的乡村文化建设历程与基本经验。第三章对社会主义革命和建设时期中国共产党领导的乡村文化建设的发展历程与基本经验进行回顾和分析。第四章对改革开放以来中国共产党领导的乡村文化建设的进程及基本经验进行分析。第五章对新时代中国共产党领导的乡村文化建设的原则、路径和保障体系提出系统性策略。

1.5 相关概念与理论渊源

1.5.1 相关概念

要界定乡村文化的概念和范畴,首先就要对文化概念和实质进行界定。文化问题越来越受到中外哲学家、文化人类学家、史学家的重视,涌现出了对文化问题的内涵不一的阐述。据不完全统计,从不同视角对文化进行定义的多达200余个。1871年,英国学者爱德华·伯内特·泰勒(Edward Burnett Taylor)在其论著《原始文化》中,将文化定义为:"文化,或文明,就其广泛的民族学意义来说,是包括全部的知识、信仰、艺术、道德、法律、风俗以及作为社会成员的人所掌握和接受的任何其他的才能和习惯的复合体。"[1]泰勒对狭义文化的这种定义,为当代学者架构了理解社会文化问题的方向。在中国,著名学者钱穆先生明确指出:"人类文化由源头处看,大致不外三型:一游牧文化,二农耕文化,三商业文化。"[2]而"中国为举世唯一的农耕和平文化最优秀之代表。"[3]中国传统的乡村文化就是农耕文化的具体体现,目前学界不同学科因其关注乡村文化的不面向相,对乡村文化概念的表述上也有所不同。古代中国是农耕文化的典型,广袤的乡村田园是中国文化的发祥地,无论是影响深远的儒家文化、自然经济,还是乡土文化情结、忠孝文化,抑或传统社会制度、生态文明等都植根于传统乡村文化。作为具有5000年农耕文明史的农业大国,在历史发展中到处可见乡村文化留下的文化古迹和文化遗产,乡村文化成为

---

[1] [英]爱德华·伯内特·泰勒.原始文化[M].连树声译.上海:上海文艺出版社,1992:11.
[2] 钱穆.中国文化史导论·弁言[M].北京:商务印书馆,1994:2.
[3] 钱穆.中国文化史导论·弁言[M].北京:商务印书馆,1994:5.

中国文化的重要标志。因此,为了突显中国传统文化与乡土文化之间深厚的内在联系,本书把乡村文化和乡土文化并用。

何为乡村文化?中国传统的乡村文化是中华文化的核心内容,产生并服务于农耕社会,不仅是中华文化的源泉,而且也是具有5000多年文明发展史的中华民族得以繁衍的精神寄托和智慧结晶。据此本书将乡村文化定义为:乡村文化是以农民为主体的劳动者,以乡村为中心从事农业生产和生活实践,以在乡村社会交往和改造自身思维对象性活动中,形成的知识结构、价值观念、风土人情、乡规民约、社会行为规范,以及体现农民劳动者具有浓烈乡土气息、用来满足农民精神需求的娱乐活动的成果。几千年来,乡村文化成为农业社会的主流文化,尽管中国社会结构发生了变迁,社会形态也随之一变,但中国乡村社会无形之"根"——乡村文化却相对稳定。建立在乡土气息浓厚与自然生态相融合的乡村文化,是中华农耕文明的"根"和"血脉"。乡村民谣、乡村故事、乡村节日等因素使乡村具备独特的文化价值,也就造就了"儿不嫌母丑,狗不嫌家贫"的价值维度。

何为乡村文化建设?乡村文化建设就是为了形成具有知识结构、价值观念、风土人情、乡规民约、社会行为规范,以及体现农村劳动者具有浓烈乡土气息、用来满足农民精神需求的娱乐活动的成果所进行的各种努力与实际行动。近代以来,中国社会无论是经济形态,还是政治结构,抑或思想观念都发生了"三千年未有之大变局",随着西方列强用坚船利炮打开古老中国的大门,中国被迫卷入了世界市场经济体系之中,传统的自给自足的自然经济逐渐解体,乡村社会文化也遭受了前所未有的冲击。由古代"皇权不下县政"到国家政权不断下沉,尤其是中国共产党在乡村掀起了轰轰烈烈的农民革命,以及新中国成立后在乡村开展的一系列革命运动,将政权直接下触到乡村社会的底层,主流革命话语权和社会主义意识形态打破了传统的乡村文化秩序,代之而起的是将乡村社会文化和政治革命紧密结合,乡村文化建设具有明显的革命化和政治化倾向。改革开放以来,随着执政党对"文革"的反思,以及在农村推行家庭联产承包责任制,农村地区拉开了改革开放的序幕,中国乡村文化建设再次彰显出前所未有的生机和活力。然而,随着全球化和城市化进程的加快发展,社会主义市场经济的建立,乡村社会纽带逐渐松弛,背井离乡的农民逐渐投入到城市化建设的大潮之中,汇聚成"民工潮"。基层政府对乡村社会的控制力逐渐弱化,乡村文化建设陷入边缘化的境地,甚至一度被遗忘。进入新世纪以后,随着诸多农业问题专家和学者的呼吁和上书,中央政府也深深意识到乡村的现代化建设如果依然徘徊不前,那么实现中华民族的伟大复兴也就无从谈起,就会黯然失色,因此中央政府不失时机地提出要建设社会主义新农村,尤其是十八大以来党和国家对乡村文化建设、乡村生态环境问题和贫困地区脱贫非常重视,党的十九大报告提出实施乡村振兴战略,如何在新时代以乡风文明建设为核心,让文明滋润乡土、让文化滋养乡情,如何在社会主义核心价值观视域下构建乡村文化体系,为全面实施乡村振兴战略提供精神动力和智力源泉,成为摆在各级党委和政府面前的一个重大时代课题。

1.5.2 理论渊源

马克思和恩格斯从唯物史观的视角对乡村文化问题进行了阐述,通过对城乡文化不同特点的分析,指出乡村城市化是人类社会发展的必然趋势,而消灭城乡分离和城乡差距的根本途径在于工业化。在对中国等东方国家历史研究的基础上,马克思指出中国社会文化的基础是"亚细亚社会生产方式"。

马克思主义文化观的多视角解析。在《1844年经济学哲学手稿》一书中,马克思认为文化的本质是"人的本质力量对象化"[1]。人与动物的根本区别在于"人类的特性恰恰就是自由的有意识的活动"[2]。"有意识的生命活动把人同动物的生命活动直接区别开来"[3]。在改造对象中来呈现这种"有意识的生命活动"。劳动是"自由的活动",是人"自己的本质"。故此,"人不仅像在意识中那样在精神上使自己二重化,而且能动地、现实地使自己二重化。从而在他所创造的世界中直观自身。"[4]马克思通过考察文化的形成和发展的源泉,将文化视为意识形态的表现形式。文化是经济和政治发展的产物,反过来又

---

[1] 马克思.1844年经济学哲学手稿[M].北京:人民出版社,2000:57.
[2] 马克思.1844年经济学哲学手稿[M].北京:人民出版社,2000:57.
[3] 马克思.1844年经济学哲学手稿[M].北京:人民出版社,2000:58.
[4] 马克思.1844年经济学哲学手稿[M].北京:人民出版社,2000:58.

为经济和政治发展提供精神动力和智力支持。此外，马克思还指出农村城市化是人类社会发展的必由之路，"现在的历史是农村城市化，而不像在古代那样，是城市农村化。"①城市的发展使人口集中，生产的社会化程度加大，成为推动社会发展的动力，而城市文化的吸引力正是这个动力的主要根源。马克思高度肯定了资本主义在促进城市化和工业化进程方面，对推动社会进步的历史性贡献。正是由于资本主义的工业化和城市化所带来的现代化便利的示范效应，城市成为农村效仿的对象，开始逐渐摆脱愚昧落后的状态。

马克思认识到城乡之间存在分离现象，"工商业劳动和农业劳动的分离，从而也引起城乡的分离和城乡利益的对立。"②这里，马克思已经注意到不同劳动分工在城乡间分离中扮演的作用。并清醒地认识到城乡之间各自的本质特征，"城市本身表明了人口、生产工具、资本、享乐和需求的集中；而在乡村所看到的却是完全相反的情况：孤立和分散。"③从这些论述中，可以看到马克思肯定乡村城市化的必然趋势。城市化和工业化进程的发展，不仅使城市的繁荣和文化优势日益凸显出来，还在全社会形成良性的社会示范效应，使落后的乡村逐渐摆脱愚昧状态。城市文化的开放性、现代性成为引导人类社会发展的潮流，也必将成为引导乡村文化变迁的潮流。消灭城乡对立和城乡差别是无产阶级革命胜利后必须解决的重大问题，而实现城乡一体化的根本途径在于实现工业化。对此，恩格斯指出："大工业在全国尽可能平衡分布，是消灭城市和乡村分离的条件。"④不仅如此，工业化的合理布局也能够使广大农村地区人口摆脱封闭落后的状态。

马克思对中国社会性质的诠释。通过对中国等东方国家历史发展的研究，马克思阐述了其对中国文化的见解，也批判了中国传统社会文化的停滞性和封闭性，认为中国社会的性质是"亚细亚生产方式"，即劳动密集、效率低下的传统农业生产方式，并将其视为东方社会演进的一种必然经历的社会形态。马克思指出"亚细亚生产方式"是"土地所有制的第一种形式"，建立在这种生

---

① 马克思.1844年经济学哲学手稿[M].北京：人民出版社，2000：58.
② 马克思恩格斯全集（第46卷）[M].北京：人民出版社，1965：238.
③ 马克思恩格斯全集（第46卷）[M].北京：人民出版社，1965：238.
④ 马克思恩格斯全集（第20卷）[M].北京：人民出版社，1965：320-321.

产方式上包括中国在内的东方社会具有超稳定结构。由于传统中国社会是建立在家族宗法之上,家族伦理的强化为专制制度奠定基础,严重制约着私有制的最终形成,因此农村公社成为中国"一种原始的形式"。马克思由此论断"中国社会的性质是亚细亚生产方式的社会。"[1]

马克思对中国文化的考察,是建立在"如何使中国的社会生活发生历史性进步"问题上的。中国传统自给自足的小农经济的封闭性,成为与外界进行贸易往来的主要障碍,对工业具有天然的排斥性,"在中国和印度,生产方式的广大基础就是小农业和家庭手工业合为一体……在中国,农业和手工工场业直接结合,这就大大节省钱财又节省时间,因此就给大工业产品推广以最顽强的抵抗,因为大工业产品的价格是包含着这些产品在流通过程中处处所耗去的非生产的费用。"[2]传统中国乡村社会的封闭性使农民"只关心自己一身一家的私利,对任何外界的风景都无动于衷",[3]这种自我封闭的小农经济,不仅很难产生先进的精神文化,而且也严重制约着与外界文化的交流,"与外洋完全隔绝,这曾是保存旧中国的首要条件。"[4]

对于中国未来社会的发展,马克思指出必须打破旧秩序,破除封闭的文化壁垒,实现与外界的交流沟通和视野的开放,推进工业化建设,取代传统的自然经济下的农村手工业,逐步瓦解"亚细亚生产方式"。鸦片战争后,随着西方资本主义在中国的扩张,传统的小农经济在商品经济强有力的冲击下日益瓦解,对外文化隔绝的壁垒业已消除,马克思仍认为"中国已处于社会革命的前夜"。[5]

马克思主义经典著作对农民问题的阐释。马克思、恩格斯在论著中多次对农民问题进行阐述,通过对农民社会地位、阶级特点、文化水平、内部结构等问题的分析,指出农民是资产阶级与封建贵族的剥削工具,"处于贵族和资产阶级两面夹攻的地位。"[6]在《法德农民问题》一文中,恩格斯强调指出:"社会

---

[1] 邹广文.马克思文化思想及其中国文化观[J].河北学刊,2006(7):137-142.
[2] 马克思恩格斯论中国[M].北京:人民出版社,1963:3-4.
[3] 马克思恩格斯论中国[M].北京:人民出版社,1963:11.
[4] 马克思恩格斯论中国[M].北京:人民出版社,1963:43.
[5] 马克思恩格斯论中国[M].北京:人民出版社,1963:213.
[6] 马克思恩格斯全集(第4卷)[M].北京:人民出版社,1972:56.

党夺取政权已成为最近将来的事情。然而,为了夺取政权,这个政党应当首先从城市跑到农村,应当成为农村的中坚力量。"①由于革命可以使耕农、佃农摆脱受压迫的地位,因此他们会支援和参加革命。农民与无产阶级都深受相同的压迫,也有共同的利益。"很明显,农民所受的剥削和工业无产阶级所受的剥削,只是在形式上不同罢了,剥削者是同一个资本。"对农民而言,"只有资本的瓦解,才能使农民地位提高;只有反资本主义的、无产阶级的政府,才能结束他们在经济上的贫困和社会地位的低落。"②基于这种认识,在反对资产阶级的革命中,具有革命热情的小资产阶级和广大农民阶级,与无产阶级结成革命的同盟军也就势所必致了。

  1920年,根据马克思恩格斯对农民问题的论述,列宁结合苏俄革命的现实,得出结论认为:"无产阶级政党不同农民运动发生一定的关系,不再实际上支持农民运动,就能在这些落后国家里实行共产主义的策略和共产主义的政策,那就是空想。"③列宁还提出一定要把农民变成无产阶级的同盟者的论断,在无产阶级开展的社会主义革命时期,殖民地半殖民地国家中进行社会主义革命,无产阶级要推翻资产阶级和封建地主的统治,工人必须与农民联合起来,结成命运共同体,先完成民主革命,最后才能逐渐过渡到社会主义革命。马克思主义经典著作对农民问题的阐释,对在中国这样一个古老的东方农业大国如何进行革命无疑具有非常重要的指导作用。

---

  ① 马克思恩格斯全集(第4卷)[M].北京:人民出版社,1972:296.
  ② 马克思恩格斯全集(第1卷)[M].北京:人民出版社,1972:474.
  ③ 列宁选集(第4卷)[M].北京:人民出版社,1995:276.

第 2 章　新民主主义革命时期乡村文化建设回顾

近代以来,随着中国被迫卷入世界现代化进程之中,如何走上现代化也成为中国社会面临的最主要问题。而乡村社会的现代化始终是国家现代化进程中必须直面的课题。中国自古以来,以农立国,有几千年的农耕文明,乡村社会是中国社会的根基,如果没有乡村社会的现代化,就不能说实现了国家的现代化。中国共产党建党前后,在思想界和学术界兴起了各种不同运动和思潮,对中国现代化道路进行了艰辛的思考、探索和设计。在对中国社会各阶级和农民运动进行科学分析考察的基础上,毛泽东指出中国革命实质上是农民革命,将马克思主义的基本原理与中国具体实践相结合,提出了"工农武装割据"思想。在广大农村开展土地革命,进行"打土豪分田地"的革命斗争,提出一切权力归农会的主张,重视乡村文化建设,拉开了中国共产党逐步开展乡村文化建设的序幕。

2.1　新民主主义革命时期乡村文化建设面临的危机

早在 19 世纪末,就有社会贤达和有识之士提出对乡村社会进行变革的呼声,希望通过变革帮助乡村摆脱危机,走向现代化的道路。无论是清末还是民国初年,政府和民间均发布了诸如发展乡村教育、传播农业知识、引进先进生产工具和生产技术,可以说这些措施使传统的乡村社会迈向了现代化的第一步。尽管经过一系列的尝试和努力,但对乡村社会和农业社会的现代化改造仍不尽如人意,实际效果也并不明显。中国乡村社会的文化教育水平和现代化程度仍然徘徊不前,并且一度陷入衰败和危机之中。1920 年,北京高等师范学校学生余家菊明确指出"在乡村教育中,旧式私塾仍占统治地位,旧式文人仍然主导了乡村教育,当时乡村教育已经破产。"[①]由此可见当时中国乡村社会教育危机的严重性,诸如此类的声音此起彼伏,目的是呼吁政府和教育界重视乡村文化教育面临的问题,同时也引发知识分子对乡村社会文化教育问题进行关注。鉴于这种呼吁,南京国民政府尽管有过努力,但仍未找到阻止乡村衰败,克服乡村危机的有效措施,反而进一步激化了自晚清以来乡村社会日益凸显的矛盾,造成20世纪上半时期乡村社会空前的动荡。日益严重的乡村危机引发了政界有识之士和知识分子的广泛关注,乡村文化和经济建设的紧迫性成为共识。他们一致认为中国乡村社会的教育和文化在新式教育的出现与普及后彻底衰落和破产,乡村文化在近代严重衰落,已成为学界的共识。他们试图寻求摆脱危机的措施,以"建设乡村"为号召,提出了改造乡村的思路和理念,掀起了波澜壮阔的对乡村社会问题进行研究的高潮,拉开了20世纪20—30年代中国乡村建设运动的序幕,形成了遍及全国性的乡村建设运动。

在讨论乡村建设运动的兴起背景时,有学者指出"是当时中国社会深刻的经济、政治危机的产物,是极度尖锐的阶级矛盾和阶级斗争的一种反映。"[②]也有学者从中国现代文化启蒙的乡村视野的角度对民国乡村建设思想产生的背景诠释,认为乡村建设运动作为文化的民间建构与现代化的尝试,其产生的缘由有多种解释,总体而言,中国知识分子"走向了中国最广大的农村,成为现代文化启蒙的躬行者。"[③]20世纪20—30年代的乡村建设思潮和实践表明,中国知识分子都将乡村文化教育作为改造和建设乡村的路径选择。民国时期推行的新式教育遭遇种种困境,根源在于中国传承数千年的儒家思想、乡村文化受到西方近代文化的冲击。这种中西文化的冲突,也凸显了社会转型过程中传统与现代、工业文明与农业乡村文化的对立和冲突。"如何辩证地看待和解决乡村新旧文化二元对立的问题——沟通西方先进经验与中国传统文化、结合国家利益与基层农民阶层的需求、融合都市文明与乡村文化、带动保守的农民

---

① 余家菊.乡村教育的危机[J].中华教育界,1920(1):15-17.
② 鲁振祥.三十年代乡村建设运动的初步考察[J].政治学研究,1987(4):37-44.
③ 陈刚.嘉陵江三峡乡村建设实验:中国现代文化启蒙的新路径[J].重庆社会科学,2005(1):100-104.

文化走出封闭落后状态,并探索出一种切实可行的乡村教育之路,不仅是民国乡村教育面临的艰巨任务,也是今天的农村地区基础教育所应该深入思索的问题。"①对这种从乡村文化视角进行诠释乡村建设运动的观点,笔者深以为是。那么,造成20世纪30年代乡村文化危机与乡村经济破产的原因有哪些?根源何在?针对这些问题,本节将展开诠释和进行深入分析。

2.1.1 乡村社会经济的凋敝

中国自古以来是一个"以农立国"的农业大国,乡村经济自然成为国家经济的根源,因此前者的好坏与否对后者起着决定性作用。近代以来,中国乡村经济呈现出衰落和崩溃之势,绝大多数农民生活入不敷出,大都处于贫困的边缘。"中国农村的衰落,已经达到很深的程度"。②"在贫穷线以下的农民,约占农民总数的75%,不下2.6亿人"。③事实上,即便是依旧生活在农村的地主和富农,其生活与普通农民也无很大差别。④甚至被誉为当时模范省的山西省,时任当时省主席的阎锡山也诉说其统治下乡村经济的凋敝:"近几年来山西农村经济,几乎整个破产,自耕农沦为半自耕农,半自耕农沦为佃农雇农,以致十村九困,十家九穷。"⑤由此可见,乡村经济的衰败是一种普遍的现象。

20世纪20年代,国内陷入军阀混战的状态,政治上"万马齐喑",日本步步紧逼,疯狂侵略和掠夺中国,肇始于美国的世界性的经济危机席卷全球,也对中国造成一定程度的影响,加之国内连续多年的自然灾害,中国乡村经济受此影响遭受严重破坏,几乎处于崩溃的边缘。广大乡村土地荒芜,农民为生计所迫,被迫流离失所,不断上演着抗捐抗税的斗争,乡村经济凋敝,农民苦不堪言。很多文献资料与调查数据表明,民国时期,中国乡村经济几乎处于崩溃的边缘。总之,"中国农村经济进入了极端尖锐的危机之中"。⑥著名乡建派学

---

① 朱汉国,姜朝晖.略论民国时期乡村教育中的文化冲突[J].历史教学问题,2012(2):8-12.
② 章元善,许仕廉.乡村建设实验(第1集)[M].上海:中华书局,1934:195.
③ 柯象峯.中国贫穷人口之估计[J].新社会科学,1931(3):18-20.
④ 琢如.中国土地问题及其前途[J].求实月刊,1934(6):9-11.
⑤ 申报年鉴[M].上海:申报年鉴社,1936:898.
⑥ 高军.中国社会性质问题论战(资料选辑)[M].北京:人民出版社,1982:253-254.

者梁漱溟指出:"民国以来,中国农村日趋破坏,农民的日子大不如前"。① 顾高扬也认为:"现在中国的农村经济已经整个崩溃了,荒地面积增加,农产品收获减少,农民收入降低,处处证明了中国农村经济的破产"。② 从这些不同背景、不同政见的学者的看法中,不难发现,民国时期乡村经济日益衰落乃至崩溃、农民生活贫乏成为共识。这种状况奠定了乡村改造、建设和革命的基础。

1924年,国共合作后,在北伐战争中,农民显示出来的强大力量,让民国政府对乡村问题开始重视。1929年肇始于美国、席卷全球的世界经济危机,对本已趋于凋敝的中国乡村社会无疑是雪上加霜,其生存危机的解决迫在眉睫,"乡村崩溃""乡村危机"的警告也日见其烈。与此同时,由于各路军阀割据一方,在真空地带土匪横行,加上天灾频繁,由此造成农村地区居民入不敷出,贫困人口急剧增加,地主富农出于安全考虑,大都从乡村转向城市谋生。另外加上民国初年,农民背负着沉重的赋税,导致农民生活在惶惶不安中。据陈翰笙的研究表明,从光绪十四年(1888年)到1928年,40年间的田赋约"增加了十余倍,奉天且增至七十四倍"。③ 此外,除田赋征税外,其他各种附加税尤其是军费征发也居高不下。据报刊所载:"1929至1930两年之间,全国所有1914个县之中,有823个县,皆为此等苛税所苦。至于黄河流域,军费征发更为频繁"。有学者统计表明,"山东省五县,在1928年田赋征税总数为468789元,而军费征发高达1286395元之多,换言之,军费征伐约当田赋的274%"。而"这种百分数在有战事的区域更高,如1929年河北省的南部,在与河北省的北部将会有军事行动的时候,其数增至432%。"1930年4月—10月,处在战争中的河南省东部及中部,"其百分数为4016%",换言之,"军费征伐约当田赋四十倍之多";更有甚者,"1927年11月至1928年5月,山西北部及长城以北等地,有15个县的军费征伐,约当田赋的225倍"。④ 随着乡村经济的破产和农民负担的增加,为生计所迫,他们只好背井离乡,流落异乡,这种离村现象也成为当时乡村社会的一种普遍趋势。据中央农业实验所在

---

① 中国文化书院学术委员会编.梁漱溟全集(第4卷)[M].济南:山东人民出版社,1992:592.
② 顾高扬.复兴农村之金融问题[J].中国经济,1934(8):18-21.
③ 陈翰笙.中华人民共和国成立前的中国农村(第2辑)[M].北京:中国展望出版社,1986:43.
④ 陈翰笙.现代中国的土地问题[M].北京:中国展望出版社,1986:87.

1931—1933年间的调查资料表明,"关内22个省全家离村的农户总计1920746户,占调查各县农户的4.8%,有青年男女离村的农家为3525349户,占调查各县农户的8.9%。"①在中国传统文化理念中,农民非常注重"落土为安",如果不是迫不得已,是绝对不会离开自己故乡的,这从另一个侧面揭示了当时乡村经济的衰败程度之高,以及农民的贫困化程度之严重。

随着乡村经济的破产,中国广大农村地区受教育水平呈现出大幅度下滑的趋势,同时乡村文化也出现危机。清末民初的废科举、兴学堂以及由此引发的教育理念和体制的新旧转轨不仅未能提升乡村文化教育的普及与发展,反而进一步加速了乡村文化教育的衰落,拉开了城乡文化教育水平的差距。新式学堂是近代以来"向西方学习"的心理背景和时代背景下兴办起来的,因此,新式教育兴办伊始,重城市而轻乡村的布局特点就尤为明显。进入20世纪20年代,越来越多的有识之士认识到新式教育重城市而轻乡村的布局,与中国乡村人口占据全国人口的绝大多数的现状相脱节。对此,有学者一针见血地指出新式教育"在量上不能不说是有进步,在质上也不能说一定是退步。但是无论其为进步还是退步,总是于家庭、社会、国家并无多大益处。因为现在中国社会以及家庭所急需的,是生产能力的增加,是利用此生产能力去抵抗国际资本主义的侵略,是利用此生产能力去改良家庭生产、发展社会产业,增加国家福利,以谋生存。然而现在教育所产生的结果,是减少生产力,增加消费力;替国际资本主义作开路的先锋,替家庭社会国家作破产的前驱。"②1927年《东方杂志》在主办的"农民状况调查"专号上,几乎所有调查都认为乡村文化教育的衰败主要原因是以下两个方面:一是绝大部分农民不识字,"其智识之蒙昧,尚未脱半开化时代";③二是农民无知识,对于农业科学知识"向极幼稚","非特农人从未闻物理化学诸名词,即使从事农业教育与实验诸人物,亦多一知半解者"。④对此种现象,时人曾明确指出"因为中国以前的教育走错了路,忽略了百万个乡村。"⑤由此可见,民国时期推行并普及的新式教育对乡

---

① 中央农业实验所.农情报告[J].农报,1936(6):15-18.
② 舒新城.写在中国教育出路问题专号之前[J].中华教育界,1919(3):8-11.
③ 农民生活之改造[J].东方杂志,1918(7):17-20.
④ 中国农业革命论[J].东方杂志,1918(12):9-12.
⑤ 古楳.乡村教育[M].长沙:商务印书馆,1939:60.

村社会带来的影响主要表现在以下两个方面：其一，新式教育与乡村社会的现实需求相脱节，给农民提供的文化教育不能解决乡村社会面临的社会危机。其二，新式教育加速了乡村读书人的离村进城趋势，乡村中原有的士绅和知识精英从农村转向城市，乡村社会的整体文化教育水平不升反降。剩余的那些无知识的贫苦农民，在文化贫瘠的乡土上，面对乡村社会的衰落更加无能为力。因此，20 世纪 20 年代的报章杂志中不断发出"到民间去"的呼声，乡村文化教育的衰落已成为不争的事实，也呈现出国人对乡村社会危机的觉醒。

概而言之，乡村社会经济的衰败乃至破产，以及由此引发的乡村社会文化教育的衰落，激起了政商学等各界对乡村社会危机的关注。如何振兴乡村成为当时各党派必须面对并回答的时代课题，可以说乡村建设运动就是在此背景下对乡村社会危机的积极回应。

2.1.2 乡村社会秩序的混乱

近代中国是一个落后的农业大国，内忧外患日益严重，既有西方列强侵略下的民族危机，也有农民贫困下的乡村社会危机。处在危机中的乡村社会成为中国社会由传统向现代化转型严重的制约因数。实际上，乡村社会的变迁对近代中国政局的演变、经济发展、社会思潮的传播、文化教育理念的更新都有着直接或者间接的影响。乡村危机如果不能得到很好地解决，也就很难动员和吸引农民投入到民族独立战争和革命运动之中，民族危机的解决、民族独立和革命胜利也就无从谈起。乡村社会危机的彻底解决又以民族独立的完成和民族危机的消除为前提，但解决双重危机的逻辑起点必须以挽救衰败乃至崩溃的乡村社会为基础，这是由近代中国的现实国情所决定的。在近代中国的各种改良和革命运动中，数量众多的农民一直扮演着主力军的角色，可以说他们的参与及其力量的聚合发挥程度，直接决定着救亡图存、政治革命乃至国家现代化进程的成败。近代中国，哪个政党能够解决好乡村社会危机，就会得到亿万农民的支持和拥护，就会最终取得革命的胜利，近代中国的历史对此诠释得淋漓尽致。

1911 年，辛亥革命取得了胜利，1912 年建立了"中华民国"。民主共和政体的建立不仅给民国初期的政局带来新气象,而且也给国人带来了希望,晚清以来的中国现代化进程似乎又向前推进了一步。然而,随着袁世凯恢复帝制失败后,民主共和仅成为一种口号,"中华民国"徒有其表,中国由此陷入了四分五裂的军阀混战时期。中央政府被不同派系的军阀所控制,上演着一幅幅"你方唱罢我登场"的丑剧。对乡村社会而言,连年征战的混乱状态无疑给农民带来了灭顶之灾,乡村社会的衰败程度令世人极为震惊。辛亥革命的失败表明,如果不能发动乡村社会中的广大人民群众,没有解决好千百年来农民梦寐以求的土地问题,革命失败也就成为一种必然。毛泽东曾一针见血地指出:"国民革命需要一个大的农村变动。辛亥革命没有这个变动,所以失败了。"①持续多年的军阀混战,不仅严重影响了正常的社会秩序,而且对乡村社会和农业生产造成的破坏程度也是空前的,与天灾带来的损失相比,可以说有过之而无不及。中原大战中,"根据有明确记载的各种报纸显示,洛阳等 27 个县,遭受兵灾的损失平均竟占农产常年值 160.2%。"由此可见,战争对乡村社会的破坏程度是非常严重的。

20 世纪 20 年代,乡村社会经历严重的经济危机,从而使绝大多数的农民过着流离失所的生活。经济危机所造成的乡村危机,又迫使乡间士绅和文化精英离开农村,进入城市,乡村社会由此出现权力真空,土豪劣绅趁机控制乡村,乡村的"痞化"在所难免。地方政府自治造成的"官僚化"也为乡村基层社会的"痞化"提供了土壤,进一步加剧了乡村社会动荡。村制大坏,于今益甚。各县之官对村长照旧庇护,不加以严惩,则必大失民心,而于国家之危安大有关系也,此为当时之大弊政。民国时期政权更迭频繁,军阀混战,新文化运动对传统文化、家族观念的冲击,使得乡村基层社会的稳定状态被打破,代之而起的是冲突不断。乡村经济的崩溃,以及天灾频繁等各种因素的影响,导致农民大批破产,流民四起。为求生存,流民又被迫为兵匪,进一步加剧了社会的动荡不安。"有知识有门路者,均出外谋生。无知识之健壮者,亦弃农当兵。"②这些流民和因军阀混战带来的散兵游勇,为土匪的产生提供了温床、土壤和环境,可以说流民与溃散的士兵为军阀、土匪的产生和发展壮大提供了源

---

① 毛泽东选集(第1卷)[M].北京:人民出版社,1991:16.
② 章有义.中国近代农业史资料(第三辑)[M].北京:三联书店,1957:903.

源不断的补给来源。此外,中央政府对乡村社会控制的不足和混乱的社会秩序也为土匪的发展与军阀混战提供了社会环境。反之,军阀和土匪的发展壮大乃至混战又撕裂、破坏整个乡村社会的正常秩序,形成一个恶性循环。因此,军阀和土匪统治一方成为当时乡村社会普遍存在的一个主要问题。有学者估计"民国年间的土匪达 2000 万人,对乡村的危害可想而知。"①

据统计,"1924 年山东、河南等六省共有土匪 142 股,人数已达到 13 万之多"。② 甚至有些地方整个村庄沦为土匪窝点,俨然成为独立王国,连政府的围剿都熟视无睹,根本不放在眼中,这种情况在北方乡村已经达到习以为常的程度。更为严重的是出现了兵匪,"他们大多是一些被裁撤和溃败的军队,或是哗变逃跑的士兵,因生活无着而沦为土匪。他们往往表面上是军队,实际上是土匪,或者白天是军队,晚上做土匪。"③"军队解散,兵即变为匪;匪被招抚,也即是堂堂的丘八"。④ 以山东为例,"各省招兵,多半在山东,而遣散一兵,山东即来一匪"。⑤ 由于兵匪是从士兵转化而来,他们曾在部队接受过正规训练,其战斗力较传统土匪强大,因而对乡村社会的破坏程度更严重。"土匪对一些地区的控制及其四处骚扰,使本已弱化的社会控制更加支离破碎、残缺不堪,使本已恶化的社会秩序更加动荡和混乱,恐怖气氛在许多地方弥漫。没有或很少有防卫能力的乡村自不待言,就连一些城镇也处在恐怖之中。"⑥新旧土匪交织在一起对乡村社会的冲击,其危害更是不堪言状,又进一步加剧了乡村社会的残败和动荡,深化了民国以来中国乡村社会的危机。

在以国共合作为基础的国民革命运动所经之地,民众革命热情空前高涨,对各地军阀势力的打击也是前所未有的,社会影响巨大而深远。对于探索乡村建设运动的各派学者而言,国民革命像催化剂一样,刺激并促进了乡村建设思潮的涌动,尤其是国民革命时期在乡村上演的一系列乡村农民运动与激烈

---

① 马俊亚.20 世纪二三十年代的乡村危机:事实与表述[J].史学月刊,2013(11):11-14.
② 张静如,刘志强.北洋军阀统治时期中国社会之变迁[M].北京:中国人民大学出版社,1992:219.
③ 蔡少卿.民国时期的土匪[M].北京:中国人民大学出版社,1993:7.
④ 冯紫岗.农民问题概论[M].南京:岐山书店,1929:178.
⑤ 蔡少卿.民国时期的土匪[M].北京:中国人民大学出版社,1993:140.
⑥ 乔志强.近代华北农村社会变迁[M].北京:人民出版社,1998:1001.

变革,更是使探索乡村建设运动的有识之士对乡村问题有了更成熟思考的直接诱因。梁漱溟在提及自己力主乡村建设的原因时,他将国民革命称之为当时的"新经验",而他自己是"数年往来于胸中的民族前途问题,就此新经验后,从容省思,遂使积闷夙痾,不期而一旦开悟消释"。① 梁漱溟眼中的"新经验"很显然是指农民运动。在蓬勃兴起的国民革命中,城市工人运动此起彼伏,而在广大的农村地区也上演着农民要求减租减息、抗捐抗税、打土豪劣绅乃至平分田地的各种斗争。无论是参与其中,还是旁观者,均是新鲜的经历。乡村中的农民运动尤为如此,农村革命运动对当时社会各界的震撼远远超出人们的意料,同时也更加引起人们对乡村危机的深入思考,变革乡村现状的呼声更加高涨。基于农民在国民革命中呈现出来的革命热情和凝聚力,中国共产党早期领导人李大钊特别指出,国民革命在农村中首要的任务是"唤起贫农阶级组织农民协会"。② 在中国共产党的领导下,各地农民协会的发展速度达到了极为惊人的程度,"其势如暴风骤雨,迅猛异常,无论什么大的力量都将压抑不住。""农会便成了唯一的权力机关,真正办到了人们所谓'一切权力归农会'。""农会在乡村简直独裁一切,真是'说得出,做得到'。"③这就充分证明农民凝聚起来的力量是巨大的,同时也是对那些误解农民犹如一盘散沙的说辞的有力回击。农民一旦发动起来,建立维护自身利益的组织,能够凝聚起来发出巨大的力量,参与到变革社会的大潮中,并谋求解决自身问题。"关于农民本身利益的运动,均能努力倡导",④在广大的乡村演绎颇具声势的乡村革命。

在由中国共产党领导的乡村改造运动中,农会的决议中明确指出乡村文化教育上仅重视儿童教育远远不够,否则会使大多数人陷入知识贫乏的境地,唯有将乡村中大多人纳入教育的范围,才能为乡村革命的顺利开展奠定基础。毛泽东指出:"农民运动发展的结果,农民的文化程度迅速地提高了。不久的时间内,全省当有几万所学校在乡村中涌出来"。⑤ 农会在乡村中开展的改良

---

① 梁漱溟.梁漱溟全集第5卷[M].济南:山东人民出版社,1992:13.
② 第一、二次国内革命战争时期土地斗争史料选编[M].北京:人民出版社,1981:51.
③ 毛泽东选集(第1卷)[M].北京:人民出版社,1991:14.
④ 第一次国内革命战争时期的农民运动资料[M].北京:人民出版社,1983:133.
⑤ 毛泽东选集(第1卷)[M].北京:人民出版社,1991:40.

运动成效有目共睹,"农会势盛地方,牌赌禁绝,盗匪潜踪。有些地方真个道不拾遗,夜不闭户",以至于"连最凶的土豪劣绅也背着在啧啧称赞"。① 这些颇具新气象的态势证实了广大农民群众具备改造乡村社会的能力。

由此可见,为解决乡村危机,改变自身命运,农民不仅能够凝聚起来发出时代的呼声,也凸显出他们能够承担起历史的重任。尽管国民革命以失败而告终,中国共产党领导的工农革命被迫转入地下后,乡村问题变得更加扑朔迷离,同时也促使人进行深思。从这个视角来审视,国民革命在乡村社会并未取得政治上的成功,但在思想上开启了一个激发各种求变革新的新时代。此后,不仅国共两党仍然继续致力于探索各自乡村变革思想的传播和实践,而且社会各界也更加关注乡村问题,并不断发出不同的声音,形成"横看成岭侧成峰、远近高低各不同"的乡村建设思想,并逐步发展成为变革乡村的社会运动。有学者在评价乡村建设运动的理论与实践时指出:"改良派的农村运动,受了农民运动的反响,就以民族自救、民族改造的新姿态,普遍地在各处活动起来。"②从这个意义上来说,农村建设运动,实际上乃是唤起农民的自觉意识,投身于农村改造之中去。

中国共产党领导的农村地区农民运动的高涨,尤其毛泽东开辟的农村革命根据地,农民表现出来的革命热情和活力,使不少人认识到农民和农村是解决中国问题的关键。"中国共产党领导的农民运动的影响,也是农村教育所以会向农村建设方向发展的原因之一。"③著名乡建派学者梁漱溟认为乡村农民运动的成功,使他摒弃了此前对农民和农村能够解决中国问题的质疑,从而相信农村建设运动是解决中国问题、实现"民族自救"的新途径。他明确指出:"民国十五年的北伐,在民族自救运动,有很大的力量;农村运动就是跟着这时起来的,而开展却是北伐完成之后。"④他坦诚其农村建设的主张,"萌芽于民国十一(1922)年,大半决定于民国十五(1926)年冬,而成熟于民国十七(1928)年"。⑤ 由此可见,农村农民革命运动对梁漱溟乡村建设思想的影响。

---

① 毛泽东选集(第1卷)[M].北京:人民出版社,1991:22.
② 千家驹,李紫翔.中国乡村建设批判[M].上海:新知书店,1936:3.
③ 郑大华.民国乡村建设运动[M].北京:中国社会科学文献出版社,2000:74.
④ 梁漱溟全集(第5卷)[M].济南:山东人民出版社,2005:961.
⑤ 梁漱溟全集(第2卷)[M].济南:山东人民出版社,2005:144.

事实上，随着1927年国民革命运动的失败，中国共产党将其革命重心由城市转向农村，开辟农村革命根据地，农村建设运动呈现出"星火燎原"和蓬勃发展之势。著名美籍学者艾恺认为，早期的农村建设思想在1927年之前"无一曾获得足够的注意和支持"，"中国共产党在动员乡村社会方面是一个成功的范例，它的存在也许确实使1927年发生关键性的不同"。"只有在中国共产党证实了农民协会惊人的潜在力量之后的这一年中，那些众多的各种类型的农村改革计划才显示出了新的活力。这大概并不仅仅是一种巧合。"①中国共产党领导的农民运动展现出来的力量打消了很多人的质疑，尽管19世纪30年代是"乡村建设的全盛期，但大多数人在1927年就'觉悟'了"。时人指出，"各种不同背景的学人和组织同时将注意力集中到如雨后春笋，如狂风怒潮，汹涌澎湃，大有掀天盖地而来不可遏止之势的农村建设运动上，完全出乎人们的意料。"②

综上所述，针对军阀混战等各种因素加剧了乡村社会秩序的混乱状态，无论是各派提出的农村建设运动，还是中国共产党领导的农村革命根据地，无一不是谋求乡村复兴的一种尝试和努力。可以说"农村建设"、"复兴农村"连篇累牍地出现在当时各大媒体上，朝野各派提出的农村建设方案和计划，实际上是针对"农村经济破产"、"农村崩溃"的呐喊中的积极回应，是朝野不约而同地对挽救中国乡村社会危机的新觉悟和共识。

2.1.3 传统文化的衰落和西方文化的冲击

中华文明在5000年历史演进中，为后人留下了丰富的文化遗产，成为维系中华民族屹立在世界的东方且保持连续发展的思想源泉。然而，面对鸦片战争引起的中国社会经济政治的急剧变化和严重的民族危机，以及所谓"三千年未有之大变局"，中国传统思想文化不能承担起挽救民族危亡的重任，陷入前所未有的危机之中，不得不经历剧烈变革的阵痛。面对呈现勃勃生机的"西

---

① ［美］艾恺.最后的儒家——梁漱溟与中国现代化的两难［M］.南京：江苏人民出版社，2004：166.
② ［美］艾恺.最后的儒家——梁漱溟与中国现代化的两难［M］.南京：江苏人民出版社，2004：164-165.

方文明",古老的中华文明立国之道似乎已日暮途穷。当时爱国的知识分子思想上受到极大震动和刺激,从"天朝上国"的迷梦中惊醒,开始"开眼看世界"。为挽救民族和文化危机,寻求国家走向富强之路,一部分不甘屈辱的仁人志士开始向西方学习,从而拉开了探索中国如何实现现代化,以及如何实现民族复兴的序幕。而中国传统文化的思想逻辑和发展路径也由此开始由传统向现代转变。为寻求国家走向富强,挽救民族和文化危机,中国先进知识分子首先认为中国的器物文明落后于西方,继而又认为传统的政治制度的僵化是中国落后的根源,当学习西方工艺技术的洋务运动和学习西方政治制度为宗旨的戊戌变法与辛亥革命归于失败之后,最后又从文化的深层结构反思传统中国的文化,从西方文化中引进"民主""科学"的理念和价值,试图以此来批判传统中国文化,使其具有现代性。对于近代中国社会和中华文明遭遇的"三千年未有之大变局",正如有学者评价道:"这场大变局的实质就是中华文明相对稳定和独立地传承了三千年的历史逻辑被打破,中华文明的单一线性发展由此中断,从而开始了一个从民族性历史向全球性历史的转换过程。"[①]

近代中国遭遇到强势的西方文化的冲击和挑战,中国传统文化不可避免地走向了衰落。20世纪初,"中华民国"建立后,广大的中国乡村社会除遭遇了严重的经济危机和政治动荡之外,还存在着严重的文化教育危机,乡村文化教育水平大幅下滑,乡村社会整体文化教育环境的急速恶化。这种现象的产生是与近代中国社会转型和教育体制由传统向现代转轨相伴而生。乡村建设运动是针对乡村社会出现的政治、经济、文化教育危机的应变之举,领导乡村社会的全方位改造运动主要是怀有经世致用和爱国思想的知识分子,故此,乡村建设思想的产生有其文化根源。

中国自古以来以农立国,农业被视为国之命脉,工商业等行业视为"末",历代统治者奉行"重本抑末"的国策,这也成为几千年来传统中国经济发展坚守的主线。近代以来,以农立国的传统受到"以商立国"的工业化、商业化、现代化等治国思想理念的冲击,但几千年来以农立国的思想根深蒂固,已成为中华民族的文化思维习惯,因而,中国在向现代化转型过程中,不仅不可能舍弃

---

① 韩源.构建中国式哲学社会科学学科体系的几个重要问题[J].马克思主义研究,2010(10):24-33.

持续几千年的农业文明,而且也必须植根于这种文明,唯如此才能够赢得更多人的认同。近代以来,在西方列强和资本主义的压迫下,晚清的有识之士试图通过变法维新,引进西学西法,采用西方的科学技术,对传统农业进行现代化变革,从而使中国走向富强。这些早期现代化运动推动了中国现代化的进程。辛亥革命推翻了清王朝,创建了"中华民国",为中国开创了现代化启动的新征程,对传统乡村社会的改造一直成为国人关注的对象。为解决千百年来农民梦寐以求的土地问题,孙中山提出了"平均地权"与"耕者有其田"的主张,试图以此来探求实现农业现代化的解决之道。

尽管晚清时期试图通过变法维新开启中国早期现代化的尝试,传统农业大国在西方列强资本主义的入侵下,以及在工业化和现代化浪潮的强烈冲击下,传统的乡村社会危机四伏,农村地区走向衰败的命运并未得到根本改变。"五四运动"之后,一部分新式知识分子开始思考日益加深的民族危机以及乡村社会危机。被誉为"中国最后一个儒家",深受传统儒家文化影响的梁漱溟先生认识到西方文化的道路不是解决中国乡村危机和农民问题的出路。自晚清开启的历次变法和革命,均以求强求富为目标,但事实上这些变法革新运动不仅未达到预期目标,反而造成国家更加混乱和无序,乡村危机和农民的悲惨命运也未得到根本改变。随着财富集中到城市,乡村遭到严重掠夺,传统乡村社会风俗习惯和道德规范赖以存在的社会根基受到严重破坏,追逐西方都市文明的社会风气和文化氛围成为新的社会风尚。"以西化为目标的现代化给农村造成苦难这一事实证明,一味仿效西方都市化、工业化文明无济于事,中国只能复兴'以农立国'的中华文明,知识精英只有转向受西方文明浸染较少且受西方苦难最多的乡村,才能找到中国的出路。"建立在这种认识的基础上,梁漱溟指出"民族自觉的头一步,便是觉悟到乡村……所以,乡村建设是中华文明复兴的起点和基础。"① 中国深厚的文化土壤是现代化运动的根基,传统文化中的"乡村情结"成为国人始终关注乡村命运的心理基础,也试图从乡村文化的根基中寻找摆脱民族危机从而走向复兴的起点,影响深远的乡村建设运动是在对乡村经济危机和文化教育危机的积极回应中产生了。

---

① 徐勇,徐增阳.中国农村和农民问题研究的百年回顾[J].华中师范大学学报,1999(6):1-10.

作为现代化运动的重要举措,清末民初兴办的新式教育理应为近代社会的发展提供更多的人才资源。然而,由于新式教育是在"向西方学习"的心理背景下兴办起来的,缺少资金、场地、设施等多种因素的制约,开办伊始就注定了其城市化的倾向。新式教育的这种城乡布局与当时中国的现实需求相脱节,到民国时期城乡教育差距日益拉大,"城市中学校林立蔚起,而乡村间学校则寥若晨星;城市失学者日见其少,而乡村失学者愈显其众",①教育的畸形发展由此可见一斑。到了20世纪20—30年代,越来越多的人认识到新式教育存在的问题,"三十年来的新教育,在量上不能不说是有进步,在质上也不能说一定是退步。但是无论视其为进步还是退步,总是于家庭、社会、国家并无多大益处。因为现在中国社会以及家庭所急需的,是生产能力的增加,是利用此生产能力去抵抗国际资本主义的侵略,是利用此生产能力去改良家庭生产,发展社会产业,增加国家福利,以谋自存。然而现在教育所产生的结果,是减少生产力,增加消费力;替国际资本主义作开路的先锋,替家庭社会国家作破产的前驱"。② 新式教育与乡村社会实际需求的相脱节,不仅不能解决乡村社会存在的文化教育信仰危机,反而显得格格不入。平民教育家晏阳初先生评价当时新式教育是"无教",即"教育误人"。③ 新式教育使"农村间的许多青年子弟引出乡村之外,不复能回去",其在乡村造成的危害在于"教人羡慕繁华,看不起务农",受过新式教育的乡村人才逃离乡村,使本已脆弱的乡村文化教育更是雪上加霜,运用新知识变革乡村的期望也随之变得遥不可及。费孝通先生对新式教育颇为感叹,认为当时的小学教育尚不如传统私塾"能合于农民的需要",④这就向我们揭示了新式教育的确存在着严重的问题。当时的乡村社会普遍存在"乡村社会费了金钱来教育他们的优秀分子,本想他们来做乡村社会的领袖,来做乡村社会的改造者,但是他们放弃了他们的责任跑了"。⑤乡间知识分子"跑了",意味着乡村社会中读书人的离去,乡村社会的整体文化教育水准由此急剧下降,剩余的贫困农民因无知识,在文化贫瘠的乡土上,

---

① 傅葆琛.乡村平民教育[M].石家庄:河北教育出版社,1990:32.
② 苏新城.中国教育出路问题[J].中华教育界,1919(3):8-11.
③ 晏阳初."误教"与"去教",晏阳初文集[M].成都:四川教育出版社,1990:204.
④ 费孝通文集(第1卷)[M].北京:群言出版社,1999:379.
⑤ 杨开道.我国农村生活衰落的原因和解救的办法[J].东方杂志,1924(16):19-21.

更加无力面对和解决乡村社会的问题和危机。不仅如此,乡村社会中的士绅和经济较为宽裕的家庭也大都逃往城市,对于乡村中人数众多的农民而言,教育成为可望而不可即的奢侈的商品,因而陷入"无教"的困境,乡村文化教育陷入了前所未有的危机,乡村社会由此成为一片文化沙漠。

近代中国,在向西方学习的潮流中,西化思潮一度成为中国思想界的主流思潮。"所谓几十年的社会变迁,就是中国自西洋文化影响以后,不得不学西洋,而教育上的改变、学术上的改变居先"。① 民国初年兴办的新式教育就是在这种背景下拉开了序幕。1915年的新文化运动将西化思潮推向高潮,相当多的留洋知识分子纷纷回国,相继提出了"教育救国"的思路和理念。在这些归国的知识分子中,不少是受美国哲学家杜威实用主义的影响,因而他们在致力于挽救乡村危机的各种方案中无不打上实用主义的深深烙印,对民国时期教育体制向现代化转型,以及乡村建设思想均起到促进作用。1919—1921年,杜威在中国持续两年的演说,掀起了民国时期教育改革的浪潮。这种实用主义教育理念在相当长的时期成为支配中国教育改革的主流方向。1921年,中国政府将美国教育体制当作教育改革的样本,提出"发展平民教育精神""谋个性之发展""注意生活教育"的教育理念,②杜威实用主义理论等西化文化教育对中国的影响可见一斑。各地开展的乡村建设运动不同程度地打上了实用主义的烙印。著名的平民教育会领袖晏阳初在借鉴美国教育理念的基础上,提出中国式的"平民教育理论"体系。他认为"美国的教育是要求人要适应社会",而中国则是要"改造社会""改造人民的生活"。③ 另一个乡建派的著名学者陶行知不仅深受美国教育理念的影响,而且在南京郊区设立被誉为"改造中国乡村的教育机关"的晓庄师范学院,将改造社会的视线由城市转向乡村,其乡村建设更具有现实意义。他坦承其教育思想受杜威实用主义教育理论的影响,"'没有教育即生活'的理论在前,绝对不会产生'教学做合一'的理论。"④其他从事乡村建设运动的学者大多数不同程度受西方文化教育的

---

① 梁漱溟全集(第2卷)[M].济南:山东人民出版社,2005:479.
② 史全生.中华民国文化史[M].长春:吉林文史出版社,1990:251.
③ 晏阳初.平民教育运动的回顾与前盼,晏阳初全集第2卷[M].长沙:湖南教育出版社,1992:278.
④ 华东师范大学教育系教科所编.中国现代教育史[M].上海:华东师范大学出版社,1983:396.

影响。

概而言之,针对新式教育存在的不足,以及与中国乡村社会需求相脱节的征象,不少教育团体开始探索将教育改革的重心转向乡村。提出举办乡村文化教育新方案的目的,就是解决此前重城市忽视乡村文化教育的弊端,"使农村失学者均有受教育的机会"。① 陶行知更是将"中国乡村教育之根本改造"视为"中国的根本问题",呼吁"建设适合乡村实际生活的教育"。② 注重乡村文化教育的变革,意味着试图通过乡村教育的改革促进社会的发展和进步。此外,西方文化教育理念成为许多从事乡村建设运动领袖的思想理论来源,他们从中汲取西方文化教育的精华,将解决乡村教育作为探索解决中国问题的首要任务。乡村建设运动中注重乡村教育,倡导知识分子到农村地区去、帮助农民开办识字教育,这一系列教育活动均体现了西方文化对中国文化影响。传统文化中以农立国的思想、晚清以来在西方文化的冲击下对民族危机和乡村社会危机的思考,以及西方实用主义思想共同汇聚在一起,成为乡村建设运动思想产生的文化因素。

2.2　大革命和土地革命时期乡村文化建设回顾

2.2.1　树立农民在乡村文化建设中的主体地位

中国历史上历朝历代发生的起义,实际上大都与农民问题密切相关,1851年爆发的太平天国农民运动更是将农民战争推向最高峰。洪秀全制定并颁布的《天朝田亩制度》,是太平天国的政治纲领,旨在破除封建地主阶级的土地所有制,将土地平分给农民,以法律保障农民的土地所有权,反映了千百年来农民对土地所有权的渴望,建立"有田同耕,有饭同食,有衣同穿,有钱同使,无

---

① 傅葆琛.乡村平民教育之大意[J].教育杂志,1927(9):21-24.
② 陶行知.晓庄实验乡村师范学校创校概况,陶行知全集(第 2 卷)[M].长沙:湖南教育出版社,1985:18.

处不均匀,无人不饱暖"的理想社会。尽管极大地调动了农民阶级参加革命的热情和积极性,但这种方案具有农民的绝对平均主义思想色彩,没有先进革命理论的指导最终归于失败。孙中山在领导民主革命时,提出了"平均地权"与"耕者有其田"的思想,试图解决农民的土地问题,由于未能有效实施,也就未能唤起民众的支持,最终也以失败而告终。毛泽东在评价辛亥革命失败原因时一针见血地指出:"辛亥革命,似乎是一种民众的联合,其实不然。辛亥革命,乃留学生的发动指示,哥老会的摇旗唤呐,新军和巡防营一些丘八的张弩拔剑所造成的,与我们民众的大多数,毫没关系"。① "一切革命同志须知:国民革命需要一场大的农村变动。辛亥革命没有这个变动,所以失败了。现在有了这个变动,乃是革命完成的重要因素。"②道出了辛亥革命失败的根本原因在于没有发动占中国人口绝大多数的农民,没有与农民结成可靠的同盟军。

　　1921年7月,中国共产党成立后,将马克思主义视为改造中国的思想武器和指导思想,宣传无产阶级的革命思想,启发中国人民投身于推翻帝国主义和封建专制的革命斗争中。中国共产党成立伊始,由于受苏联经验和共产国际的影响,也曾经将工作重心放在城市的工人运动上,京汉铁路大罢工使工人运动空前高涨,然而"二七惨案"这种血淋淋的惨痛教训使中国共产党开始认识到,仅仅依靠为数不多的工人阶级单枪匹马是不可能战胜强大的敌人的,必须争取广大农民的支持,结成可靠的工农联盟才能战胜最凶恶的敌人。第一次国共合作期间,中国共产党积极发动农民参军支援北伐,在北伐战争中,到前线进行支援的农民展现出来的力量异常惊人。大革命失败后,以毛泽东为主要代表的中国共产党人逐渐摆脱党内盛行的"左"倾教条主义的束缚,开始独立探索适合中国发展的革命的道路。逐渐抛弃苏联"城市中心论"的革命模式,将党的工作重心由城市转向乡村,到农村创建革命根据地。同时开始领导农民对乡村文化进行改造、建设,将反映无产阶级革命思想的文化纳入乡村文化建设之中,以此来提高农民的文化素质与无产阶级革命斗争精神。在此期间,毛泽东将马克思主义理论与中国革命的具体实践相结合,创造性地提出农民是中国革命的主力军,农村是"工农武装割据"的战略要地,土地革命是中

---

① 中共湖南省委毛泽东文稿编辑组.毛泽东早期文稿[M].长沙:湖南出版社,1990:89.
② 毛泽东选集(第1卷)[M].北京:人民出版社,1991:16.

国革命的中心内容。回击了中国共产党内部对农民运动的种种责难,最终找到了一条有别于苏联的"用农村包围城市"的革命发展道路。事实证明,中国共产党领导的乡村文化建设为革命胜利提供了思想动力,推动了农民革命向纵深方向发展,使农民成为中国共产党领导的革命战争中最可靠的同盟军。

大革命时期,以毛泽东为主要代表的中国共产党人反思对传统历史文化重视的不足,总结中国共产党成立以来的经验教训,提出农民是乡村文化创造者的论断。中国自古以来就是农业大国,农民占据人口的绝大多数,近代中国革命的历史事实和经验表明,离开农民的支持,中国革命是很难获得成功的。而要取得农民对无产阶级革命的支持,就要用先进的马克思主义的思想文化对他们进行改造和教育,为此,加强乡村文化建设就成为摆在中国共产党面前的一项重大课题。中国共产党领导的农村革命不仅仅是"打土豪分田地"的政治经济革命,而且也是一场农民思想观念转变和文化再造的革命运动。农民唯有从思想观念上树立起批判专制制度,投身于推翻旧秩序的社会革命洪流之中,才能破除统治者垄断文化解释权的藩篱,建立起反映农民自身需求的文化体系。为此,中国共产党在各地深入开展宣传马克思主义,以批判帝国主义、皇权专制主义思想文化的斗争。通过创办农民运动讲习所,为农民运动的推进培养了干部,也为全国各地农村革命根据地的思想文化建设储备了干部。开展各种形式的活动,对农民进行无产阶级的文化教育、革命教育和思想改造,极大地推动了农民运动的高涨和革命思想觉悟的提高。农民运动的蓬勃发展和无产阶级革命思想觉悟的提高,反过来又促进了无产阶级革命运动的发展,为革命时期的乡村文化建设奠定了坚实的群众基础。

2.2.2 提出乡村文化建设系统理论

中国共产党根据马克思主义文化理论的原理,充分结合中国实际国情,创造性地提出一系列中国化马克思主义文化建设思想的观点,为指导中国革命取得胜利提供了理论基础和思想源泉。

中国共产党依据马克思主义唯物史观,人民群众是物质基础和精神文化创造者的观点,提出农民是乡村文化创造者的思想。自 1840 年中国沦为西方的半殖民地后,中国文化的解释权由统治阶级垄断。农民创造的文化不仅未能反映其利益和愿望,相反却受到地主阶级和西方列强的压迫,加之受根深蒂固的宗法文化、小农意识的禁锢,从而造成"中国历来只是地主文化的东西,不是别的,正是从农民身上掠取的血汗。"①唯有摧毁传统的思想,唤起农民思想的觉醒,拉动农民投身于推翻旧秩序的革命斗争,才能创立农民自己的新文化体系。

中国共产党在革命实践中逐渐认识到农民受教育权重要的问题,在《中华苏维埃共和国宪法大纲》中明确规定:"中国苏维埃政权以保证工农劳苦民众有受教育的权利为目的。在进行国内革命战争所能做到的范围内,应开始施行完全免费的普及教育,首先应在青年劳动群众中施行并保障青年劳动群众的一切权利,积极地引导他们参加政治和文化的革命生活,以发展新的社会力量。"这就从法律上保障农民拥有受教育的权利。② 从此以后,这种论断成为指导中国共产党领导的农村革命根据地文化建设的指导思想。1945 年,毛泽东在《论联合政府》报告中指出:"农民——这是现阶段中国文化运动的主要对象。所谓扫除文盲,所谓普及教育,所谓大众文艺,所谓国民卫生,离开了三亿六千万农民,岂非大半成了空话?"③此时,随着中国共产党对中国国情的深入认识,以及对马克思主义文化理论娴熟应用于中国革命实践的思考,将扫除文盲、普及教育、大众文艺、国民卫生都视为乡村文化建设的范围,这充分表明中国共产党已经深刻认识到,农民在乡村文化建设中具有不可动摇的重要地位,凸显其文化建设思想中的"以农民为中心"的特征。

传统中国的城市和乡村,总体而言文化上可以说是一体化的。然而,近代以来,随着社会变革和转型,城乡文化一体化的格局被打破,代之而起的是城乡文化的分野逐渐拉大的现实。与城市相比,乡村文化遭受西方强势的工业文明的冲击要小很多。由于中国共产党领导的革命实际上是农民革命,唯有获得农民的支持才能取得革命的胜利,而最关键的任务是要传播先进的文化教育和改造农民,提高其文化素质,唤起他们的革命热情,进而为革命提供源

---

① 毛泽东选集(第 1 卷)[M].北京:人民出版社,1991:39.
② 中央革命根据地史料选编(下)[M].南昌:江西人民出版社,1981:36.
③ 毛泽东选集(第 3 卷)[M].北京:人民出版社,1991:1078.

源不断的力量。毛泽东等人通过创办农民运动讲习所的途径,对农民进行文化教育。"我们必须告诉农民群众,自己起来同自己的文盲、迷信和不卫生的习惯做斗争。"不仅如此,还要采取多种形式的教育提高农民的文化素质,"不但要有集中的正规的小学、中学,而且要有分散的不正规的村学、读报组和识字组。"①中国共产党正是通过不懈的努力,用先进的文化教育农民,武装农民,使其成为革命的主力军,为革命的胜利奠定了基础。

中国共产党建党伊始,就将工作重心放在领导工人运动上,1922—1923年,京汉铁路工人大罢工将工人运动推向高潮,但随后遭到镇压,工人运动转向低潮。中国共产党从惨痛的失败中逐渐认识到仅仅依靠工人阶级的孤军奋战是很难战胜强大的敌人的,必须争取包括广大农民群众在内的同盟军的支持。1924年第一次国共合作拉开了大革命的序幕,在此期间,中国共产党大力发动农民参军,有力地支援了北伐战争的推进。农民在大革命中凸现出来的力量,使中国共产党更加重视农民问题,深深地认识到农民在革命中的重要性。大革命失败后,毛泽东认识到,党内出现了将马克思主义教条化、苏联革命经验和共产国际决议神圣化的倾向,因此在领导秋收起义后,为了保存革命实力,放弃原来制定的先夺取城市计划,反而将武装力量全部转向农村,开始建立了自己的农村革命根据地。在这种艰难探索中国革命道路的过程中,以毛泽东为主要代表的中国共产党人认识到农民是中国革命的主力军,工农红军实际上是穿上军装的农民,土地革命是中国革命的核心内容,从而形成中国共产党对农民问题的正确认识。

建立在对农民问题正确认识的基础上,为巩固新生的苏维埃政权,中国共产党开始重视并在各个革命根据地推进乡村文化建设。明确规定:"为了教育工作迅速地、彻底地转变,为了顺利地完成目前教育的中心任务,必须无情地与忽视教育以及教育工作中一切不正确的观点与倾向做斗争。只有在这一思想斗争的开展下,才能真正为着战争的需要,刻不容缓地发展苏区的文化教育建设。"②中华苏维埃共和国临时中央政府也发布训令,明确指出要重视文化

---

① 毛泽东选集(第3卷)[M].北京:人民出版社,1991:1011-1012.
② 江西省教育科学研究所.江西苏区教育资料汇编(1927-1937)第1册[M].南昌:江西省档案馆藏,1985:37.

教育工作。由于中国工农红军大都是穿上军装的农民,"青年壮年男子百个人中有八十个当红军去了"。① 但是,没有文化的军队是愚蠢的军队,而愚蠢的军队是不能战胜敌人的。基于这种认识,各革命根据地根据自己军队的不同情况,相继系统地制定有关文化建设的方针、政策和措施,重视乡村文化建设的最终目的是为当时进行的阶级斗争、革命战争服务。

2.2.3 乡村文化建设道路的探索

20世纪20—30年代乡村建设运动在推进的过程中,以毛泽东等为主要代表的中国共产党人立足乡村,积极探索民族独立的道路。他们对中国乡村改造不同理论道路的探讨,使中国共产党人对中国农村的认识进一步深化,探索出一条适合中国国情的乡村改造的现代化道路。中国共产党人在中央苏区等各个革命根据地对乡村建设道路的探索及其革命实践,与南京国民政府以及投入乡村建设的各派一起,共同构建了近代中国乡村建设思想和乡村建设运动实践。更为重要的是中国共产党人领导下的乡村建设思想与革命实践,成为中华人民共和国成立后乡村建设和乡村发展的基本方向。有评论者指出:"如果说农民之于革命,是中国共产党革命的基础和动力,那么乡村之于建设,则是中国共产党对于传统乡村秩序的革命性颠覆。因此当农村包围城市成为中共革命的基本战略,乡村自然成为中国共产党革命的历史舞台。然而无论是革命还是建设,中国共产党首先面临的棘手问题是:传统农民的社会心理与中共革命之间依然存在着较大的鸿沟。基于此,中国共产党一方面着力进行乡村改造,另一方面又着力进行全方位的乡村建设",②成为20世纪中国乡村社会的"一幅漫画"。③

自古以来,中国是以农立国的东方农业大国,这种状况到近代仍未改变,农业仍然是中国社会的主体。随着西方列强的入侵,近代中面临着严重的民

---

① 毛泽东选集(第1卷)[M].北京:人民出版社,1991:137.
② 王先明.中国乡村建设思想的百年演进(论纲)[J].南开学报(哲学社会科学版),2016(1):1-26.
③ [美]马克·赛尔登.革命中的中国:延安道路[M].魏晓明译.北京:社会科学文献出版社,2002:122.

族危机,改造中国、挽救民族危亡,进而求得民族的独立与人民的解放,实现国家的繁荣富强和人民的共同富裕,就成为中国现代化进程中必须完成的两大历史任务。其中,实现农村、农业和农民的现代化乃是国家富强与民族独立首要解决的问题,也是实现国家现代化必须面对的重大课题,一代代先贤和有识之士为此付出艰辛的探索。中国共产党成立后,就将马克思主义作为改造中国社会的思想武器,进行先进文化建设作为其根本的历史重任。中国共产党在认识到乡村社会在革命中的重要地位后,就高度重视对乡村文化的改造,以及对乡村文化建设的领导,尤其是创造了有别于传统文化的新型乡村文化,力图使乡村社会摆脱近代以来的文化危机,提高农民的文化素质与革命精神,引导农村为革命胜利提供源源不断的支撑。事实证明,中国共产党对农村的改造为革命胜利提供了保障,推动革命不断发展,最终取得了革命的胜利。

20世纪20年代以后的中国面临着严峻的内忧外患,既是危机四起的时代,又是"革命"时代。时人普遍感受到日益严重的乡村危机,并成为政界、学界、舆论界关注的焦点问题,对业已举起革命大旗的中国共产党而言,在农村地区如何通过阶级斗争和革命来解决乡村面临的危机,成为首要选择和最高准则。而在红色革命根据地,如何动员广大农民的参与是其走向胜利的源泉。故此,在民主革命时期,中国共产党人继承革命先烈的遗志,在经过多次失败后,终于明白中国革命的主力军是广大的农民,中国革命的核心内容是土地革命,中国革命的战略基地在广大的农村地区,特别是贫困农村地区,革命要想获得亿万农民发自内心的支持,就必须用中国共产党的思想意识和文化理念来改造农民,由此,中国共产党就务必要重视乡村社会的文化建设,从而引导农民支持用农村包围城市的革命道路。在具体的革命实践中,中国共产党以解决千百年来农民梦寐以求的土地问题作为突破口,在农村开展"打土豪分田地"的运动,推行彻底的土地改革,实行"耕者有其田",发展农业生产;建立民众喜闻乐见的文化教育形式,构建民主的、科学的、大众的文化。这些实践证实中国共产党提出的解决农村问题的措施极大地解放了农村生产力,为推进农村建设,进而实现国家现代化奠定了坚实的基础,扫清了障碍、创造了条件。

由于中国是农业大国,农民占据全国人口的绝大多数,因此,农民问题成为中国革命与建设的根本问题。以毛泽东为代表的中国共产党人,在新民主主义革命时期,巧妙地将马克思主义的基本原理与中国农业大国的现实国情相结合,有针对性地提出了一系列农村建设的思想,并在中国革命实践中具体运用,奠定了革命胜利的基础,为农村现代化建设提供了保障,更为当下乡村振兴和解决"三农"问题提供了启示。毛泽东依据其对中国农村的长期观察和研究,通过深入反思传统乡村文化的不足,在坚持历史唯物主义基础上,提出乡村文化由农民创造才能得以永生。将马克思主义的阶级分析方法应用于中国乡村社会,通过对乡村社会中各阶级的深入分析,先后撰写了相关论著,充分肯定农民运动的重要地位,毛泽东明确提出农民是中国革命的动力和最可靠的同盟军,无产阶级"只有和贫农、中农结成坚固的联盟,才能领导革命到达胜利,否则是不可能的"。① 故此,"中国革命实际上是农民革命"。② 1926年9月,毛泽东在《国民革命与农民运动》一文中,鲜明地提出"农民运动乃是国民革命的中心问题"的命题。③ 大革命失败后,毛泽东日益认识到农民革命的重要性,果断提出以农村为中心的革命思想。1928年10月,在《中国红色政权为什么能够存在?》一文中,毛泽东详细阐述了中国革命发展不平衡的状况,在农村建立革命政权的原因。标志着毛泽东以农村为中心,建立工农革命根据地理论的成熟。

  大革命失败后,中国革命的中心由城市转移到农村,如何调动农民支持并参加革命就成为中国共产党面临的首要问题。由于中国共产主义运动走的是以农村包围城市的革命道路,对乡村文化的真实状况更为熟知。纵观近代中国历次社会变革运动,唯有中国共产党探索出一条把农民、农村整合为国家政权体系的有机组成部分。大革命失败后,中国共产党将重心由城市转移到乡村后,对乡村社会原有的文化图谱有着深刻影响,也为乡村地区带来了"新文化"。

---

① 毛泽东选集(第2卷)[M].北京:人民出版社,1991:643-644.
② 毛泽东选集(第2卷)[M].北京:人民出版社,1991:692.
③ 毛泽东选集(第1卷)[M].北京:人民出版社,1991:15-16.

2.2.4 乡村文化建设的举措

以毛泽东为主要代表的中国共产党人,灵活地发挥马克思主义的阶级斗争的理论精华,将马克思主义的阶级斗争学说应用于中国乡村社会,并试图通过暴力革命来打破乡村社会中束缚和压制农民的枷锁。通过考察分析支配乡村社会的文化权力格局,从传统社会的宗法思想对农民的压制出发,他强调指出"四种权力——政权、族权、神权、夫权,代表了全部封建宗法的思想和制度,是束缚中国人民特别是农民的四条极大绳索"。① 毛泽东由此得出领导乡村革命运动的策略方针。他也因此断言:"在中国,谁赢得了农民,谁就可以赢得中国;谁解决了土地问题,谁就能赢得农民"。② 基于这种认识,毛泽东提出"唯有解决农民千百年来梦寐以求的土地问题,才能赢得农民对中国革命的支持"。③ 毛泽东从解决农民要求的土地问题着手,进而解决中国革命的中心问题。通过在农村革命根据地的调查,制定了土地法,使亿万农民投身于中国共产党领导的革命洪流,极大地解放了农村的社会生产力,为农业现代化奠定了坚实的基础。正是通过在乡村社会开展土地改革,中国共产党的政权组织在中国历史上首次实现了真正下沉到乡村社会,摧毁了基层社会各种非正式权力网络的根基,牢牢控制了乡村社会。更为重要的是,中国共产党在马克思主义的指导下,在广大的农村地区通过乡村文化建设,重新塑造了民众的信仰体系,鼓励农民摧毁旧制度,翻身做主人,创立自己的农民文化。

一是开展扫盲运动,提高乡村民众的文化素质。要发动农民支持中国共产党领导的乡村革命,就不得不对农民开展扫盲运动,大力开展文化教育。依据马克思主义唯物主义的原理,毛泽东提出农民是乡村文化创造者的思想。在半殖民地半封建社会的近代中国,文化被统治者所垄断,农民长期受到极大的压制,从而造成"中国历来只是地主有文化,农民没有文化。可是地主的文化是由农民造成的,因为造成地主文化的东西,不是别的,正是从农民身上掠

---

① 毛泽东选集(第1卷)[M].北京:人民出版社,1991:31.
② [美]洛易斯·惠勒·斯诺.斯诺眼中的中国[M].王恩光译.北京:中国学术出版社,1982:47.
③ 毛泽东选集(第3卷)[M].北京:人民出版社,1991:1075.

取的血汗"。① 因此,中国共产党领导的农村革命目标有二:其一是要让农民成为国家的主人,其二是农民在思想上和文化上获得解放。由于中国近代以来的社会变迁,城乡差别和文化分野愈加明显,乡村文化长期陷入落后状态。要赢得农民对革命的支持,首要任务就是要务必用先进文化教育农民,改造乡村,提高农民的受教育程度和文化素质。

在创建中央苏区的革命斗争中,中国共产党就非常重视革命文化工作。早在南昌起义时就曾提出"实行普及教育,提高革命文化"的行动政纲,并在起义部队中首先开展一系列革命文化宣传工作。秋收起义后,部队成立士兵委员会,开展文化宣传工作。红军途径的乡村或大镇均须手持红旗及标语传单向农民群众宣传。红军运用标语、传单、口头宣传、文艺演出等多种形式进行文化宣传。1930年3月中旬,在闽西地区,第一次工农兵代表大会召开,这次会议通过了《文化问题决议案》,闽西苏维埃政府提出了"站在无产阶级立场上,向封建思想及一切不正确的思想意识做斗争"的文化建设总任务,制定了"提高群众共产主义思想教育","培养在革命环境中所需要的具备革命意志的干部人才","普遍而深入地提高群众阶级觉悟、政治水平、文化程度","养成智力和劳力均衡的发展"等文化教育方针。在闽西地区乡村文化开展起来之后,主要面向农民群众,把中国共产党的主张传播出去,进而提高农村地区农民的文化水平,同时提升农民的思想政治觉悟,鼓励他们支持并加入中国共产党领导的革命。

1931年初,在湘鄂赣革命根据地,《文化问题决议案》在工农兵苏维埃第一次代表大会获得通过,这是中国共产党成立之后,首次提出的乡村文化建设的纲领性文件。文件主要内容包括:一是"建立工农阶级的各种文化事业",铲除"旧社会里所流传下来的一切道德、宗教、风俗、教育以及旧礼教等"。二是在苏区广泛开展马克思主义理论的宣传教育,树立"文化工作也是一场阶级斗争"的理念。三是使民众"能享受各种社会文化娱乐事业","培养大批工农分子干部到苏维埃政权机关来工作"。四是掀起反对帝国主义文化侵略的教

---

① 毛泽东选集(第1卷)[M].北京:人民出版社,1991:39.

育。五是"努力争取苏区文化向社会主义道路上前进"。① 由这个文件规定的内容不难看出,实际上是将在农村进行的文化教育纳入中国共产党在苏区开展的阶级斗争和政治斗争的原则之下,建立工农联盟的文化教育。1931年11月,中华苏维埃共和国临时中央政府成立后,开始意识到文化建设在苏区各项建设中的重要地位,先后制定颁布了一系列决议案,阐述了文化建设对革命斗争的促进作用,提出了文化建设的方针与政策。专门设立苏维埃文化委员会,担负起苏区的文化建设工作。中央苏区和各地苏区推进文化建设的一些措施,对苏区的文化建设起到了推动作用,也使其成为唤醒民众共同打击敌人的思想武器。

二是大力传播社会主义革命文化,培育乡村民众的革命意识。制定并实施文化教育政策,强化农村的革命文化教育工作。中国共产党领导的苏维埃临时政府明确规定为彻底转变乡村教育的落后状况,与那些忽视教育以及不正确的观点做斗争,必须"刻不容缓地发展苏区的文化教育建设"。② 1932年8月,湘鄂赣工农兵苏维埃第二次代表大会通过的《文化工作决议案》中,将文化教育工作视为巩固苏维埃政权的社会基础。③ 决议案中还批评那种只注重斗争,而忽视文化建设,将文化与斗争分割开来的错误观点。由于忽视文化建设,导致苏区民众思想观念保守、弥漫着悲观情绪,加强阶级斗争的文化教育建设可以克服、肃清工农大众的失望情绪,提高思想文化认识水平以及对革命斗争的热情,更好地适应斗争环境的需要,实现文化教育在革命政治斗争中充当战斗的任务。提出苏区文化教育发展的总方针:"加强群众阶级的政治教育,提高群众对革命战争的热情及战争胜利的信心和决心;发展识字运动,扫除文盲,着重青年儿童的文化教育;发展新的社会力量,反对把文化与斗争隔离,与工农群众实际生活隔离,以及把劳动与知识隔离开来;实行政治化的、社会化的、劳动化的文化教育。"④

---

① 陈元晖,琼鑫圭,邹光威.老解放区教育资料(第1册)[M].北京:教育科学出版社,1981:99-100.
② 江西省教育科学研究所.江西苏区教育资料汇编(1927-1937)(第1册)[M].南昌:江西省档案馆,1985:37.
③ 湘赣革命根据地史料选编(上)[M].南昌:江西人民出版社,1984:158.
④ 陈元晖,琼鑫圭,邹光威.老解放区教育资料(第1册)[M].北京:教育科学出版社,1981:121.

1933年4月,中央苏区临时组建的中央教育部发布训令,训令内容中特别指出,苏区当前要用贴近农民群众需求的教育方法,提高农民群众的文化水平,同时启发农民群众的政治觉悟,打破旧社会传统的思想,动员有觉悟和有能力的人,参军或者参加苏维埃各方面的后勤建设。苏维埃文化教育的总方针就是"用文化教育宣传做宣讲工具,动员广大农民全心投入革命队伍"。① 后来这也成为苏区在文化教育方面的必须遵循的基本原则。1933年10月,临时中央政府的文化教育建设大会召开,会议通过的一份决议,主要内容就是"在工农民主专政共和国内,一切教育事业的设施,无论在政治教育范围内,或普通的工艺的教育范围内,或文艺的范围内,都应当从阶级斗争出发,从争取工农民主专政的胜利出发,从推翻地主资产阶级的统治出发,从为着转变到社会主义的革命出发,从消灭阶级、从消灭人剥削人的制度、从为着共产主义社会的斗争出发。"②从那开始,苏维埃文化教育建设的核心就是阶级斗争,对此后乡村文化建设在全国的推广,乃至影响了中华人民共和国成立后乡村文化改造和建设政策制定和实施。

中央苏区开展多种形式的文化教育活动,普遍提高农民受教育的程度。为保证适龄儿童能够进入学校接受教育,每个村庄均开设一所小学,进行免费的义务教育。1934年1月,据江西、福建、粤赣三省苏区统计数据表明,在2932个乡镇中,有小学3052所,补习夜校6462所,识字32388组,这些数据仅仅是中央苏区的一部分。③ 学龄儿童入学率在中央苏区的兴国县达到60%,而在国民党原来管理时期入学儿童不足10%,这些统计数据清楚地表明中国共产党对乡村文化教育的重视程度。毛泽东指出:"我们必须告诉群众,自己起来同自己的文盲、迷信和不卫生的习惯做斗争","在教育工作方面,不但要有集中的正规的小学、中学,而且要有分散的村学、读报组和识字组。"④此后,又提出在乡村社会中要向广大民众普及文化教育,文化建设在革命根据地建设中占据着不可代替的重要地位。中国共产党在抗日根据地为将意识形态灌

---

① 皇甫束玉,宋荐戈.中国革命根据地教育纪事[M].北京:教育科学出版社,1989:87.
② 红色中华[J].1933(11):22-25.
③ 陈元晖,璩鑫圭,邹光威.老解放区教育资料(第1册)[M].北京:教育科学出版社,1981:18.
④ 毛泽东选集(第3卷)[M].北京:人民出版社,1991:1011-1012.

输到民众中,也借助发展乡村文化教育这种办法。在环境极为恶劣、战乱频繁的情况下,各个根据地开办针对贫苦农民子弟的学校教育,以及针对成人的扫除文盲性质的民众社会教育。采用灵活多样形式开展社会教育,特别是加大对民众的启蒙教育,对成人启蒙教育投入甚至高于对儿童教育的投入,在一部分革命根据地,苏区政府甚至公开表示:"对社会教育的投入要大于学校教育的投入","对成人教育的投入要大于儿童教育的投入",① 目的在于将成人教育纳入服从于抗战的需要。苏区民众的文化教育程度有了很大提高,文盲大量减少,1934年,兴国县的"文盲已减少到全部人口的20%以下"。② 此外,还运用农民群众喜闻乐见的文艺形式,对农民进行马克思主义的思想文化教育,旨在提高农民的政治文化觉悟,增强其革命的积极性。

三是以共产主义精神教育乡村民众,塑造乡村民众的革命理想信念。毛泽东强调:"我们的工作首先是战争,其次是生产,其次是文化"。20世纪20—30年代,中国共产党领导的农民运动,让乡村社会步入了一个"大革命"的时代,在广大乡村社会开展"打土豪,分田地",剥夺乡绅权力运动,以农会为中心重建乡村政权,重构乡村社会结构。1927年6月,在全国发展有900多万会员的组织,其中,湖南450万,湖北280万,广东80万,湖南湖北两省会员占总会员的81%。在两湖农村地区,风风火火地进行着打倒"土豪劣绅"运动。并彻底改变了原来乡村的权力关系。以暴力斗争为手段的轰轰烈烈的农村大革命,使农民与乡绅之间的斗争成为你死我活的斗争。1926年年底后,以"打倒豪绅"为目标的乡村革命运动在两湖地区进行得如火如荼,走向了暴力斗争阶段。"农民协会正在直接组织审判土豪劣绅,土豪劣绅纷纷从乡下和县城逃往长沙和汉口",被杀被捕的土豪劣绅的财产以及逃亡地主的财产,通常均被农会没收,自行支配……农民在无情地惩罚压迫者。许多县都自行审判土豪劣绅。由于对土豪劣绅和大地主的斗争取得了胜利,上述地区大多数县的村政权完全掌握在农会手中。"③

---

① 中共浙江省委党史资料征集研究委员会、浙江省档案馆编.浙东抗日根据地[M].北京:中共党史资料出版社,1987:113.

② [美]埃德加·斯诺.西行漫记[M].董乐山译.北京:三联书店,1979:221.

③ [苏]A·B·巴库林.中国大革命武汉时期见闻录(1925-1927年中国大革命札记)[M].北京:中国社会科学出版社,1985:167.

中国共产党领导的农村"大革命"的风暴和国民大革命一起发力,对传统乡村的权力结构、文化精英和士绅予以前所未有的打击,从而导致乡村文化和社会政权重建进入了一个持续波动的历史时期。在当时阶级斗争意识泛化和过分激进化的革命行动自然无情,对"土豪劣绅"大扫荡的革命行动,以及试图重建乡村文化权力结构的努力,在当时,不可能会有革命退潮后的冷静思考。特别是对于乡村文化知识精英的所谓"土豪劣绅"的判定问题上,呈现出与事后理性认识上的差异。《大公报》批评指出:"所谓土豪劣绅者,并不以其平日有无劣迹而定,只视财产之多少而加以土豪劣绅之头衔。"[①]在广大农村地区,只要"有饭吃有衣穿的人"都被视为土豪,"有学问有道德的人"被视为劣绅的也普遍存在的情况。乡村文化建设也因此陷入了一片荒漠的境地。

"大革命"失败后,中国共产党开始反思,逐渐改变原来的"敌我政策",把原来的农村政策和乡绅政策也进行调整,不再宣扬"有土皆豪,无绅不劣"的激进观念,同时也不再把所有的绅士都视为敌人。特别是抗日战争爆发后,中国共产党在革命根据地实行"三三制"政权,把绅士和地主进行了分类,吸纳了乡村中的"开明士绅"和"部分地主",将乡村中的文化精英也纳入其中,此举具有明显的统战策略,但也标志着对乡村"绅士"和"地主"进行一味打压政策进行了调整。土地革命时期,无论是在中央苏区还是在各革命根据地,中国共产党对传统乡村文化的破坏多而建设少,根本原因在于推行粗放的、激进的政策所致。这也是我们今天进行乡村文化建设中值得反思和借鉴之处,要吸取这种沉重的教训,避免重蹈覆辙。

四是树立乡风文明,破除封建迷信思想。在苏区的广大乡村,大部分的农民求神拜佛的迷信活动还是非常盛行,这不仅严重阻碍着革命文化的广泛传播,而且还阻碍着乡村社会秩序的构建。要破除旧文化,就要向广大农民群众大力灌输革命文化,同时进行反封建习俗与破除迷信的宣传教育,使广大农民能够认识到封建习俗与迷信是封建压迫的工具,从而帮助农民自觉与封建迷信做斗争,自发地去摧毁神坛、神庙、菩萨节、孝牌坊等,做到不信鬼、不敬神、不遵守旧礼教、旧道德等。中国共产党在苏区,对于如何消除封建旧文化,制

---

① 大恐怖之长沙[N].天津大公报,1927-04-27.

定了比较完善的制度,规定氏族的、教士的、庙宇的土地无条件交给农民耕种,从根子上调动了农民的积极性。同时在 1930 年 9 月,制定的《修正闽西苏维埃政权组织法》规定,律师、僧、道、尼、巫等没有选举权和被选举权,进而从根子上破除了封建迷信传播的人和工具。

中国共产党为了营建乡风文明,增强乡村文化建设的实效性,从农民实际出发,使用大众语言,创作农民听得懂、看得懂、易于接受的文艺作品来反映他们的生活。工农剧社、苏维埃剧团、八一剧团等文化组织根据当地农民的实际需求,排练出反映苏区斗争的戏剧,不仅强化了农民的阶级意识,使他们从宗法观念中解脱出来,同时还调动起了农民发展文化、投身革命的积极性。当时,苏区中国共产党广泛发动乡村群众投入到树立乡村新乡风文明活动中,充分调动共青团、妇委会、儿童团、少先队、赤卫队等组织,大规模地开展文化娱乐活动,如唱歌、演戏、读报、演讲、写标语、发传单、办墙报、绘壁画、漫画、开茶话会、办游艺会等。另外还通过编演《破除迷信》、《检查卫生》等戏剧,寓教于乐来批揭封建迷信的荒谬性,从而弘扬科学精神。

中国共产党在文明生活方式建设上,特别对烟毒进行了严厉打击。中共苏维埃政府自成立之日起,就从禁止种植与吸食鸦片入手,不断开展禁烟运动。苏区各级政府为了彻底根除烟毒,采取了以下四项措施。一是根源治理,铲除烟苗,禁烧鸦片和烟具;二是立法治理,严厉打击鸦片种植、销售和吸食。三是监督治理,在全社会形成禁烟戒毒舆论,互相监督,举报有奖;四是"预防治理,树立卫生观念,推行健康生活方式,丰富群众娱乐生活"。①

2.3 全面抗日战争时期乡村文化建设回顾

1937 年七七事变爆发,拉开了中华民族对日全面抗战的序幕。1937 年 7 月 8 日,中共中央发表抗战宣言,号召全国人民团结起来,共同筑成抗日民族统一战线,从而共同携手,一起抵抗日本帝国主义的侵略。置身于抗战洪流中

---

① 王景新,鲁克荣.中国共产党早期乡村建设思想研究[M].北京:中国社会科学出版社,2011:180.

的广大文化工作者,用各种形式开展文艺活动,大力谴责日本侵略者犯下的滔天罪恶,同时热情讴歌一线抗日将士的献身精神和爱国精神,进而动员全国人民,携起手来,一致抗日,在广大的乡村地区,中国共产党领导的抗日文化运动达到了高潮。

2.3.1 开展乡村抗日文化运动,唤起民众抗战热情

在文化救亡运动中,文化界人士根据时代的需要,创作符合时代的各种形式的文艺作品。比如在话剧《保卫卢沟桥》中,就提出:保卫卢沟桥!保卫华北!保卫祖国!一切不愿做奴隶的人们,起来呀!发出了民族的怒吼。中国共产党领导戏剧队伍深入农村,以演剧队的形式在集镇、村庄积极宣传抗日主张。在抗战的激情中,许多作曲家创作了很多抗战乐曲,抒发了人民的抗日心声。比如《到敌人后方去》《全民抗战》《太行山上》《游击队歌》等著名歌曲。党的文艺工作者纷纷走向抗战前线和广大后方,了解农民的实际需求,用农民喜闻乐见的文艺形式唤起农民的抗战热情。从思想感情上引发广大农村民众的共鸣,鼓舞民众支持抗战的情绪,扮演着精神武器的作用。

随着抗日民族统一战线的建立,在国共两党一致抗日这面旗帜下,中国共产党领导的文化界抗日民族统一战线也随着建立,中国共产党经过充分动员,把具有爱国主义的文化界人士联合起来,组成了中国近代文化史上最广泛最持久的文化界统一战线,由此也可看出,在抗战期间,统战文化的价值和意义,对今天统战文化的发展仍有很大的启迪意义。随着国民党在对日主战场的失败,上海、南京等城市相继沦陷后,这些城市的大批文化工作者面临流离失所,无家可归的局面。面对这种情况,中国共产党果断号召文化工作者重新组织起来,形成合力。在全国各地掀起风起云涌的抗日救国运动,中国共产党领导文艺活动参与者到街头、到工厂、到农村去动员群众,同时采用演出、唱歌、组织读书小组等文化活动的方式来进行抗日救亡运动的宣传。在各个革命根据地,文化工作与军事工作紧密结合,由文化服务团深入到县、区、村、部队等进行广泛演出,在群众中传播新思想、新文化。尤其是延安整风之后,文化工作者更加自觉地服务于共产党领导的各项斗争。党在各根据地的文化活动,能

够真切地反映、宣传人民群众的抗日斗争的热情,显示出鲜明的时代特色和战斗性。

随着革命根据地的巩固和发展,中国共产党领导开展的文化活动在丰富群众文化生活,以及巩固边区政权的建设上,都发挥了极其重要的作用。比如反映妇女解放的剧目使不少妇女深受感动,让乡村妇女成为开展乡村文化运动的一支坚强的力量。同时在农村开展文化运动,除了传播抗战精神外,还发挥着移风易俗的作用,比如农民戒除诸如酗酒、赌博等不良恶习。家庭暴力少了,街头争吵斗殴的事件少了,人民群众之间的关系更加团结、和谐、互助、友爱。

五四运动以后,中国的文化运动仍然是以城市工人和学生为主,特别是南京国民政府政府推行的文化与广大人民大众,特别是与乡村民众之间存在较大的隔离,如何打破这个隔离,让新文化运动与人民大众进行有机结合,如何让乡村民众接受,是南京国民政府面临一个难题。抗日战争爆发后,南京国民政府的文化专制政策有所松动,文化工作者在经历了动乱的生活后,视野更加开阔,为新文化运动的开展奠定了坚实的基础。毛泽东《在延安文艺座谈会上的讲话》中明确指出:"文化要面向现实,文艺为工农兵服务,为人民大众服务。"[①]延安文艺座谈会后,指明了新文化活动的方向。经过文化界的整风运动,广大的文艺工作者自愿到农村去,到连队去,通过体验一线的生活,了解了基层农民的实际需求,创作出了大量以工农兵为主人翁的优秀作品,中国共产党的文化艺术风格逐渐走向大众化、民族化。各种艺术形式不断进行革新,目的就是为了让广大乡村民众能够接受、掌握和运用,文艺工作者与乡村民众一起自编自演,现身说法,不仅提高了农民群众的思想觉悟,而且使文化活动与群众的生活有机结合起来。

2.3.2 大力开展"冬学"运动,提高农民文化教育水平

延安时期中共中央特别重视乡村的文化建设,由于农民的文化教育程度

---

① 毛泽东选集(第3卷)[M].北京:人民出版社,1991:1121.

极为低下,文盲较多,严重制约着各抗日根据地的建设和发展。鉴于此,中共中央号召各地结合当地实际情况,利用农民冬季农闲时节,普遍开展所谓"冬学"运动。这是一种旨在提高根据地农民文化程度的免费义务教育,主要内容包括文化识字、政治课、生产技能课,以午校、夜校和识字班为主要形式,同时将民间喜闻乐见的娱乐活动与冬学运动相结合,达到寓教于乐的效果。在战争的险恶环境下,为何如此重视农民的启蒙教育呢?显而易见,"教育是一种比较正式的意识形态培养与灌输的渠道,如果能够通过学校教育的途径,再伴随以运动的形式,同样会对树立新型的意识形态起到很好的作用。"① 开展冬学运动的目的在于扫除文盲,提高民众的文化教育水平,但在具体实践中政治宣传课的内容高达一半以上,民众的启蒙也多以政治启蒙为主,冬学运动则变成政治意识形态灌输的运动。通过冬学运动,"提升了农民的思想认识,解除了农民思想上的障碍,构建出了一个中国共产党期望的政治—文化—生产的新乡村社会。"②

1944 年底,晋察冀边区行政委员会发布有关冬学运动的指示明确指出,"冬学运动过去太偏向政治化了,忽略群众日常需求的文化"。③ 由这份指示可以看出,中国共产党的领导人已经意识到启蒙教育的偏向,开始着手纠正这种偏向。由此可见,对农民的启蒙教育,要以政治启蒙教育为主,同时文化启蒙和政治启蒙并重,让民众在接受教育过程中,向民众灌输对中国共产党推行的马克思主义意识形态的认可,接受中国共产党的文化理念,为中国共产党提供执政的群众基础和合法性,也为未来中国共产党建立的国家政权在农村的落地准备了条件。将启蒙教育和政治意识形态的灌输紧密结合起来,表明中国共产党人能够植根于乡村社会,唤起民众对其革命的支持,这也是其他党派难以望其项背的。其成功之处在于在基层的乡村社会开始确立中国共产党的正统,换言之,彻底瓦解国民政府的权威。抗战胜利后,在根据地民众心目中,中国共产党的形象和地位远远超过国民党的形象和地位了。对此,有论者评

---

① 张鸣.乡村社会权利和文化结构的变迁:1903—1953[M].西安:陕西人民出版社,2013:216.
② 毛泽东选集(第 3 卷)[M].北京:人民出版社,1991:991.
③ 河北省社会科学院历史研究所编.晋察冀抗日根据地史料选编(下册)[M].石家庄:河北人民出版社,1983:464.

价道:"更为重要的是,落后、分散而且自治力很强的根据地农村,就此被注入了类现代的民族国家意识,甚至建立了对中国共产党和国家政权的某种崇拜,如果说在此之前,国家政权的强化与下移,农村组织还可以而且能够组织抵制的话,那么从此以后,再也没有可能了"。① 1945年4月,毛泽东在中共七大上做的《论联合政府》的政治报告中,明确指出:"农民——这是现阶段中国文化运动的主要对象。所谓扫除文盲,所谓普及教育,所谓大众文艺,所谓国民卫生,离开了三亿六千万农民,岂非大半成了空话?"② 由此可见,中国共产党的文件中第一次明确了三亿六千万农民必须接受文化教育。

1940年,在《新民主主义论》一文中,毛泽东提出:"这种新民主主义的文化是大众的,因而即是民主的。它应为全民族中百分之九十以上的工农劳苦民众服务,并逐渐成为他们的文化"。③ 毛泽东在这里就提出了要提高农民的文化素质。毛泽东为解放区的文化教育建设指明了方向。毛泽东提出的新民主主义文化就是把马克思主义文化与中国传统文化相结合,与农民的实际需求相结合,从而体现出中国化的马克思主义文化的方向与价值取向。毛泽东依据中国的现实国情,提出了开展"冬学",制定新民主主义文化教育方针时,一定要满足工农大众的文化需求。对于农村地区那些"不识字,无文化"的农民而言,最为急迫的是文化教育启蒙,然后才能进行思想政治教育和技能教育。在毛泽东提出的新民主主义文化纲领的指引下,新文化运动在广大民众中快速得以传播和普及,据统计,这是中国历史上的任何一个文化运动都无法比拟的。中国共产党通过采取一系列"冬学运动",苏区乡村文化事业发生了巨大变化,呈现出蓬勃发展生机盎然的景象,得到广大苏区群众的认可。这种状况连国民党也对苏区乡村文化教育方面取得的不俗成绩表示赞赏,称其"办学精神足资仿效"。④

---

① 张鸣.抗日敌后根据地农村社会的意识形态改造与重塑[M].西安:陕西人民出版社,2013:106.
② 毛泽东选集(第3卷)[M].北京:人民出版社,1991:1078.
③ 毛泽东选集(第3卷)[M].北京:人民出版社,1991:896.
④ 何友良.中国苏维埃区域变动史[M].北京:当代中国出版社,1996:117.

2.3.3 创作农民喜闻乐见的文艺，灌输中国共产党的意识形态

1945年4月，毛泽东在中共七大上指出："解放区的文化工作者和教育工作者在推进他们的工作时，应当根据目前的农村特点，根据农村人民的需要和自愿的原则，采用适宜的内容和形式。"①由此可以看出，毛泽东提出的建设新文化，并非对旧文化完全否定，而是要根据农民的实际需求，把传统文化通过改造，赋予新的文化内涵，让农民在潜移默化中接受新文化。特别针对农民整体受教育程度低，识字率不高的现实，创作出农民喜闻乐见的文艺，把中国共产党的理念融合进去，不仅受到根据地农民的欢迎，同时潜移默化地对农民灌输了中国共产党的意识形态。

根据当时延安根据地农民群众的文化生活过于贫乏的实际情况，以毛泽东为代表的中共中央领导人号召文艺工作者深入基层，走进农村，了解基层群众文化需求，站在群众的角度，从群众的愿望出发，走进群众的内心，创作反映农民生活的文艺作品，进而让文化走进千家万户。各根据地为了响应毛泽东的号召，相继组织文艺工作者组成小分队，深入到田间地头，走到农民身边，开展丰富多彩的文艺活动。另外，文艺小分队还开展秧歌、戏剧、快板等农民喜闻乐见的文化活动，让农民喜欢文化，同时提升农民的文化素质。此外，中国共产党也非常重视在农村传播科技知识，特别是农耕知识。1941年5月，《陕甘宁边区施政纲领》就指出："奖励自由研究，尊重知识分子，提倡科学知识，欢迎科学人才。"②根据地为贯彻落实这个纲领，中国共产党领导在当时边区的中小学开设农业基本知识课程，同时编写农业科技知识的教材。

毛泽东指出："革命文化，对于人民大众，是革命的有力武器。革命文化，在革命前，是革命的思想准备；在革命中，是革命总战线中的一条必要和重要的战线，没有革命的理论，就不会有革命的运动"，③由此可见，在当时的情况

---

① 毛泽东选集(第3卷)[M].北京:人民出版社,1991:1072.
② 毛泽东选集(第3卷)[M].北京:人民出版社,1991:887.
③ 毛泽东选集(第2卷)[M].北京:人民出版社,1991:708.

下,传输革命的文化运动对于革命的实践运动是非常重要的。通过灌输革命文化思想,毛泽东不仅指明了当时中国向何处发展的问题,同时也提出了未来的新中国建设新文化的重要性。毛泽东之所以能够非常重视革命文化对革命运动的作用,是因为他认为"共产主义文化不仅是无产阶级的整个思想体系,同时又是一种新的社会制度。中国的民主革命,没有共产主义去指导是决不能成功的,更不必说革命的后一阶段了。"①毛泽东在对待"古今中西"的态度上,他指出,"要根据中国自己的实际需求,要以开放的心态去吸收和扬弃西方文化,要在立足本土民族文化的基础上,采取剔除糟粕、吸取精华的态度对传统文化加以批判继承。"②当时毛泽东的这个观点指明了如何对待西方文化和传统的原则,那就是时代性和民族性相互关联,古为今用,洋为我用,毛泽东的观点与那些抱残守缺的文化保守主义者,以及全盘西化论的主张者划清了界限,从而为民族文化从传统向现代转型,完成民族文化的再造指明了正确的方向。

2.3.4 消解乡村民众迷信观念,塑造乡村民众革命理想

中共中央迁入延安以后,毛泽东领导的党中央通过深入一线,与农民深入沟通,了解完延安以及各革命根据地的基本状况之后,针对当时农村文盲多实际情况,中国共产党制定详细的政策,在延安开展了一系列乡村文化建设,特别是在乡村开展了农民文艺事业建设。毛泽东指出:"民族的、科学的、大众的文化,就是人民大众反帝反封建的文化,就是新民主主义的文化,就是中华民族的新文化"。③ 1938 年,在周恩来的指导下,中国共产党第一次成立了全国文艺界抗敌协会,同时创办了《抗战文化》会刊,从那以后,中国共产党通过会刊,采用故事、歌曲、诗歌、报道、连环画、短剧以及各种曲艺作品的形式,源源不断地向广大乡村民众宣传抗日精神和无产阶级思想,同时通过夜校培训,不断进行扫盲活动。中国共产党推行的一系列的文化活动增强了乡村民众抗战

---

① 毛泽东选集(第 2 卷)[M].北京:人民出版社,1991:686.
② 毛泽东选集(第 3 卷)[M].北京:人民出版社,1991:621.
③ 毛泽东著作选读(上卷)[M].北京:人民出版社,1986:400.

热情,达到了塑造乡村民众革命理想信念的目的。

在中国共产党领导革命地民众塑造革命理想的过程中,与当时农村还存在的封建迷信思想之间产生了矛盾,造成思想混乱的状态。针对这种情况,1940年1月,毛泽东在《新民主主义论》中强调:"新民主主义文化反对一切封建迷信思想"。① 毛泽东认为,彻底消解农村民众的迷信观念,这是一个循序渐进的过程,具有长期性和持续性。针对这一情况,毛泽东提出了非常符合当时乡村实际需求的、非常实用的乡村文化建设的策略和措施,在农村地区广受欢迎。毛泽东强调:"文字必须在一定条件下加以改革,言语必须接近民众,须知民众就是革命文化的无限丰富的源泉"。② 中国共产党在根据地进行文化工作时,要了解不同乡村的实际情况,根据不同乡村的特点,采用适合当地民众需求的内容和方式,满足乡村人民的需要。这样因地制宜因人而异地在解放区推行文艺工作,就为乡村文化在民间的推行赋予了新的内容与形式。1942年5月,毛泽东在延安文艺座谈会上阐发了"文艺要为大众服务,为工农服务"③的思想,这一思想为消解乡村民众的迷信观念,塑造乡村民众的革命理想指明了方向。

2.4 解放战争时期乡村文化建设回顾

解放战争时期是中国共产党历史上最成功的历史时期之一,是中国民主革命的新高潮,也是国共双方进行战略决战的关键时期,是新民主主义文化建设的传承时期,这一时期乡村文化建设也呈现出鲜明的战斗性特点。

2.4.1 以解放战争为主题进行乡村文化活动

随着革命形势的快速发展,1947年底,解放战争已经主要不是在解放区

---

① 毛泽东选集(第3卷)[M].北京:人民出版社,1991:665.
② 毛泽东文集(第4卷)[M].北京:人民出版社,1996:325.
③ 毛泽东选集(第3卷)[M].北京:人民出版社,1991:796.

进行,而是在国民党统治区进行。此后,以"三大战役"胜利为分界,是解放战争的一个里程碑,标志着国民党赖以维持其统治的主要军事力量如摧枯拉朽,大大加速了解放战争胜利进程,为夺取解放战争的最终胜利,推翻国民党统治,奠定了坚实的基础。解放战争时期的乡村文化建设正是基于这种战略背景下展开的,故此,为战略反攻和战略决战服务,带有鲜明的战斗性色彩。此时的文化作品、文化活动也大多集中反映解放战争的主题,反映解放区土改、支前和生产等革命活动,歌颂解放区民众踊跃参军支前的革命热情。无论是诗歌、美术等文艺形式,还是报纸、刊物、宣传品等出版物,以及秧歌、曲艺等文化活动,无不反映解放战争中的事件,紧跟战略反攻的步伐。不仅如此,还能有效地把中国共产党的路线、方针、政策在广大军民中宣传,把革命精神和革命思想传播到民众的头脑中,发挥统一思想、凝聚力量、动员教育群众为战略决战服务的作用。虽然一些作品带有应急的色彩过于明显,缺乏艺术美感,以至于在艺术感染力等方面表现不足,但这些作品毕竟是革命战争时期的产物,具有强烈的宣传鼓动作用,比较符合解放战争时期文化发展的方向。

  随着解放战争在全国顺利地推进,中国共产党的工作重心逐渐开始由农村转向城市,与此相适应,解放战争时期的文化建设也呈现出显著的转折期特征。中国新民主主义革命走的是由农村包围城市、武装夺取政权的革命道路,广大乡村成为中国共产党的工作重心。相较于落后的农村,城市一直扮演着政治、经济、文化活动的中心,中国工人阶级又主要集中在城市,随着革命形势的发展,中国共产党的工作重心由农村转向城市也就势所必致了。要巩固人民政权,进行社会主义革命和建设,依靠工人阶级的方针,就要树立起城市领导乡村的新观念,把工作重心由乡村转向城市。

  中国社会发展由新民主主义逐渐向社会主义进行过渡,这一时期的中心任务就是迅速让城市各项工业尽快恢复生产,使中国由农业国向工业国稳步转变,尽快把中国建设成为一个伟大的社会主义国家。毛泽东指出:"一定的文化(当作观念形态的文化)是一定社会的政治和经济的反映,又给予伟大影响和作用于一定社会的政治和经济"。① 由于党的工作重心由乡村转向城市,

---

① 毛泽东选集(第2卷)[M].北京:人民出版社,1991:663.

文化建设也开始向城市转移,开始接管新闻广播事业,接收、管理和改造城市高校,组建整合科技文化社团组织,着手建设和完善城市文化基础设施,对城市知识分子进行团结、争取和教育。适应由革命战争环境向和平建设环境的转变,在新解放区面积不断扩大、老解放区更加稳固的基础上,开展文物古迹保护等,文化建设新领域得到进一步拓展。

2.4.2　解放区乡村文化教育事业蓬勃开展

解放战争时期的文化建设,是中国新民主主义文化建设的重要阶段,是在新民主主义文化理论的指导下进行的,代表着中国先进文化的前进方向,为中华人民共和国文化建设奠定了基础。

毛泽东指出:"新民主主义的文化是民族的"①,这种文化对传统文化和外来文化进行批判地兼收并蓄,具有民族形式、中国作风和中国气派。新民主主义的文化是科学的,反对迷信、愚昧、无知,崇尚科学。"新民主主义的文化是大众的,因而是民主的。它应为全民族中百分之九十以上的工农劳苦发展服务,并逐渐成为他们的文化。"②这种文化反对少数特权者压迫剥削大多数劳苦大众,主张代表大多数劳苦大众利益的、平民文化,主张文化为大众所有,主张文化普及于大众而又提高大众的文化水平,主张要制作能够反映普通民众真实生活和真实思想的文化作品和文艺内容,主张必须采用老百姓喜闻乐见的语言和语句。毛泽东为这个时期进行的新民主主义文化建设指明了前进的方向。

在中国共产党六届六中全会上,毛泽东所做的《论新阶段》的政治报告中就提出新民主主义文化教育政策。适应战争环境,发展全员教育,举办各类补习班、开展识字运动等,在敌前敌后创办各种地方通俗报纸进行发行,增强人民群众民族意识和反抗意识;推行小学义务教育,教育子孙后代树立民族精神。此后,毛泽东又进一步指出继续推行消灭文盲政策,推广新文字教育,健全正规学制,普及国民教育,改善小学教员生活,实施成年补习教育,推广通俗

---

① 毛泽东选集(第2卷)[M].北京:人民出版社,1991:706.
② 毛泽东选集(第2卷)[M].北京:人民出版社,1991:708.

书报,尊重知识分子,提倡科学知识等诸多政策。这些文化教育政策的制定、贯彻和实施,极大地促进了解放区乡村文化教育事业的发展。

解放战争期间,各解放区在以往社会教育丰富经验的基础上,以冬学、民校为主的乡村社会教育蓬勃开展。在老解放区,农民教育将政治学习和文化学习结合起来,常态化并形成一种制度固定下来;在新解放区,农民教育以时事政治教育为主,帮助农民树立解放军必胜的信心,调动农民支援前线的积极性,掀起参军、支前、土改和生产的热潮。同时,广泛开展扫盲、识字运动,对农民进行生产知识和卫生知识教育。在社会教育方面,贯彻执行"民办公助"政策,实行以民教民的方针,资助人民群众自己办学。根据当时农村分散的特点,中国共产党带领广大人民结合当地斗争和生产需要,创造了不同形式的学习方式。在儿童教育方面,民办小学发展迅速,农民群众还创造了适合战争条件下和农村特点的教学方式,学制、教学内容和教学方法灵活多样。群众自办、自管、自教的学校;在识字班基础上开办的学校;新式巡回学校;旧式家庭学校等。有的是全村男女老幼分班学习的村庄学校,这种学校,不仅是儿童受教育的场所,同时又是集村宣传、推动、组织文教活动为一体的中心。在文化教育活动中,师生经常深入农民群众,帮农民群众开展识字运动,出大众黑板,成立读报组,推动了解放区文化教育运动的蓬勃发展。

东北解放区第三次教育会议指出,要建立正规教育制度,办正规学校,小学用四二制,中学用三三制,在上课、放假、考试、毕业等方面制定了规章制度。课程设置上加强文化课的比例,中学文化课占90%,政治课占10%。山东解放区第三次教育会议强调建立正规新型学校,初级教育中要注重系统学习文化科学知识。在吸收学生上,应注意吸收工农劳动人民及其子女入学,以工农为主。1949年5月底至6月初,北平召开的华北小学教育会议通过《小学教育暂行实施办法》和小学教师暂行服务规程等文件,标志着解放区中小学校教育走向正规化。据不完全统计,"华北解放区,1949年有小学51900多所,学生325万人;东北解放区,1949年有小学36061所,学生达3692749人。这期间,大多数小学都注重吸收贫困家庭儿童及职工子弟入学。"[①]从这些数据不难看出,

---

① 张勇,薛建中.西柏坡时期文化建设[M].石家庄:河北人民出版社,2014:36.

此时学校数量和入学人数均有了大幅提升,中小学教育走上了正规化的办学轨道,乡村文化建设也呈现出勃勃生机的局面。

2.4.3 走出了工农兵相结合的新文化发展道路

解放战争时期,在中国共产党的正确领导下,坚持马克思主义的指导地位,坚持为人民服务的价值取向,进行乡村文化建设。经过解放区文化工作者和广大军民的努力,乡村文化建设不仅取得了丰硕的成果,而且积累了丰富经验,为在新时期如何理论与实际相结合推进乡村文化建设,提供了重要的启示。

坚持马克思主义的指导地位,以科学的态度、开放的心胸对传统文化和外来文化进行甄别取舍、改造吸收,转化成民族的大众的新文化。在乡村进行文化宣传时,在形式上要贴近民众生活,关注民生问题,用老百姓喜闻乐见的形式,才能引导大众的精神追求,让人民大众真正从内心接受。

文化工作要坚持为人民服务的价值取向。毛泽东指出文化工作为什么人服务的问题,是一个根本问题,原则问题。文艺为工农兵服务的方向,这也是贯彻执行我们党全心全意为人民服务的宗旨。解放区广大文化工作者坚持为人民服务的价值取向,遵照党的指示,开展"下乡""入伍"等活动,发展文化教育事业,提高群众思想文化水平,培养乡村文化人才,推动群众文化活动,最大限度地满足人民群众文化生活需要。不仅在推动乡村文化建设发展方面功不可没,而且在为工农兵服务的过程中也获得了深厚的创作源泉,用工农大众的语言或他们喜闻乐见的文艺形式,描绘出解放区人民进行的反帝反封建的伟大斗争,创作出大量的以工农兵为主人公的文艺作品,艺术风格日趋大众化和民族化。从而极大地提高了解放区人民群众的文化水平和思想觉悟,引导解放区人民的文化生活走向繁荣发展的轨道,把过去封闭落后的广大乡村改造成为新民主主义文化发达的示范区,从思想文化层面为中华人民共和国成立和发展奠定了坚实的基础。

总之,解放战争时期,中国共产党领导的乡村文化建设运动,是中国新民主主义革命事业的组成部分,是对优秀传统文化和革命文化的继承和发展,是革命内容和民族形式紧密结合的新民主主义文化。这场乡村文化运动,以马克思主义为指导,以最广大的乡村民众为基础,表现了新的时代风貌和人民的精神面貌,走出了一条为工农兵服务、同工农兵相结合的新文化发展道路,创立了具有浓厚民族特色的新民主主义文化,对人民的革命斗志给予了极大地鼓舞,为后来的中华人民共和国成立后推行乡村文化建设奠定了坚实的基础,具有深远的历史影响,对今天推动文化繁荣发展、建设文化强国,依然具有借鉴和启迪意义。

2.5 新民主主义革命时期乡村文化建设的经验总结

在新民主主义革命时期,中国共产党对乡村文化建设的认识和探索并非一蹴而就,而是经历了不断深化的过程。以毛泽东为主要代表的中国共产党人致力于打破一个被旧文化统治的旧世界,始终以人民利益为中心,建设一个以新文化主导的新世界,取得了重大成就。总结新民主主义革命时期中国共产党领导的乡村文化建设的基本经验可以为当下实施以乡风文明为核心的乡村文化建设提供有益借鉴。

2.5.1 乡村文化建设一定要坚持党的领导

近代中国的历史发展已经证明,在中国社会各阶级当中,唯有代表无产阶级的中国共产党才能领导农民克服其自身的狭隘性。在中国这样一个文化落后的现实背景下,如何引导人口众多的农民支持中国共产党,将文化领域的领导权牢牢掌握在中国共产党人手中成为当时急需解决的重大课题。在当时党派斗争和阶级斗争激烈的时代背景下,占领意识形态领域的思想文化领域,积极主动地引导广大农民开展以新民主主义文化建设为核心的乡村文化建设,在唤起农民纷纷投身于革命洪流之中扮演着革命宣传和启蒙教育的角色。基于此,广大农民的文化水平和革命意识有了明显改善,革命根据地出现了破除迷信、移风易俗的新风气,同时农民也积极配合党领导的农民运动。故此,加强党对乡村文化建设的领导,是搞好乡村文化建设的根本政治保证。

2.5.2 乡村文化建设必须坚持以人民为中心

中国共产党的根本路线就是群众路线,同时群众路线也是中国共产党的三大优良作风之一。毛泽东在领导革命斗争中,始终贯彻群众路线,在领导乡村文化建设的过程中亦然。1944年,在陕甘宁边区文教工作者会议上,毛泽东指出:"我们的文化是人民的文化,文化工作者必须有为人民服务的高度的热忱,必须联系群众,而不要脱离群众。要联系群众,就要按照群众的需要和意愿开展工作"。"在一切工作中都如此,在改造群众思想的文化教育工作中尤其如此。"①

乡村文化建设中的群众路线和以人民为中心主要体现在以下几个方面:首先要将学习的内容契合农民的实际需要,专业的术语要转换成为农民能听懂、能明白的简单叙述。其次是要因地制宜,采用适合农民学习的不同方式,灵活多样地举办识字班、识字牌、夜校等,满足不同人群的需要。最后是尊重农民,相信农民,要坚持自愿原则,充分调动社会各种力量参与乡村文化建设,特别是在农村地区培养一批与农民生活在一起的一线文化工作者和文化传播者。在乡村文化建设中要坚持以人民为中心的思想和理念,坚持服务人民的思想。

2.5.3 乡村文化建设要调动各方面的积极性

广大农民在政治上、经济上翻身成为主人与乡村文化建设密不可分,前者的翻身为后者提供经济基础和政治保障,而乡村文化建设的开展又进一步促进农民彻底的获得思想解放。

在新民主主义革命时期,农民抛弃专制文化,接受新民主主义文化,其根本原因在于这种文化能够促进他们思想觉醒、提升其文化水平。大革命失败

---

① 毛泽东选集(第2卷)[M].北京:人民出版社,1991:708.

后,毛泽东审时度势,领导中国共产党走向农村,并掀起轰轰烈烈的土地革命,从而激发了农民参与革命的激情,并开始了乡村文化建设。毛泽东曾指出:"谁得到了农民的拥护,谁就会赢得中国政权","谁能快速解决农村土地问题,谁就会得到农民的拥护。"①苏区开展识字牌、墙报、识字班、读报团、日学、夜学等多种形式的文化教育。抗战时期,中宣部、中央文化工作委员会在《关于各抗日根据地文化人与文化团体的指示》中指出:"为了发展各抗日根据地的文化运动,正确处理文化人与文化团体的问题,实为当前的关键。"②为充分调动文化人投身于文化建设的积极主动性,《关于各抗日根据地文化人与文化团体的指示》中还提出各级党组织要重视文化人,纠正党内存在的轻视、猜疑文化人的不良倾向,鼓励文化人创作创新,对他们创作自由不要干涉等。这些政策充分调动了知识分子的积极性,并让知识分子全心投身于乡村文化建设之中,为抗战时期中国共产党领导的乡村文化建设顺利进行奠定了坚实的基础。

2.5.4 在马克思主义的指导下与中国传统文化相融合

中国共产党成立伊始就把马克思主义作为指导思想,在此思想的指引下,中国共产党领导的新民主主义文化成为当时先进的文化,历史的发展已经充分证明了这一点。"自从中国人接受了马克思主义以后,中国人在精神上就由被动转入主动。从那时起,西方不再把中国看成一个封闭和落后的国家,中国被动接受西方文化的时代结束,从此开启了一个新的时代。"③

在文化体系构建过程中,要坚持马克思主义的指导地位,就要把马克思主义中国化的理论进行不断创新。而中国的传统文化是中华民族的"根"和"魂",推进马克思主义中国化,就是要把马克思主义的精髓与中国传统文化进行不断碰撞和融合。中国传统文化是马克思主义中国化的文化根源和思想基础,马克思主义中国化进程中的理论创新就要不断吸取中国优秀传统文化

---

① [美]洛易斯·惠勒·斯诺.斯诺眼中的中国[M].北京:中国学术出版社,1982:47.
② 中央档案馆.中共中央文件选集(第12册)[M].北京:中共中央党校出版社,1991:496.
③ 毛泽东选集(第2卷)[M].北京:人民出版社,1991:1516.

的精华,并在马克思主义思想的指导下,实现传统文化的现代转型,借助与中国优秀传统文化的融合,从而实现马克思主义的中国化、大众化。

2.5.5　批判各种错误思想是推进乡村文化建设的强大武器

中国共产党在领导新民主主义革命走向成功的过程,也是同党内存在的"左"倾主义(盲动主义、冒险主义、教条主义)、修正主义或右倾主义(保守主义、投降主义)和经验主义等各种错误思想进行斗争的过程。新民主主义文化的建设过程亦然。无论是外来文化还是传统文化,均有精华和糟粕,要区别对待,吸取精华,弃之糟粕。在对外来文化要采用"洋为中用"的态度,对传统文化要采用"古为今用"的方针。用马克思主义唯物史观批判各种非无产阶级观点,同各种错误思潮进行斗争。在中国共产党领导的乡村文化建设中,既要反对不加批判一味鼓吹"全盘西化论"的观点,又要反对东方文化优越论调,以理性的态度推进符合时代需要的乡村文化建设。

第3章 社会主义革命和建设时期乡村文化建设回顾

1949年,中华人民共和国成立后,如何将中国尽快由一个农业国变为一个正常的工业国,成为摆在全党和全国人民面前的重大时代课题,作为政治经济在观念形态上反映的文化建设,为社会主义政治经济建设提供精神动力和智力支持,必然成为在社会主义改造和建设的一个中心。在党中央的正确领导下,对旧文化的改造和新文化的建设取得了不俗的成绩,乡村文化建设发展态势也呈现出勃勃生机。然而,中华人民共和国成立后由于对历史的叙述被纳入了一个宏大的革命叙事范式下,中国近代史的研究焦点聚集在对农民战争、土地问题、农民领袖等问题的评价上。对乡村问题的研究仅限于土地占有关系与农民生活贫困的框架内,可以说对中国近代乡村建设的研究尚处于冰冻期。诚如有学者评价道:"1949年后,一段时间内,当我们在巩固或重建乡村社会时,乡村社会的研究也就中断了;从20世纪80年代以来,乡村社会解体过程重新启动时,这正是包括'乡村社会史'在内的社会史研究再续前缘、愈加繁荣的时期……其中绝对有一种乡村情结在。"[1]近年来,随着社会各界对"三农"问题的热烈讨论,乡村问题的研究也日益成为显学。

前文述及,乡村问题并非今日才出现,民国时期曾掀起了轰轰烈烈的乡村建设运动。中国共产党不仅没有置身事外,而且正是从乡村问题入手最终探索出一条"农村包围城市"的革命道路,最终夺取革命政权,并建立了中华人民共和国。中华人民共和国建立后,并未中断对乡村建设的探索,而是延续了此前国家权力在乡村基层社会不断得到强化的趋势,这就意味着强有力的中央政府对乡村社会的控制是前所未有的。中共中央和国务院在乡村文化改造

---

[1] 王学典.历史研究的民间取向值得倡导——《两汉乡村社会史简评》[J].史学理论研究,1998(3):154-157.

与建设方面提出了一系列方针,大规模的乡村文化与社会结构的变迁随之开展。著名学者黄宗智指出:"很难将1949年的解放视为革命的终结。因为其后还发生了大规模的革命性变迁:全国范围内的'土地革命',接近全国43%耕地面积的土地被再分配,地主和富农阶级也同时被消灭;随后从1953年到1957年发生的'社会主义改造'运动,城市私有财产几乎全部被公有化了,几乎全部的乡村私有财产被集体化了;以及在推行'大跃进'失败后,从1966年到1976年,这十年期间,又发动了无产阶级'文化大革命'运动,'文化大革命'运动的目的就是'全力消灭旧的传统思想和文化,建立一套全新的社会主义革命文化。'"①中国共产党建政后开展的"土改"、"社会主义改造运动"、"社会主义教育运动"(即清政治、清经济、清组织、清思想的政治运动,又称"四清运动")、"文化大革命"等一系列政治运动与国家改造乡村的方针,目的是使乡村社会增强对国家集体的认同感。然而,由于过分强调阶级斗争,在当时极"左"思潮的笼罩之下,乡村文化建设不可避免地卷入了"文攻武斗"的境地。

中华人民共和国成立后,中国开创了新纪元,进入了一个新的时代。革命的胜利不仅是政治秩序的焕然一新,而且整个社会的转型与重建也拉开了序幕,其中文化教育的转型与重建尤为引人注目。面对"一穷二白"的社会景象,国家的工作重心和主要任务开始转到经济和文化的现代化建设方面上来。建国初期,通过对旧文化的批判和改造,构建社会主义文化和意识形态,中国的社会主义性质的文化教育事业得以初步建成。然而,由于国内外复杂多变的形势,中华人民共和国的文化建设和经济建设必将经历艰难的曲折探索,有中国特色的社会主义文化改造不可能一帆风顺。1957年反"右派"斗争以后,正确的文化建设方针政策无法贯彻执行,文化领域中的各种批判运动取代广大人民群众期待的文化建设,各种文化活动被政治化。

---

① 黄宗智.中国乡村研究第二辑[M].北京:商务印书馆,2003:66.

3.1 社会主义改造时期乡村文化建设回顾

1949年9月,中国人民政治协商会议通过代行宪法《共同纲领》明确规定:"中华人民共和国的文化教育为新民主主义的,即民族的、科学的、大众的文化教育。人民政府的文化教育工作,应以提高人民文化水平,培养国家建设人才,肃清封建的、买办的、法西斯主义的思想,发展为人民服务的思想为主要任务"。中国社会开始由半殖民地半封建社会逐步变迁到新民主主义社会,这是中国历史上前所未有的一次全面深刻的社会变革。中华人民共和国成立初期,由于得到党中央的高度重视,政府对文化建设的投资加大,科教文卫方面的成绩显著,乡村文化建设也取得了不俗的成绩。

建国初期,传统的儒家文化和道德规范仍然是乡村文化的主导,为巩固新生的人民政权,使广大乡村摆脱贫穷落后的状态走向现代化建设的道路,中共中央提出要用马克思主义、毛泽东思想等先进的社会主义新文化,取代乡村文化中愚昧落后的小农思想文化,并分别从思想、文化、教育等方面采取相应的措施进行改造和建设。由于文化的变革通常滞后于政治和经济的变革,意识形态的相对独立与文化发展的多元性,各种因素的叠加,决定了建设时期中国共产党领导的乡村文化建设一定是一项具有复杂性与艰巨性特点的工程。

3.1.1 在乡村传播社会主义新文化

中华人民共和国成立前夕,毛泽东在政协第一届会议上的开幕词中指出:"随着经济建设高潮的到来,不可避免地将要出现文化建设的高潮。中国人被认为不文明的时代已经过去了,我们将以一个具有高度文化的民族出现于世界"。[①] 中华人民共和国成立之初,百废待兴,作为上层建筑的文化教育和意识形态的构建显得尤为迫切。毛泽东就明确指出:"中国的文化应该发展"。[②]

[①] 毛泽东选集(第5卷)[M].北京:人民出版社,1977:6.
[②] 毛泽东著作选读(下册)[M].北京:人民出版社,1986:752.

随后文化教育受到党和政府的高度重视。为肃清落后文化的影响,中国共产党加紧对旧文化、旧教育的改造,进行文艺批判,对旧式知识分子进行文化洗礼和改造,通过对知识分子的洗礼和改造,从而为社会主义新文化建设奠定基础。在广大农村由于中国共产党解决了农民的土地问题,赢得了农民的支持,最终取得革命的胜利。建国初期,中国共产党在新解放区开展更大规模的土地改革,实现了几千年来农民"耕者有其田"的理想。经过土地改革,古老乡村社会和文化权力结构发生了翻天覆地的变化。"没有人再可以凭借土地财富和对典籍文化的熟悉获得威权,原来的乡村精英几乎全盘瓦解,并落到了社会的最底层"。① 自解放战争以来相继在全国开展的土地改革运动,不仅颠覆了传统的农村权力结构,而且农村的传统文化权力网络开始土崩瓦解,传统的乡村文化从形式到内容均发生了巨大的变化,旧的意识形态观念被颠覆,乡村道德礼仪也受到强烈的冲击,甚至被唾弃。乡村社会由此丧失了自我组织和调节的功能,由于受困于经济乏力,加之文化资源的缺失,乡村社会就不得不更加依赖国家政权力量和意识形态,农民运动以及由此形成的文化氛围成为党和政府调控乡村社会最有效的手段。

在新的政治话语和意识形态的强力干预下,新的社会秩序、新的文化规范在乡村确立下来。事实上,乡村的文化教育活动的发展,都是紧密配合阶级斗争进行,以便帮助农民摆脱旧文化的影响,传播社会主义的新文化、新思想、新道德,抵制守旧的反动的文化思想对农民的侵蚀。中华人民共和国建国初期,地方政府在农村通过对农民进行阶级成分的划分,赋予农民不同的阶级身份,强化他们的阶级认同和对党的认同,政府管理直接渗透到了村里。在农村人口中划分阶级成分的做法与在农村进行的土地改革紧密相连,1950年7月,政务院发布的《农民协会组织通则》指出农民协会是农村土地改革中的"合法执行机关",贫下中农可以加入农民协会,而"地主、富农等所谓反革命分子则不能加入"。② 同年8月政务院发布《关于划分农村阶级成分的决定》,根据这个文件,全国农村人口被划分为阶级成分好的和不好的两大阵营,阶级成分好的享有"人民权利",阶级成分不好的则成为专政和改造对象。

---

① 张鸣.在"翻身"大动荡中的乡村政治[M].西安:陕西人民出版社,2013:231.
② 农民协会组织通则,中央人民政府法令汇编[M].北京:法律出版社,1982:78—81.

表 3-1 土改中的农村阶级成分

阶级成分好的阶级	阶级成分不好的阶级
工人、雇农	恶霸地主、军阀官僚地主、破产地主、二地主
贫农、中农、下中农	富农、半地主式富农、反动富农
革命干部	富裕中农
红军战士家属	管理各种祠、庙、会、社的土地财产的管公堂
革命军人	反革命分子、坏分子、手工业资本家
革命烈士家属	游民、流氓、和尚、道士、算命、占卦等宗教人士

资料来源:《关于划分农村阶级成分的决定》(1950年8月20日),《中央人民政府法令汇编》,北京:法律出版社,1982年,第85-107页。

在农村人口中划分阶级成分,与建国初期的土地改革、镇压反革命交织在一起,共同构成中国共产党领导的全国性的"群众政治运动"。它不仅是中国共产党对广大乡村社会全方位的国家整合,而且也是"长达30年之久的'阶级斗争'制度的发端"。[①] 在国家整合中,执政党与农民结成利益联盟,以消灭剥削之名,共同剥夺消灭地主、富农等富裕阶层,实际上是新生的人民共和国为巩固新政权,在乡村社会中针对地主、富农等农村上层阶级敌人的"人民战争"。"贫雇农在党的领导下,空前广泛彻底地瓜分了地主富农的土地和其他财产。新政权第一次在全国农村完全平分了土地,实现了'耕者有其田'的革命理想。一个平均主义的农村被强力构建出来。"[②]中国共产党通过土地改革和阶级斗争两个手段,摧毁了传统乡村社会中束缚农民的"政权、族权、神权、夫权"这四条"极大的绳索",农民得以解放出来。空前强大的国家政权力量深入到乡村基层社会,翻身贫困农民被置于国家权力的支配下,残存的地主富农及其子女则长期处于被改造的地位,传统乡村社会的文化权力结构彻底反转。

继土地改革之后在全国范围内开展的政治色彩颇为浓厚的农业合作化运动,"给乡村社会原有的以亲情为纽带的互助圈以致命一击,作为一种文化的

[①] 黄宗智.中国乡村研究(第2辑)[M].北京:商务印书馆,2003:96.
[②] 张英洪.农民、公民与国家——1949—2009年的湘西农村[M].北京:中央编译出版社,2013:114.

家族意识也就自然丧失了其存在的基础。"尽管当时推动农业合作化运动的中共中央领导人或许并未意识到其给传统农村家族互助带来的可能冲击,但事实上,互助合作的推行,确实给了家族文化又一次打击。"人与人之间的关系,也慢慢由传统文化中叔叔大爷式的尊卑长幼之分,向阶级色彩浓厚的渐趋'平等'的社员间同志式关系转变。"①在高扬阶级斗争意识和政治挂帅的背景下,维系乡村社会家族之间的血缘亲情文化因此坍塌。尤其是"大跃进运动"期间,阶级斗争成为文化教育领域的主旋律,"以阶级斗争为纲"成为盘旋在文化教育上空的幽灵。

由于新中国成立之初各条战线的建设方案大都以苏联为模式,文化教育的发展也不例外,以苏联文化教育模式为榜样,大专院校和科研机构的恢复、调整和重建如火如荼地推进,文学艺术的创作热情空前高涨。由于绝大多数中国农民的文化程度不高,为提高广大农民的受教育程度,大力兴建发展中小学,吸收工农子弟入学,在乡村开展群众性的扫盲运动,在全国各地设置创建各种文化教育进修班和速成班,最快地提高农民与其子女的文化教育水平。同时各级政府大力进行移风易俗,批判旧道德,创建社会主义新道德,培养社会主义新人活动。中国共产党取得全国政权后,十分重视工农大众的文化教育工作,努力提高其文化教育水平,"所有教育设施都向工农劳动人民开门。"②高等教育面向工农大众,希望以此改变长期以来在文化上处于边缘群体的工农大众的弱势地位。1950年6月,在第一次高等教育大会中明确提出"准备和开始吸收工农干部和工农青年进高等学校,以培养工农出身的新型知识分子"。③ 在其他文件中也多次提出,要有步骤地培养工农出身的知识分子,并采取创办工农速成中学,工农干部经过培训学习后再进入大学学习。高等学校大量招收工农干部,帮助其尽快通过学习提高文化教育程度。20世纪50年代中期到"文化大革命"前,高等教育面向工农大众,基于当时的政治风向,工人阶级和贫下中农被认为政治上可靠,国家性质又是以工农联盟为主,

---

① 满永,葛玲."亲不亲阶级分":1950年代初社会关系变革研究——以乡村社会为背景的分析[J].党史研究与教学,2009(6):76-82.
② 马叙伦.三年来中国人民教育事业的成就[N].人民日报,1952-9-24.
③ 中央教育科学研究所编.中华人民共和国教育大事记(1949—1982)[M].北京:教育科学出版社,1983:19.

因而工农拥有接受高等教育的优先权。

毛泽东在《中国农村的社会主义高潮》一书序言中指出:"中国的工业化的规模和速度,科学、文化、教育、卫生等各项事业发展的规模和速度,已经不能完全按照原来所想的那个样子做了,这些都应当适当地扩大和加快。"① 为响应毛泽东的这种号召,1955 年 12 月,教育部决定"扫盲、业余中小学、初中、师范、高等师范等各项事业争取提前一年完成第一个五年计划,高中争取超额完成任务。采取'戴帽子'(指小学附设初中班)和大力推行二部制的方法大力发展高等师范和中学"。② 在 1958 年的一次中小学教育问题座谈会上,毛泽东指出:"戴帽子这种办法还是好办法,先进经验。农民子女就近上学,方便毕业后就参加生产。课程不要那么多,那么高,要砍掉一半,只要八门就行了。"③ 这种盲目追求速度而忽视质量的文化教育发展模式越演越烈,"大跃进"风潮将这种发展模式推向了极端。

中华人民共和国成立后,中国共产党由革命党变为执政党,战争年代那种对反动派的"文化围剿"已成为历史,如何满足人民日益增长的物质文化需求就成为摆在党和政府面前的重大课题。在以苏联模式建设社会主义的背景下,苏联模式暴露出来的诸如教条主义、思想僵化等文化领域的弊端,引发毛泽东为代表的国家领导人的思考。为避免重蹈苏联文化建设中出现问题的覆辙,毛泽东对文化建设提出:不仅要为社会主义服务,而且要为人民服务,要采用古为今用、洋为中用、推陈出新的方针。1956 年 4 月,在中央政治局扩大会议上,毛泽东在《论十大关系》报告中明确地提出:"'百花齐放,百家争鸣',我看这应该成为我们的方针。艺术上的问题百花齐放,学术问题上百家争鸣。"④1956 年在中共八大上将"双百"方针写入政治报告之中,成为文化建设的指导思想。尽管如此,但"双百"方针并不意味着中国共产党对所有思想观念都一视同仁,放弃或取消主流文化价值。对于异端思想学说要以除毒草的

---

① 中央办公厅.中国农村的社会主义高潮[M].北京:人民出版社,1956:6.
② 中央教育科学研究所编.中华人民共和国教育大事记(1949—1982)[M].北京:教育科学出版社,1983:148.
③ 中央教育科学研究所编.中华人民共和国教育大事记(1949—1982)[M].北京:教育科学出版社,1983:191.
④ 毛泽东文集(第 7 卷)[M].北京:人民出版社,1999:54.

办法进行处理,"凡是错误的思想,凡是毒草,凡是牛鬼蛇神,都应该进行批判,决不能让它们自由泛滥。"①这种主张对处理复杂的文化问题明显具有简单化的倾向,此后,随着党内极左思想的泛滥,"双百"方针被抛弃,"以阶级斗争为纲"成为指导思想,最终爆发了史无前例的"文化大革命",这种用政治化手段处理文化问题的做法实际上将文化与意识形态合二为一,简单地以阶级意识看待文化问题,最终造成文化发展的停滞乃至倒退。

3.1.2 对乡村传统文化进行改造

中华人民共和国成立后,毛泽东清楚地认识到数千年的皇权专制文化,对中国共产党执政下政府推行的文化建设必然还会产生深刻的影响。为消除旧文化的影响,构建新社会主义文化,必然要确立中国共产党对乡村文化教育改造重建的领导权。切除旧社会遗留下来的思想毒瘤,毛泽东指出对旧文化教育事业的改造要采用逐步引导的方式进行,"从百分之八十的人口中扫除文盲,这是中华人民共和国的一项重要工作"。② 在建国初期那个注重阶级划分的年代,乡村文化的改造重建带有阶级斗争的烙印。1957年,毛泽东提出:"学校教育,文学艺术,都是意识形态,都是上层建筑,都是有阶级性的"。③ 这就清楚地表明,乡村文化改造和建设必须以当时的阶级斗争为中心,为政治服务。在文化建设的大众性方面,主要围绕提高人民群众文化教育程度进行,诸如教会农民打算盘、识字、写信、写春联等,这种文化形态与当时新社会的革命需求一致,也符合农民的实际需要。通过对传统乡村文化的改造,进而创造出适应现代社会需要的革命新文化是毛泽东的文化追求。

按照毛泽东提出的文艺为人民大众服务首先为工农兵服务的思想,对农村传统文化进行改造,反映新政权领导下乡村社会的新变化、反映时代风貌,成为中华人民共和国成立初期乡村文化发展的时代特色。基于此,当时的文学创作、电影剧本、革命歌曲、戏曲改编等文化形式无不打上了政治化、意识形态化的烙

---

① 毛泽东选集(第5卷)[M].北京:人民出版社,1977:4.
② 毛泽东选集(第3卷)[M].北京:人民出版社,1991:1083.
③ 毛泽东选集(第5卷)[M].北京:人民出版社,1977:444.

印,这种对乡村文化的改造重建与当时中央政府的文化发展,以及主流意识形态步调一致。旧社会处于主流文化边缘性地位的工农大众,在新社会已经站在主流文化的中心地位。以反映乡村社会现实生活为题材的文艺作品相继涌现,以人民大众喜闻乐见的形式呈现出来,极大地丰富了乡村文化生活,也使农民群众以更加饱满的热情投身于社会主义建设热潮之中。1949年7月,第一次中华全国文学艺术工作者代表大会的召开,在总结自1942年毛泽东《在延安文艺座谈会上的讲话》发表以来的经验的基础上,明确中华人民共和国成立后文艺工作的发展方向和主要任务是清除旧文艺思想的影响,用反映时代精神的文艺武器讴歌在社会主义建设中涌现出来的典型代表。在党中央的领导下和这种文艺精神的指引下,一大批反映时代精神的电影、文学、戏曲等文艺作品涌现出来。

中国共产党和中央人民政府根据新中国成立前在革命老区进行群众文化工作方面取得的宝贵经验,又结合中华人民共和国成立后文化发展的方针政策,对农村中普遍存在的群众旧文化进行社会改造,去伪存真、去粗求精,取其精华、去之糟粕,并赋予社会主义性质的新任务。在各方的共同努力下,各地的文化站、文化馆、工人文化宫、青少年宫、广播站、电影院、电影放映队、农村俱乐部等不同形式的群众文化体系初步建立,各地政府也成立相应的部门机构对群众文化机构进行管理,以此为基础的全国群众文化活动如火如荼地开展起来。在社会主义改造中,新生的人民政府将旧中国留下来的986个民众教育馆改造成为人民文化馆,到1953年年底,"全国共建成2470余个文化馆、4560余个文化站和18个流动的文化服务队。"[1]配合当时政府推行的各项政治经济活动,通过广播、演讲、黑板报、演出等各种群众性的文化活动,丰富农民的精神文化生活的同时,也将党的文化教育方针政策融入人民大众的日常生活之中,提高了农民的政治觉悟和文化水平。

为促进乡村文化事业的发展,农民群众自发成立农村俱乐部,成为群众性业余文化组织的主要推动力。相较于生硬灌输的官方宣传,这种自发的文化教育形式在宣传党的路线、方针、政策,促进乡村文化的发展繁荣,丰富农民生活方面效果更佳,农民也更乐于接受。为探索群众艺术活动,中央在北京市和

---

[1] 李秀忠,李妮娜.当代中国乡村文化建设问题研究[M].济南:山东人民出版社,2014:69.

浙江省开展群众艺术馆的试点,之后在总结经验的基础上,为促进群众艺术的发展,全国各地纷纷成立群众艺术馆。为推动并丰富青少年的文化生活,各地先后成立青少年宫、青年俱乐部、少年儿童图书馆、少年儿童剧社、少年儿童活动中心等机构,针对性地改善和提高青少年的思想文化教育、文化教育工作等。"1956年,全国县以上的青年宫、青年俱乐部发展到190多所,少年宫、少年儿童活动站(室)6850所。"①1949—1958年,全国文化馆、公共图书馆和博物馆数量呈现逐年增长的趋势,详见表3-2:②

表3-2 文化馆、公共图书馆和博物馆数量　　单位:个

年份	文化馆	公共图书馆	博物馆
1949	896	55	21
1950	1693	63	22
1951	2226	66	31
1952	2448	83	35
1953	2441	93	49
1954	2392	93	46
1955	2413	96	50
1956	2584	375	67
1957	2748	400	72
1958	2616	922	360

自20世纪50年代初以来,在广大农民群众中颇受欢迎的群众性文化娱乐活动,露天电影成为乡村文化生活中一道亮丽的风景。"1952年,我国有1800个电影放映队,到1955年,增加到2300多个。1955年,仅农村电影放映队的观众就达38亿多人次。"③这些电影放映队在全国各地农村和工厂,通过播放反映新时代风貌的电影,在工农民众中普及科学文化,传播先进思想,进行社会主义改造和建设的思想文化教育等方面发挥了重要作用,乡村社会的文化生活由单调乏味变成丰富多彩。移风易俗方面,坚决取缔"黄、赌、毒",

---

① 李秀忠,李妮娜.当代中国乡村文化建设问题研究[M].济南:山东人民出版社,2014:70.
② 国家统计局编.伟大的十年——中华人民共和国经济和文化建设成就的统计[M].北京:人民出版社,1959:181.
③ 两千三百个农村电影放映队[N].人民日报,1955-12-4.

铲除乡村社会普遍存在的封建迷信和旧权威,大力宣传新社会的意识形态,传统农村中根深蒂固以血缘、亲属划分社会关系的原则被革命的阶级原则所取代,整个乡村社会的道德标准发生了史无前例的变化。旧社会遗留下来的旧习俗、旧风气与中国共产党倡导的新社会风气格格不入,党中央颁布的《关于严禁鸦片烟毒的通令》《婚姻法》等法律法规,对革除旧社会遗留的鸦片、赌博、娼妓、包办婚姻、三妻四妾等社会恶习起到了革故鼎新的作用。这些活动提高了农民的思想觉悟,农村的社会风貌焕然一新。

3.1.3 提高农民的文化素养和科学素质

1949年中华人民共和国成立后,针对广大农民群众受教育程度低和农业技术知识落后的状况,中国共产党提出要采用相应的措施提高农民的文化程度,且塑造一批能够掌握一定农业技术的社会主义新型农民。基于此,农业科学技术知识的使用和推广成为乡村文化改造和建设的重要组成部分。1951年,毛泽东就明确指出:"土改完成,必须立即转入生产、教育两大工作。"①他还非常重视农业科学技术的应用和推广,"无产阶级没有自己庞大的技术队伍和理论队伍,社会主义是不可能建成的","我们要摸农业技术的底,搞农业不学技术不行了"。② 在《关于党在过渡时期的总路线》中,毛泽东首次提出"在技术上发起一个革命"的命题,号召全国人民,在工农业生产中要进行技术革命。只有农民具备一定的文化与农业技术基础,才能实现农业技术的推广。为达到这个目标,毛泽东要求"农民的学习技术要同消灭文盲相结合",通过创办"技术夜校"来提高农民的农业技术水平。同时,毛泽东也提倡通过"种试验田的经验"进而推广农业技术。当时开展的乡村教育中设置的很多农业生产知识,其目的是响应毛泽东的号召,为农业生产服务。1963年,毛泽东在一次谈话中指出:"科学技术这一仗,一定要打,而且必须打好","不搞科学技术,生产力无法提高"。③ 此外,在农村推广农业科学技术知识的来源有二:其

---

① 毛泽东选集(第5卷)[M].北京:人民出版社,1977:34.
② 毛泽东文集(第7卷)[M].北京:人民出版社,1999:309.
③ 毛泽东文集(第8卷)[M].北京:人民出版社,1999:351.

一,通过对科学技术知识的学习,使农民能够应用于农业生产,提高农业产量。毛泽东指出农民不仅"要较多的懂得农业"技术知识,而且"还要懂得土壤学、植物学、作物栽培学、农业化学、农业机械"等方面的自然科学知识。① 其二,从国外引进的先进的工农业技术,为我所用。"世界上新的工业技术、农业技术我们还没有学会,虽然我们已经有了六年的经验,学会了许多东西,但是从根本上说,我们还要做很大的努力,主要靠第二个五年计划和第三个五年计划来学会更多的东西。"②

为提高广大农民群众的文化程度,就必须大力进行文化基础设施建设。建国伊始,党和政府就十分重视这方面的建设工作。1950年初,中国几乎处于"一穷二白"的状态,由于经济发展程度不高,科学技术水平的落后,无线电广播尚未在全国范围内普及,收音机对普通民众而言也是奢侈品,文化和信息传播的速度都非常缓慢。因为无线电广播具有跨越时空限制的便利,能够扮演对农民群众进行强大舆论宣传教育的武器,其功能和作用是当时其他媒介难以企及。基于这种原因,1949年新中国成立后,新的中央人民政府从一开始就十分重视无线电广播网的建设,在科学技术水平短期难以提高之际,毛泽东于1955年提出要大力发展农村广播网,"在七年内,建立有线广播网,使每个乡和每个合作社都能收听有线广播","在七年内,完成乡和大型合作社的电话网。"③此后,全国各地迅速掀起了建设广播站的高潮,仅用一年时间就遍及全国。"1956年,全国2/3的县(市)有了有线广播站,装设喇叭51万多只,其中80%装在农村。"④在短期内形成遍及全国的广播网的局面,让无论是城镇的学校、机关、工场、街道,还是乡村的学校、村庄,甚至穷乡僻壤的山林农场和边防哨所,在建立广播站后都能够听到来自中央人民广播电台或者是地方电台的声音。如此快的时间内,让全中国亿万民众收听广播,成为当时中国独具特色的时代景象,也成为中华人民共和国成立后相当长的时间内人民群众文化生活的重要来源。可以说,收听广播成为广大农民日常生活的重要内容,

---

① 毛泽东文集(第8卷)[M].北京:人民出版社,1999:303.
② 毛泽东文集(第7卷)[M].北京:人民出版社,1999:101.
③ 毛泽东文集(第6卷)[M].北京:人民出版社,1999:510.
④ 勒德行.中华人民共和国史[M].开封:河南大学出版社,1993:199-200.

与今天普及的电视和移动网络相比,有过之而无不及。

1949—1958年全国有线广播站和喇叭数呈现出逐年增长的趋势,具体数据详见表3-3:①

表3-3 有线广播站和喇叭数量

年份	有线广播站(个)	喇叭(万只)
1949	8	0.05
1950	51	0.22
1951	183	0.61
1952	327	1.62
1953	541	3.18
1954	577	4.75
1955	835	9.05
1956	1490	51.57
1957	1700	99.32
1958	6772	298.75

3.2 全面建设社会主义时期乡村文化建设回顾

中华人民共和国成立初期,以毛泽东为主要代表的中国共产党中央领导集体,十分重视乡村文化,从扫除文盲,提高农民的文化素质和科学技术水平等方面入手,采取诸如识字运动、办黑板报、技术夜校等多种形式,在乡村文化改造和建设方面取得了明显的成效。社会主义制度在中华人民共和国成立初期,党和国家面临的首要课题就是社会主义经济、政治和文化领域进行大规模的建设和发展。中国共产党一开始就清醒地认识到,国家建设需要有文化、有知识、有能力的劳动者,没有科学文化水平的高速发展,建设社会主义就难以进行。因此,在政治变革和经济变革之后,重点解决文化建设就成为党亟须解

---

① 国家统计局编.伟大的十年——中华人民共和国经济和文化建设成就统计[M].北京:人民出版社,1959:184.

决的重大课题。"只要把经济发展和文化建设达到一定的高度,我们国家就完全转变成了社会主义国家。"①这就为社会主义建设时期工作重心转移指明了方向。中国的特殊国情也决定了社会主义建设时期文化建设的重要性。

从 1956 年"三大改造"的完成,到 1966 年"文化大革命"爆发,这十年时间被称为全面建设社会主义时期,在此期间,乡村文化呈现出曲折发展的状态。1956 年,随着毛泽东提出"百花齐放,百家争鸣"作为国家文化发展繁荣的方针,在促进中国乡村社会的文化教育水平提升方面,"百家齐放,百家争鸣"方针起到了非常大的作用。农村经过土地改革和阶级划分之后,基于根深蒂固的宗族观念和血缘关系凝聚起来的乡村文化权力网络开始坍塌,农民被纳入国家控制的集体组织之中,成为集体单位的成员即社员。经过农业社会主义改造、人民公社化运动,农民身份出现了新变化,从此前的阶级身份转变为社员身份,且被结构化了。在此过程中,农民对国家和集体的向心力大大增强,思想觉悟也有了明显改善。随着党中央指导思想越来越偏离 1956 年中共八大的正确路线,文化教育战线上也日益向"左"发展,偏离正确的发展方向。思想文化界更加僵化保守,文化教育的政治化倾向愈加明显,严重阻碍了文化教育的正常发展,乡村文化的发展和建设自然而然被卷进这种狂热的时代潮流之中。"三大改造"完成后,中国的主要任务是"向自然界开战,发展我们的经济,发展我们的文化"。这就表明思想文化战线面临的主要任务是发展文化教育事业,扫除文盲,全面提高人民的受教育程度和科学技术水平。

3.2.1 在乡村开展全国性的扫除文盲运动

中华人民共和国成立后,新的中央政府既要面对资本主义阵营和社会主义阵营的对立,西方资本主义国家的敌视、威胁、封锁与包围,又要面临革命和建设的繁重任务,这就使得中华人民共和国的文化建设更多地呈现出政治化的价值取向。为了巩固新生政权,同时实现国家文化的转型,中共中央在全国各地陆续开始开展"文化革命"。这个阶段推行的"文化革命",是指对全体民

---

① 宋仕平.列宁关于社会主义文化建设的基本思想[J].社会主义研究,2001(2):21-24.

众普及文化知识,提高全体民众的文化知识水平,为推动经济建设服务的文化教育事业。20世纪50年代,在全国开展"土改""集体化""社会主义改造"等一系列政治运动,传统的乡村社会制度与社会结构首当其冲,而文化教育就成为最有效的工具,由于文化教育作为上层建筑的意识形态的重要组成部分,具有较高的政治意涵,因而在中国共产党领导的历次政治运动中成为被批判的对象。然而,文化教育的传承与改革不同于其他领域,具有连续性,因而在对民众进行新的文化教育时也不得不面对这种情况。地方政府在贯彻执行这种新文化教育方针时提出"今后小学教育主要的任务就是学习文化,识字明理。"人民已经清醒地认识到战争时期的文化教育指导思想已经不适应建设时期的现实需要,"我们建设新国家,没有文化哪能行,发展文化有好多就要青年去强记,不过学习文化要联系实际,不联系实际就成了旧教育……"①由此可见,地方政府在执行新文化教育方针时,开始重视课堂教学,重建学校教育制度,抵制"政治色彩太浓"的宣传,纠正师生过多参加体力劳动等违反正常的教育教学秩序的行为。

树立爱国主义和社会主义的教育,"我们要教育人民,不是为了个人,而是为了集体,为了后代,为了社会主义前途而努力奋斗。"②在进行社会改造中,对农民进行社会主义教育,帮助他们摆脱自身的小农意识与狭隘的个人主义,形成社会主义的新文化、新道德、新风尚。中华人民共和国成立后,为了尽快地使广大人民群众掌握基本的文化知识,适应新社会的需求,党中央在坚持民主的、科学的、人民大众的新民主主义文化的基本纲领的基础上,不仅极为关注乡村社会的文化教育,而且采取相应的措施改变乡村文化教育落后的面貌,在全国范围内掀起了扫除文盲的社会教育运动。在贯彻执行"整顿提高、重点发展、提高质量、稳步前进",以及"两条腿走路"的教育方针时,采取相应的政策推进农村的文化教育发展,注重发展农村小学,提高适龄儿童的入学率。农村教育逐渐普及化,农民接受教育的机会大大增加。"1949—1951年扫除文盲的人数分别是65.7万、137.3万、137.5万。"③伴随着"识字速成法"的使用

---

① 郭子化同志山东省第一次小学教育会议上报告[N].大众日报,1949-1-10.
② 毛泽东文集(第8卷)[M].北京:人民出版社,1999:133.
③ 中国科学文化教育年鉴(1949-1981)[M].北京:中国大百科全书出版社,1984:578.

和推广,农村扫除文盲的成效明显。

在掀起的乡村社会主义改造运动中,毛泽东敏锐地意识到农民文化素质和科技水平的提高,必将成为农业合作化运动的重要推动力。基于这种认识,毛泽东发出"我国现在文盲这样多,而社会主义的建设又不能等到消灭了文盲以后才去开始进行……这个严重的问题必须在农业合作化的过程中加以解决,也只有在农业合作化的过程中才能解决"的指示。① 国务院将扫除文盲这项工作视为中国文化领域的一场大革命。扫除文盲运动,在各方的综合努力下,取得了惊人的成就。据统计,通过全国扫盲活动,1957 年上半年,全国脱盲人数达 2200 万人,达到小学和初中文化程度的有 160 万人。1964 年全国第二次人口普查表明:15 岁以上的文盲率下降了 28%,有 1 亿多人摘除掉文盲的帽子。②

1955 年,中共中央发布的《征询农业十七条意见》中提出:"在七年内,基本扫除文盲,每人必须认识一千五百至两千个字。"1956 年,中共中央制定并公布的《1956 年到 1967 年全国农业发展纲要》(修正草案)要求:"乡村办学应当采取多种形式,除了国家办学以外,必须大力提倡群众集体办学,允许私人办学,以便逐步普及小学教育。"此后不久,中共中央、国务院在《关于教育工作的指示》对乡村"文化革命"提出明确要求,"全国应在三年到五年的时间内,基本上完成扫除文盲、普及小学教育,农业合作社社社有中学和使学龄前儿童都能入托儿所和幼儿园的任务"。

1949—1958 年,全国范围内参加业余学校学习人数和扫除文盲人数,统计数据见表 3-4:③

---

① 毛泽东文集(第 6 卷)[M].北京:人民出版社,1999:455.
② 聂捷.毛泽东农村文化建设思想研究[D].湘潭:湘潭大学硕士学位论文,2013.
③ 国家统计局编.伟大的十年——中华人民共和国经济和文化建设成就统计[M].北京:人民出版社,1959:76.

表 3-4　参加业余学校学习人数和扫除文盲人数　　　单位：万人

年份	业余高等学校	业余中等专业学校	业余中学	业余小学	扫除文盲
1949	0.01	0.01			65.7
1950	0.04	0.01			137.2
1951	0.16	0.03			137.5
1952	0.41	0.07	24.9	137.5	65.6
1953	0.97	0.11	40.4	152.3	295.4
1954	1.32	18.6	76.0	208.8	263.7
1955	1.59	19.2	116.7	453.8	367.8
1956	6.38	56.3	223.6	519.5	743.4
1957	7.59	58.8	271.4	626.7	720.8
1958	15.0		500.0	2600.0	4000.0

新中国成立不久，乡村文化教育取得如此大的成绩，一方面反映了中共中央下决心改造乡村的意图，另一方面也是乡村民众希望改变文化教育程度低下、投身于社会主义现代化建设的迫切愿望。对于普及乡村农民的文化知识、进行乡村经济建设奠定了基础。然而，随着1957年"反右"斗争的进行，正在开展的乡村文化教育也受到强烈的冲击，乡村教师中也有不同程度地被错划为"右派"。1958年中共中央提出"鼓足干劲，力争上游，多快好省地建设社会主义"总路线，文化教育领域也未能幸免，被卷进了"大跃进"之中，农村小学盲目发展，由于师资不足，又加之被上级部门强制参加大炼钢铁等体力劳动，乡村文化教育的正常秩序受到了干扰。

3.2.2　文化教育领域的"大跃进"在乡村的实施及其调整

1958年9月19日，中共中央、国务院在"关于教育工作的指示"中提出随着工农业生产的"大跃进"，"文化革命"已经开始进入高潮，这主要表现在全国扫盲运动、教育事业和各种文化事业的迅速发展。在肯定中华人民共和国成立9年来教育战线取得巨大成就的同时，也指出教育工作中忽视政治、忽视党的领导、脱离生产劳动、脱离实际的错误。"培养有社会主义觉悟的有文化的劳动者",就要在党的正确领导下,同"为教育而教育","劳心与劳力分离"和"教育只能由专家领导"的所谓资产阶级思想进行坚决的斗争。

在农村,人民公社取代了此前的农业生产合作社。1958年,"有6000万人加入了'扫盲运动'。新成立的成人农民业余学校培训了至少600万人。"同年9月,全国新建立的小学有33.7万所,一个月后,就增加到接近100万所,入学人数由8400万人增加到9260万人。中学的入学人数由1957年的700万人增加到1400万人。"半工半读学习与生产相结合的农村民办中学",成为在"农村推进群众性中学教育的最初尝试"的代表。1960年,近3万所这类学校,平均每个公社有一所,有290万学生。1958年8月,高等院校的数量由1957年的227所增加到1065所,大学生人数由40万增加到70万人。① 至1958年秋,业余"红专"大学和半工半读大学也已达到2.35万所。② 1958年11月,发布的有关文教的财政报告中指出,1958年,大学生人数增加了78%,中学生增加了一倍,小学生入学人数增加了70%,这些成绩的取得要归功于半工半读教育模式。③ 在政治优先的入学原则下,1958年,工人、农民、速成中学的工农毕业生和干部,只要具备推荐的条件,可以不经过任何形式的书面考试就能进入大学学习。高等学校中每年工农出身的学生比例,由1951年的19%增加到1957年的36%。1958年,这个比例上升到48%,1959—1960年则增加到50%。1951—1958年,工农成分的学生在高等学校、中等专业学校和普通中学的百分比重见表3-5。

---

① [美]R·麦克法夸尔,费正清.剑桥中华人民共和国史(上卷):革命的中国的兴起(1949—1965)[M].北京:中国社会科学出版社,1990:370-371.
② 官青.我国高等教育赶超型发展道路的历史选择(1952-1959)[D].武汉:华中科技大学硕士论文,2016.
③ 财政部、文化部、教育部和卫生部在全国文教系统财政工作经验交流会上的报告[R].1958-11-5.

表 3-5　工农成分的学生占学生总数的比重①

年份	高等学校	中等专业学校	普通中学
1951	19.1	56.6	51.3
1952	20.5	57.1	56.1
1953	21.9	55.9	57.7
1954		58.8	60.7
1955	29.0	62.9	62.2
1956	34.1	64.1	66.0
1957	36.3	66.6	69.1
1958	48.0	77.0	75.2

这之后又实行半工半读、半农半读的所谓"两种劳动制度、两种教育制度"。到1965年,农村的"耕读小学就达到了85万所,学生有2518万人"。②这种教育方式适应了工农大众的需要,从数量上大大增加的农民子女接受教育的机会。20世纪60年代初,中共中央也开始认识到"大跃进运动"中教育发展过分注重数量而忽视质量的错误弊端,开始在教育领域进行"大规模的调整",核心是注重提高教育质量。经过调整,1963年底,"普通高等学校已经由1960年的1289所压缩为407所,在校生由221.6万人减少为45.2万人;普通中学由1958年的2.8万所压缩为1.9万所,在校生由167.5万人减少为123.5万人"。③调整的幅度之大由此可见一斑,其目的是提高教育质量。尽管在发展乡村文化教育问题上存在一些不足,但总体而言,对乡村文化教育的改造和建设还是取得了很大的成就。到1965年底,中学在校生达到1432万人,小学则达到11626.9万人,比中华人民共和国成立前最多的1946年分别增长了6.9倍、3.9倍。④1965年4月,在召开的第一次关于农村半耕半读教育的全国会议上,教育部赞扬了农村普及小学教育,发展中学教育方面取得的"多快好省"的成绩。

---

① 国家统计局.伟大的十年——中华人民共和国经济和文化建设成就的统计[M].北京:人民出版社,1959:178.
② 方晓东.中华人民共和国教育史纲[M].海口:海南出版社,2002:185.
③ 何东昌.当代中国教育(上)[M].北京:当代中国出版社,1996:76.
④ 中华人民共和国教育部.共和国教育50年[M].北京:北京师范大学出版社,1999:9.

20世纪60年代初,随着中共中央"调整、巩固、充实、提高"方针提出,执行《全日制中小学暂行工作条例(草案)》,各地基层政府采取一系列措施,教学秩序得到恢复和发展。可以说中华人民共和国成立后的十七年,党和政府为尽快地将贫穷落后的农村改造成为具有社会主义性质的新农村,积极创造条件,创造各种教育形式,满足民众的文化教育需求。通过举办简易小学、耕读小学、扫盲班等灵活多样的教育方式,提高农民的文化教育程度,极大地改变了乡村社会的风俗,强化了国家政权对农村的改造和控制。经过"土地改革运动",昔日乡村社会的主导者——地主、富农,其权威和声望扫地,成为被批斗、镇压的对象。对此,有论者指出:"昔日生活在乡村社会最底层、在政治上毫无地位可言的贫、雇农,一夜之间成了农村中的主人"。[1] 随着地主和富农阶级在乡村社会中权力被剥夺,国家权力逐步成为乡村社会的决定性力量。在传统乡村社会中,乡绅角色所扮演着国家权力与乡村社会关联的缓冲力量,通过这次阶级斗争和土地改革,乡绅阶层在农村基本消失,国家政权把乡村社会的每一个农民都纳入了直接管制之下。

中华人民共和国成立之后,中国共产党开展的土地改革运动、镇压反革命运动、"三反""五反"运动、除"四害运动"、人民公社化运动、全民"大炼钢铁"运动、"反右派"运动等一系列政治运动,传统乡村社会的以血缘和地缘关系建立起来的宗族文化传统被逐步瓦解。在"革命"的名义下,国家政权力量渗透到了乡村社会的每一个角落。1962年1—2月,中共中央召开"七千人大会"后,毛泽东主席出于反修防修战略的目的,1963—1966年,决定在全国城乡发动以清政治、清经济、清思想、清组织为主要内容的社会主义教育运动。社会主义教育运动是为了"将人们的思想意识从迷信愚昧的'旧社会'中转变过来,致力于建设一个'社会主义农村',农村国民教育在农村政治运动中扮演着重要的角色,村落中的学校是中央政权向地方上的延伸,在农村原有的意识形态瓦解和文化权力结构变动之际,在农村中所推行的新式教育,不仅承担实文化培育的职能,更是承担意识形态灌输的使命。"[2]对传统乡村文化采取

---

[1] 陈吉元.中国农村社会经济变迁(1949—1989)[M].太原:山西经济出版社,1993:86.
[2] 张济洲.文化视野中的村落、学校与国家——一个县教育变迁的历史人类学考察(1904—2006)[D].华东师范大学博士论文,2007:94.

影响至今的"激进化"改造,既不能认同割裂对立的主流历史叙述,也不能对以今人视角的简单评判予以赞赏,而应放在当时急于改变一穷二白的社会面貌的背景下去理解。改造乡村的目的是为完成工业化奠定基础,但也要"尊重基层群众的基本需求,多种方式促进包括教育、医疗等资源'回流'到农村,采用多种形式推进'农村建设'。"①随着"左"倾错误思想的不断加剧,政治化运动被称为"文化战线上深入进行的社会主义革命",有人评价道:"经济基础和政治制度发生变化以后,作为意识形态一种类型的文化,也必须随之发生变化"。否则,"社会主义革命就有半途而废的危险,其成果将会损失殆尽。"②这个论断预示着"文化大革命"即将拉开大幕。

3.3　社会主义革命和建设时期乡村文化建设经验总结

中华人民共和国成立后,以毛泽东为首的第一代中央领导集体对思想文化进行大规模的改造,基本实现了社会主义文化建设的重新整合,并将思想文化建设提升到与经济建设并重的地位。由于他们认识到几千年封建专制制度对中国文化的影响,在农村树立党对乡村文化教育的领导权,建立中华人民共和国新文化就要荡涤专制历史文化的积淀,谨慎地对旧文化进行改革,扫除影响新文化建设的封建遗留下来的各种问题。继续利用革命战争年代行之有效的乡村文化建设的方式方法,开展文化教育与思想教育相结合、扫除文盲与生产劳动教育和技术教育相结合,在广大农村依靠农民,采用改造与重建并重的方法进行乡村文化建设。

3.3.1　在党的领导下,乡村文化改造与重建并重

中华人民共和国成立后,肃清束缚社会发展的旧文化,发展符合社会需求

---

① 潘家恩,温铁军.三个"百年".中国乡村建设的脉络与展开[J].开放时代,2016(4):125-145.
② 滇竹.文化革命的成果[N].北京周报,1965-10-15.

的、科学的、大众的新文化,成为文化领域改造和重建的主要任务。由于国家性质和社会结构的变化,中共中央掀起学习宣传用马克思列宁主义、毛泽东思想对文化领域进行社会主义改造的活动。通过大规模地宣传教育,使广大农民群众接受马克思主义教育,提高其思想觉悟和阶级觉悟。文化教育不仅是思想道德的载体,也是文化传播和丰富人民精神生活的主渠道。1949年中华人民共和国成立前,文盲半文盲占人口总数的90%以上。中华人民共和国要走向社会主义现代化道路,就必然从根本上改变文化落后的面貌,对旧教育进行社会主义改造也就势所必然。在对思想文化领域进行社会主义改造时,重视乡村文化教育,提出"向工农敞开大门"办教育的理念,突出工农教育是教育革故鼎新的重要内容。人民当家做主后,作为人民主体的工农兵文化程度低,不能履行国家主人翁职责。为改变这种状况,在全国各地开办了数量众多的工农速成中学,迅速开辟出了一条"向工农开门"办教育的有效途径,培养和造就了一大批具有政治觉悟和文化水平的工农干部。与此同时,在各矿区和乡村增办学校。通过努力,人民群众的受文化教育水平得到提高,在中国历史上首次实现了由少数人受到教育到多数人受到教育的转变,为社会主义建设奠定了思想基础和文化基础。

乡村文化改造和重建表明,文化与政治交汇互动。中国共产党借助政治的力量推动文化建设,贯彻落实其意识形态,成为主流文化,提高马克思主义意识形态的话语权。既要批判资本主义文化,又要批判封建专制文化,使重建后的乡村文化具有鲜明的社会主义思想文化的特色。在开展思想文化改造和重建的过程中,要尊重和自觉运用文化发展规律,运用说服教育的方式,坚决反对动辄扣帽子、打棍子等手段。由于对思想文化改造和重建的复杂性认识不足,将思想文化领域的争论上升为政治问题,导致简单粗暴地解决问题,处置失当和无限上纲上线,这些深刻的教训值得吸取。

3.3.2 乡村文化建设,一定要以人民为中心

从1949年中华人民共和国成立,到1978年开始改革开放,这三十年的乡村文化建设表明,人民群众是历史的创造者,是乡村文化建设的依靠力量,乡

村文化建设和发展必须充分调动广大农民群众的积极性、主动性和创造性。无论是中华人民共和国成立初期在农村地区推行的思想文化改造运动,还是此后推行的乡村文化的重建措施,如果没有广大农民群众的广泛参与,如果无法与农民的思想进行融合,几乎是不可能完成的。中国共产党组织群众、发动群众的能力一直具有很大优势,广大农民群众之所以能够被中国共产党调动起来,究其原因,就在于乡村文化建设的目的就是为了农民群众文化素质提升;乡村文化改造和重建的目的,也就是将旧社会只有少数人才能接受文化,扭转为在新社会广大农民都能够享受到新文化。新旧文化之间根本的不同在于服务的目标不同,乡村旧文化仅服务于地主和乡绅,而社会主义新文化是为所有农民群众服务的文化。正因为如此,广大农民才能被中国共产党广泛发动并积极参与农村旧文化改造运动。中华人民共和国成立后,急需肃清传统旧文化的影响,发展社会主义新文化,构建新的价值体系,凝聚民心,达成共识,促进社会有序和谐发展。在此大背景下,大力发动广大农民,充分利用农民的力量进行乡村文化再造成为当时必然的选择。但是将这种在特定历史时期的特殊做法获得的成功,继续进行复制,还要在思想文化领域中大搞群众运动,快速推进某种思想,从而破坏文化发展的基本规律,其结果必然是掉入经验主义的陷阱。不可避免地会让乡村文化建设走向冲动和盲动,出现操之过急、形式主义等错误倾向。因此乡村文化建设需要遵循发展规律,冷静思考,采用系统科学的方法潜移默化逐步推进。

3.3.3 坚持"双百"方针,激发乡村文化活力

乡村文化建设要坚持"百花齐放和百家争鸣"的基本方针。在毛泽东时期,"双百"方针促进了我国文化建设的思想解放和繁荣发展。中华人民共和国成立以后的乡村文化建设的实践证明,乡村文化建设要在中国共产党的领导下,站在农民的角度和立场进行创作,通过自由的发展,生动活泼的展示,才能更好地为广大人民服务,为社会主义服务。1956年4月,毛泽东在中央政治局扩大会议上指出:"艺术问题上的百花齐放,学术问题的百家争鸣,我看应该

成为我们的方针。"①因此乡村文化建设要坚持市场导向,要深化体制改革,要坚持百花齐放和推陈出新,要尽量激发农民的积极性和创作热情,要促进文化的自由发展,要满足人民多样化的文化需求,要推动社会主义文化大繁荣。"双百"方针是自中国共产党成立以来,在文化建设过程中的一贯坚持的优良传统,只有在乡村文化建设中继续坚持和发扬,乡村文化才能形成长久持续的自由发展氛围,才能更好满足绝大多数农民的需要和乡村发展的要求,才能激发乡村文化活力。

---

① 毛泽东文集[M].北京:人民出版社,1999:54.

第4章　改革开放以来乡村文化建设回顾

　　1978年12月,中国共产党十一届三中全会果断停止"以阶级斗争为纲""无产阶级专政下继续革命"的口号,把党的工作重心转移到社会主义现代化建设上来,拉开了改革开放的序幕。党的十一届三中全会指出农业在整个国民经济体系中还十分薄弱,全党必须集中精力重视农业生产,唯有加快发展农业生产,才能为全国人民生活水平的提高提供可靠的保障。制定并通过加快发展农业的决定,同意将《中共中央关于加快农业发展若干问题的决定(草案)》《农村人民公社工作条例(试行草案)》发到全国各地试行。在农村实行统分结合的家庭联产承包责任制,鼓励多种经营,繁荣发展农村经济,使农村尽快摆脱贫穷落后的面貌。1982年1月1日,中国共产党历史上首个关于农村工作的中央一号文件出台,指出包产到户、包干到户等形式都是社会主义集体经济的生产责任制。1983年中共中央在下发的文件中,明确指出联产承包制是在党领导下的中国农民的一项伟大创举,是马克思主义农业合作化理论在中国特色社会主义建设实践中的新发展。为促进农业发展,1982—1986年中共中央连续五年发布的一号文件都是事关农业、农村和农民的。在党中央赋予的政策的支持下,农业、农村、农民的面貌为之一新,走上了快速发展的道路。然而,20世纪80年代中期以后,随着改革开放的重心由农村转向城市,农村发展逐渐缓慢,加之城乡差距更加明显,"三农"问题在21世纪初日益凸显。在全国各界的呼吁下,中共中央也逐渐认识到这个困扰中国实现现代化问题的难题,自2004年到2019年,党中央连续16年的一号文件都事关"三农"问题。可以说,"三农"问题成为社会各界极为关注的重大问题。在此过程中,乡村文化建设取得了一定的成就,但在市场化和城市化大潮的冲击下,也面临着严峻的挑战。

4.1 重视乡村教育，实现乡村文化转型

20世纪70年代末，乡村社会面临的最大问题是温饱问题，为解决这个问题，勤劳的中国农民为此立下"军令状"，开启新时期包产到户的序幕，继而在全国推行家庭联产承包责任制，中国乡村迈入了现代化建设的新时期，也预示着乡村社会必将经历全面变迁的历程。家庭联产承包责任制的全面实施，发挥了农民的积极主动性，乡村社会呈现出勃勃生机和活力。在此过程中，农民接受了科技知识培训，增强了对科学技术在农业生产中所能产生的作用的认知，于是形成了崇尚科技文化的风尚，纷纷参加各种知识技能培训和教育活动，农民的文化素质和思维方式由此发生了巨大变化，农村涌现出一批具有创新意识、经营管理和懂得运用科学技术和文化知识的新型农民。随着以邓小平为代表的一批中央领导人的复出，开启了全面改革开放，国家发展从此进入了一个新时期。特别是邓小平同志果断决定恢复高考，整个社会形成了尊重知识、尊重人才的氛围，对乡村社会的知识青年而言，考上大学意味着"鲤鱼跳龙门"，读书改变命运，大学生被视为"天之骄子"，尽管物质还比较匮乏，但造就了很多富有理想的青年，他们具有以"天下为己任"的雄心壮志。可以说高考的恢复重建了社会价值体系，扭转了中国文化教育长达10年的混乱状态，为农村地区的知识青年向社会的中上层流动开辟了通道，激发起了他们昂扬向上的民族精神。

4.1.1 重视乡村教育，乡村文化复兴

改革开放伊始，国门大开，西方各种思潮纷纷再次涌进中国，对中国社会影响最大的莫过于新科技革命的浪潮。新科技革命不仅改变了世界，对中国的影响也极为深远。在此背景下，唯有紧紧跟上时代的变化，才能在未来的世界格局中占有一席之地。党内高层中部分领导人认识到这种情况后，以邓小平为首的领导人开始高度重视科技文化教育。1977年春，刚恢复工作不久的

邓小平冲破党内长期存在的"左"的思想束缚，呼吁"我们要实现现代化，关键是科学技术要能上去。发展科学技术，不抓教育不行。"他坦承中国人力资源丰富，但人才不足，高科技、文化教育落后于发达国家是有目共睹的事实，"现在看来，同发达国家相比，我们的科学技术和教育整整落后了二十年。""抓科技必须同时抓教育。从小学抓起，一直到中学、大学。办教育要两条腿走路，既注意普及，又注意提高。"①为此，他呼吁要从战略高度重视科技和教育，"发展战略第一位就是发展教育和科学技术。"②"科学技术人才的培养，基础在教育。"③对那些不重视教育的领导，他提出严厉批评，"忽视教育的领导者，是缺乏远见的，不成熟的领导者，就领导不了现代化建设。"为落实教育的优先发展，他还强调指出："各级领导要像抓好经济工作那样抓好教育工作。"④他指出由于中华人民共和国成立后在探索社会主义道路上走了弯路，导致教育和科技等方面"已经耽误了二十年，影响了发展，还要再耽误二十年，后果不堪设想。"为摆脱这种局面，缩小与发达国家之间的差距，"我们千方百计，在别的方面忍耐一些，甚至于牺牲一点速度，一定要把教育问题解决好"。⑤建立在这种认识的基础上，1983年10月，邓小平为北京景山学校题词："教育要面向现代化，面向世界，面向未来"。党中央在教育领域的拨乱反正，以及邓小平重视科学技术和教育的讲话精神与相关论述，实际是对"文化大革命"时期执行的所谓文化教育革命的否定。此后，中国的文化教育和科学技术走上了快速发展的道路。

1978年12月，中共中央召开十一届三中全会，果断停止了"以阶级斗争为纲"的指导思想，将党的工作重心转移到社会主义现代化建设上来，开启了改革开放的新时期，中国乡村文化建设由此进入了复兴发展的新时期。主动对西方的开放终结了长期存在的封闭落后状态，渴望知识的人们从西方汲取各种文化思潮，因此形成多元文化相互激荡的景象，各种文化争鸣相互交织。随着中共中央对"文革"中极"左"思想的反思，开始平反冤假错案，尤其是在

---

① 邓小平文选（第2卷）[M]. 北京：人民出版社，1994：40.
② 中国科学院. 邓小平科技思想学习纲要[M]. 北京：科学出版社，1997：84.
③ 邓小平文选（第2卷）[M]. 北京：人民出版社，1994：95.
④ 邓小平文选（第3卷）[M]. 北京：人民出版社，1993：121.
⑤ 横扫一切牛鬼蛇神[N]. 人民日报，1966-6-1.

文化教育领域清除"极左"错误,农村中的所谓"地、富、反、坏、右"五类分子的帽子全部摘掉。农村行政建制的重新调整,农村学校布局的重新恢复,标志着新时期乡村文化教育步入正常轨道。为把农村生产力进一步解放,农民的生产积极性进一步提高,乡村社会进一步发展,1982—1986年中共中央连续五年发布的一号文件都是事关农业、农村和农民的。中央一号文件的制定和实施使农村经济快速发展,极大地推进了乡村社会的发展,为此后城市文化经济体制改革提供了物质基础和思想动力。由于中国社会结构的发展变化,尤其是农村实行家庭联产承包责任制以来,农村经济文化活力被释放出来,可以说开启了农村现代化的新历程。伴随着农民身份的转化和农民工流动性的频繁,文化教育的普及和媒体的推动,乡村文化由此进入了一个快速发展的新轨道。乡村社会的文化价值取向,乡村文化的形式、载体、内容都发生了巨大变化。

改革开放以来,中共中央和国务院十分重视农村教育,先后制定颁布一系列有关农村教育的法律法规、政策法令。1986年,全国人民代表大会通过了《中华人民共和国义务教育法》。2001年,为减轻农村义务教育阶段贫困家庭学生就学困难,中央政府开始实施"两免一补"资助政策,即"免杂费、免书本费、逐步补助寄宿生生活费"。2006年,国务院又下发了《关于推进社会主义新农村建设的若干意见》,提出加快农村义务教育发展,普及九年义务教育制度。同年,全部免除西部地区农村义务教育阶段学生的学杂费,享受此项政策的学生达到4880万人。2007年,"两免一补"政策推向全国,1.5亿名农村中小学生受益。为缩小城乡教育差距,均衡发展城乡义务教育,自2010年始,教育部、财政部在中西部地区实施农村义务教育薄弱学校改造计划,2012年底,中央财政已投入改造资金399亿元。这些政策和举措,体现了党中央、国务院对农村地区文化教育的重视。对于从根本上解决困扰中国现代化发展的"三农"问题,以及提高农民群众的文化教育水平,促进农村现代化建设具有深远的影响。

改革开放以来,国家政权不再直接干预村民的日常生产经营活动,对乡村社会的直接控制有所放松,乡村文化开始复兴,农村学校与农村日常生活的联系再次发生改变。"文化大革命"时期,贫下中农管理学校,在政治第一的原则下,学校经常组织学生参加政治活动和农村耕地生产,教师也领取生产队的工分,在那个特殊时期,学校与村落联系紧密。伴随着国家权力不再直接干预农村地区的生产和农民的日常生活,农村经营方式转变后,学校在村落中扮演的角色大大减少,农民不再干涉学校正常的教学秩序,学校重新担负起文化教育的功能。农村中的教师不再具有传统乡村文化代言人的角色,因而在20世纪80年代后的乡村文化复兴和乡村社会生活变迁中,农村教师不再发挥乡村文化精英的作用,也不能再为村民提供文化咨询。改革开放后,随着党和政府对农村教育的重视,先后提出了"扫除文盲"和普及九年义务教育制度的发展战略,到20世纪末基本实现了九年义务教育全覆盖。中国农村教育历经百年的艰辛探索,从乡间私塾、书院模式,到清末民初的新式学堂,再到中华人民共和国成立后的新式学校,农村教育最终走上了全民化、现代化之路。但随着社会主义市场经济的冲击,城乡教育资源的分配不均,造成城乡教育差异在21世纪愈演愈烈,乡村社会出现了"空心村"、孤寡老人、留守儿童等新问题,由于适龄儿童的减少,加之中小城市城市化战略的加速发展,一村一校的教学格局已经不能适应新形势下农村教育的发展,优化农村地区教育布局就成为一种必然选择。当下的教育体系某种程度上忽视乡村文化发展的多样性,地方性知识在学校课程体系中的缺失,造成学校教育和乡村社会的疏离。事实上,中央政府的文化教育政策、地方政府、乡村学校与乡村社会之间的整合并非一蹴而就,而是需要彼此相互融合的过程。乡村文化教育再次面临新的挑战,"天下无不学之人、天下无不学之地"的理想尚未彻底实现,乡村社会的文化教育改革依然是任重而道远。

4.1.2 推动农民主体意识觉醒,实现乡村文化转型

1949年,中华人民共和国成立后,实行高度集中的计划经济体制和高度集中的政治体制。近代以来,城乡差距逐渐拉大,贫穷的农民为生活所迫不得不流向城市,城市交通、教育、住房、就业等方面的压力增大,农业生产也受到很大影响。20世纪50年代后期"上山下乡运动"的推行,大批知识青年和劳动力被下放到农村。与此同时,"三年严重自然灾害"使农村出现了大饥荒,造成农民被迫流向城市。为避免农民盲目流向城市,给城市带来压力,中央政

府开始实行"一国两策,城乡分治"的户籍管理制度,相比具有农村户口的农民,具有城市户口的城镇居民享受着国家许多福利。此后,国家又在城乡之间确立了几十项固化的分割制度,城乡二元社会结构由此开始形成。在这种人为分割的二元体制中,农民与市民的生存待遇差别很大,尤其是在文化教育、医疗卫生、就业分配和社会保障方面城乡二元性尤为凸显。

毛泽东指出:"一定的文化(当作观念形态的文化)是一定社会的政治和经济在观念形态上的反映,又给予伟大影响和作用于一定社会的政治和经济;而经济是基础,政治则是经济的集中体现"。① 二元社会经济结构背景下,城乡间也必然产生二元文化。传统中国社会,由于乡村文化是中华文明的根基,因此城乡间文化几乎是均衡发展的,近代以来,随着新式教育重城市轻农村,城乡文化差距日益明显,城乡二元社会结构将这种差距进一步扩大了。1949年中华人民共和国成立后,马克思主义成为国家的意识形态,随着国家权力向农村延伸,乡村社会直接处于国家政权的严密控制之下,无论是繁华都市还是穷乡僻壤,无不受到主流意识形态文化的影响。通过一系列运动,传统农村的文化设施、宗教信仰、宗族组织被摧毁,通过社会主义教育运动,农村建立起社会主义性质的新型文化。中国共产党主导的新型文化之所以能够在乡村如此之快地生根发芽、开花结果,根本原因是在最基层的村级建立党支部和村级准政府组织,正是通过它们,国家意识形态和文化才得以在乡村中牢固地确立下来。二元社会结构的存在,乡村社会中既有代表国家利益的大传统意识形态文化,又有反映农民需求和利益的小传统的地方文化。在农村的二元文化并存中,传统的家庭所有制与集体所有制之间存在着文化张力和冲突。尽管国家意识形态文化居于主导地位,但传统乡村文化并未完全被摧毁,依然顽强地停留在农民的文化心理结构的传承之中。对此,有论者评价道:"改变农村及农民传统文化政策至多是表面上获得了成功,最多是使这些传统习俗由明显而正式的合法形式转变为暗地的非正式的'非法的形式',某些传统信仰及价值观念仍不断流传。"②

家庭联产承包责任制在全国的推行,农村由"集体化"转向"分田到户",

---

① 毛泽东选集(第2卷)[M].北京:人民出版社,1991:663.
② 陈吉元,胡必亮.当代中国的村庄经济与村落文化[M].太原:山西经济出版社,1996:214.

多种经营方式的实行,废除人民公社,乡村社会的文化权力网络发生了巨变。"1978 年后的改革对国家政权和农民之间关系的影响,要依据这些情况来理解。今天生产队长的权力,只剩下集体农业时代的一枝半叶。从这个角度看,国家政权的触角已从每家每户向上抽回。同时,自由市场经济和农民家庭决策的部分恢复,也显示国家权力的横向收缩。"[1]家庭联产承包责任制解放了农村的生产力,充分调动了农民的生产积极性、创造性和创新性,农民成为社会主义农村现代化建设的主体。在农村推行改革大潮中,农民开阔了视野,接受了新鲜的农业科学技术知识,逐渐认识到科技兴农的重要性,农民受文化教育水平不断得到提升。改革开放以来,不断涌现出一大批有知识、有文化、懂技术、善管理、具有开放思想和创新意识的现代新型农民。家庭联产承包责任制的普遍推行,不仅极大地解放了农村的生产力,农民的温饱问题也得以解决,而且推动着农民主体意识的觉醒,推动着农村迈向现代化建设进入新征程。

改革开放伊始,邓小平就明确指出"一手抓物质文明,一手抓精神文明,两个文明一起抓。精神文明建设的核心内容就是文化建设"。[2]

1982—1986 年中共中央连续 5 年在发布的一号文件中相继提出乡村文化建设的基本要求,"在广大农村开展深入的思想政治教育和国家政策教育,并把这种教育经常化,不断对农民灌输社会主义思想,为建设具有高度精神文明和高度物质文明的新农村而努力。"[3]这一系列文件明确提出了党在乡村文化建设方面的指导方针和具体实施意见,极大地丰富了乡村文化的内涵,适应了改革开放以来农民精神文化需求,乡村文化呈现出欣欣向荣的态势,农民的精神面貌也为之一变。20 世纪 80 年代中期到 90 年代初,中共中央先后发布的《关于加强农村思想政治工作的通知》中,进一步强化对农民进行"五讲四美三热爱"的文化教育。

自 20 世纪 80 年代开始,乡镇企业在农村发展非常迅速,乡村社会由农业

---

[1] 黄宗智.长江三角洲的小农家庭和乡村发展[M].北京:中华书局,1992:322.
[2] 中共中央党史研究室.中国新时期农村的变革·中央卷(上)[M].北京:中共党史出版社,1998:465-466.
[3] 中共中央党史研究室.中国新时期农村的变革·中央卷(上)[M].北京:中共党史出版社,1998:185-186.

文明向工业文明的转型也大大加快。乡镇企业的发展,可以说是在中国独特的城乡二元结构体制下开展的"乡村工业化",在"离土不离乡"的状况下,亿万农民的身份由此发生了变化,在接受工业文明的过程中,传统乡村的面貌也得到了巨大改变,在经济发达地区,相继涌现了颇具特色的小城镇。乡镇企业从无到有,遍地开花。从经济、文化、思想观念和生活方式上推动了乡村社会的现代化变迁。不仅如此,乡镇企业模式还实现了传统的乡村社会结构从单一化到多样化形态的转变。乡镇企业吸纳了乡村社会剩余的劳动力,为城市下岗失业人员的再就业、大学生的就业做出了应有的贡献。乡镇企业、小城镇的发展和农民身份的转变,使传统的乡村文化受到极大冲击,引发乡村社会文化观念和生活方式的转变。乡镇企业从西方引进的经营方式、现代企业的管理理念和市场经济的竞争意识被更多的农民接受,并在市场经济的大潮中接受洗礼。通过商品交易,乡村社会关系网也被注入了商业化的气息,市场经济的文化和生活理念通过各种媒体传播到乡村,乡村社会的传统观念、道德理念开始松动,这方面在农民工群体体现得更加明显。农民工在家是农民,进城务工就成为社会学意义上的"工人",尽管长期在城市务工,但他们身份还是农民,但与传统农民相比,其身份已发生深刻变化。农民工的大量涌现体现了新时期乡村文化变迁的一个方面,同时也成为探索中国乡村文化转型的一条脉络。

4.2 构建乡村文化体系,满足农民多元文化需求

1989年6月,江泽民同志在党的十三届四中全会上担任中共中央总书记之后,就高度重视乡村文化建设,先后颁布了一系列文件,提出了乡村文化建设的基本理念,投入了相当多的财政资金予以支持,以满足农民群众多元文化需求,保障农民的文化权益。

4.2.1 重视乡村文化阵地建设,满足农民对文化日益增长的需求

1991年11月,党的十三届八中全会通过的《中共中央关于进一步加强农业和农村工作的决定》中提出,在农村集中进行社会主义思想教育的根本任务是:"深入开展爱国主义、集体主义和社会主义教育。""抓好经常性思想政治工作,加强社会主义精神文明建设,努力造就一代有理想、有道德、有文化、有纪律的新型农民。""重视农村社会主义文化阵地建设。开展农民喜闻乐见的健康有益的文娱、体育活动,办好农村广播,做好电影下乡和电视转播工作。"①

1995年10月,中共中央办公厅、国务院办公厅关于转发《中央宣传部、农业部关于深入开展农村社会主义精神文明建设获得若干意见》的通知。该通知提出"积极推动乡村文化发展和繁荣",切实采取得力措施,"改变乡村文化生活贫乏的状况,满足农民日益增长的文化生活需求,用丰富多彩、健康向上的文化占领农村阵地"。针对当时乡村文化贫乏的状况,提出五项具体的措施:一是切实解决电影、戏剧下乡问题;二是把倡导和组织农民读书,作为提高农民素质的重要措施来抓;三是抓好农村广播电视设施和农民群众文化工作网络建设;四是开展各种健康有益的文化体育活动;五是加强乡村文化市场的管理。该文件表明农村地区社会主义文化要想繁荣发展,不仅要用社会主义核心价值观引领乡村文化的建设,而且要采用多种形式的文化传播方式,从而能够不断满足农村居民对文化日益增长的需求,文件的颁布实施成为中国共产党的乡村文化政策由指导思想转变为"重在建设"。

20世纪90年代中后期至21世纪初,中共中央乡村文化政策在强调社会主义核心价值观成为农村价值取向的同时,也开始注重乡村文化体系的构建,"文化、科技、卫生三下乡"活动相继在全国农村地区展开。1996年10月,党的十四届六中全会通过的《中共中央关于加强社会主义精神文明建设若干重

---

① 中共中央党史研究室.中国新时期农村的变革·中央卷(中)[M].北京:中共党史出版社,1998:734.

要问题的决议》中指出："要以提高农民素质、奔小康和建设社会主义新农村为目标,开展创建文化村镇活动……继续做好文化科技下乡、扶贫工作"。①同年12月,中宣部、文化部、农业部、卫生部等10个部委联合下发的《关于开展文化科技卫生"三下乡"活动的通知》中,将文化下乡逐步推向更大范围更广领域,使"三下乡"活动常态化、制度化,成为乡村文化建设的重要组成部分。1998年10月,党的十五届三中全会通过的《中共中央关于农业和农村工作若干重大问题的决定》,提出建设中国特色社会主义新农村在文化上的目标,"坚持全面推进农村社会主义精神文明建设,培养有理想、有道德、有文化、有纪律的新型农民。加强思想道德教育,倡导健康文明的社会风尚;发展教育事业,普及九年义务教育制度,扫除青壮年文盲,普及科学技术知识;发展农村卫生、体育事业,使农民享有初级卫生保健;建设乡村文化设施,丰富农民的精神文化生活。"《决定》提出"农村精神文明建设的根本任务,是全面提高农民的思想道德素质和科学文化素质,为农村经济社会发展提供强大的精神动力、智力支持和思想保证。""发展农村教育事业是落实科教兴农方针、提高农村人口文化素质的关键。"这个决定是中共中央在总结农村改革20年基本经验的基础上,在20世纪末提出农业和农村跨世纪发展目标和具体方针,是解决"三农"问题的纲领性文件。同年11月,文化部首次颁布实施乡村文化建设的专门性文件——《关于进一步加强农村文化建设的意见》,成为引导农村构建自身文化体系建设的纲领性文件。

2002年11月,江泽民总书记在党的十六大报告中提出继续普及九年义务教育制度,提高对农村教育的财政支持,进一步完善国家资助贫困学生的政策,并适当提高支持力度。大力发展先进文化,努力改造落后文化,坚决抵制腐朽文化,发扬优秀传统文化,汲取世界各民族文化的长处。挖掘优秀民间艺术文化,加大力度扶持老少边穷地区的文化发展。文艺工作者要深入广大农村地区、深入群众、深入生活,为农民奉献更多优秀文艺作品。发展文化产业,不断满足广大农民群众精神文化需求,增强我国文化产业的竞争力,繁荣社会主义文化。

---

① 中共中央文献研究室.十四大以来重要文献选编(上)[M].北京:人民出版社,1999:2062-2063.

4.2.2 挖掘优秀传统文化价值,构建多元文化格局

改革开放以来,随着家庭联产承包责任制在农村的推行,以及受市场化和城市化大潮的影响,农村经济呈现出勃勃生机与活力,反映农村经济政治的乡村文化也发生了很大的变化。尽管如此,中国的乡村文化有其继承性、民族性、时代性、多样性等特点,但其作用一直未能发挥出来。

人类文化的发展演进是具有历史继承性和连续性的,中国乡村文化的发展和演进也同样如此。毛泽东指出:"中国现时的新文化也是从古代的旧文化发展而来,因此,我们必须尊重自己的历史,决不能割断历史"。① 文化的传承与创新是紧密相连的,重视历史文化并非兼收并蓄,全盘照抄照搬,而是批判继承、推陈出新。农村地区文化建设也同样如此。改革开放以来的乡村文化不应是对传统乡村文化的扬弃,而是应在继承传统优秀乡村文化的基础上,顺应时代发展的潮流,不断地进行创新。乡村文化通过民族文化娱乐形式来反映现实社会生活,丰富农民的精神文化生活。中华民族是由多民族组成的大家庭,各民族有独特的历史文化,采用不同的文化形式表现本民族文化的特色。改革开放以来,乡镇企业的蓬勃发展和市场经济的影响,农村剩余劳动力进城务工形成"农民工"大潮,涌现出"离土不离乡""离乡不离土""离土又离乡"的新型农民,极大地改变了农村的社会结构。这种变化必然对农民的思想观念和乡村文化权力网络带来巨大的影响,农民的价值观念、道德意识、思想认识等方面必然会适应时代发展出现新问题、新特点。随着不同所有制经济的发展,文化与经济联姻,传统乡村文化、西方文化、城市文化相互交织、相互激荡,被农民改造、吸收、认同,共同构成乡村文化多元性的新景观。农民物质生活水平的提高,精神需求也随之膨胀,各种宗教也向农村渗透,在农村有其各自的受众,形成宗教文化的多元共存。无论是西方文化,还是各种宗教文化的涌入,相互之间的激荡和渗透,使乡村文化呈现出泥沙俱下的态势,既有积极作用,也有消极影响。农民在汲取优秀文化的同时,其中的糟粕与农民的自

---

① 毛泽东选集(第2卷)[M].北京:人民出版社,1991:708.

私自利、小农意识等阴暗面相互交织，必然影响乡村文化的健康发展。在引进、消化、吸收的过程中，要积极引导农村主流文化，弘扬正能量，抵制农村腐朽落后的有害文化。为农民自发的群众文化活动提供平台，发挥农民在发展庙会文化、村落文化、社区文化、节庆文化等方面的主体作用，共同构建多元文化并存的格局，进而能够满足农民群众的精神文化需求。

乡村文化建设立足本土文化，深入挖掘农村传统文化，把富有民族传统和地域特色的民间文化通过举办活动展现在世人的面前。开发农村的传统文化中独具特色的民间手艺，使其成为特色文化品牌传承下来。在建设乡村文化的路径选择上，要呈现出城乡文化互动的态势，城乡文化携手共同发展。在农村城市化进程中，由于城乡二元结构的存在，城乡差距进一步加剧，城乡文化也不例外。在现代化建设实践中，"城市不仅是创造新文化、新知识的场所，而且也是文化高密度交流的地方。城市的社区文化建设、企业文化建设、校园文化建设，都远远高于农村。这些积累的先进经验，可为乡村文化建设提供有益的借鉴；将城市里图书馆、博物馆、电影院等强势文化资源向农村流动，又可以形成以城带乡、城乡文化资源一体化的文化事业协调发展的格局。"[①]由于文化科技卫生"三下乡"活动推行已经取得了显著成效，对推进乡村文化体系建设，发挥了非常积极的作用。乡村文化建设采取以人为本的价值取向上，开展让乡村居民喜欢的、容易接受的文化活动，同时也能够推进乡村特色文化的发展。

乡村文化建设取得一定效果的同时，在市场化发展进程中也暴露出一些问题。农民获得了土地的承包经营权，并对种植在土地上的农产品拥有自主支配权。改革开放以来，农村地区推行的经济和政治体制的改革措施，不仅解放了农村的社会生产力，而且也是国家政权与乡村社会关系的重新建构。农民思想上的自主性、独立性开始涌现出来，在此背景下，中华人民共和国成立后宣传的集体主义的价值与道德开始发生动摇，受传统儒家伦理思想熏陶和中华人民共和国成立后强调为国家和集体做贡献的思想影响下，个人服从于国家集体和利益，个人权利被消融。改革开放以来，这种思想控制被取消之

---

① 陈文胜，陆福兴.新农村文化建设的战略思考[J].中国发展观察，2006(12)：41-44.

后,人性中本能的自私自利伴随着市场经济大潮开始涌现出来。个人主义、拜金主义盛行,这是一种只关注权利、个人利益而忽视义务和责任的个人主义。如果说集体主义过分强调集体利益而忽视个人权益,那么这种个人主义则强调国家对个人权利的保障,而忽视个人对国家和社会的责任。在这种文化思想中,传统的儒家伦理道德逐渐消解乃至沦丧,以物质财富作为衡量人们成功与否的标准和价值取向。市场化大潮加剧了传统乡村社会孝道文化走向衰弱,唯利是图、重利轻义等道德失序现象比比皆是。

4.3 聚焦"三农"问题,进行社会主义新农村文化建设

进入新世纪以后,"三农"(农业、农村、农民)问题更加突出,成为现代化建设进程中的短板。"三农"问题日益成为学界研究的一门显学,党中央不仅注意到"三农"问题的重要性,而且提出解决这个问题的一系列方针。2002年11月,胡锦涛在党的十六届一中全会上当选为总书记。2004年中央一号文件就聚集"三农"问题,这是进入新世纪党中央第一次将一号文件致力于解决"三农"问题,也是党的历史上时隔18年之后中央一号文件再次关注"三农"问题。解决"三农"问题贯穿于胡锦涛担任总书记始末,成为胡锦涛担任10年总书记期间的一个亮点。以胡锦涛同志为总书记的党中央,审时度势,从中国乡村社会的实际情况发展,提出建设"社会主义新农村"一个重大的战略,建设一个文明和谐、生态良好、充满活力、富有现代气息的乡村文化体系,为实现农村现代化奠定基础。

4.3.1 聚焦"三农"问题,重构乡村文化体系

1978年,肇始于安徽省小岗村"包产到户"的家庭联产承包责任制,开启了农村改革开放的序幕,极大地解放和发展了乡村社会生产力,农村物质生活水平提高的同时,精神文化生活也呈现出繁荣发展的态势。近年来,"三农"

问题日益凸显,越来越受到社会各界的关注。为解决"三农"问题,中共中央和国务院先后颁布实施了有关乡村文化建设的文件,提出振兴乡村文化的对策。乡村文化建设力度明显加大,取得了蔚为壮观的历史成就。由于各种历史原因,在市场化大潮和城镇化进程中,乡村文化建设不仅滞后于经济建设,不能满足人们日益增长的文化需要;由于传统乡村文化走向衰落,新的乡村文化体系构建乏力,因此如何重构乡村文化体系,从而为社会主义新农村文化建设提供智力支持,成为一个时代课题。

进入新世纪,"三农"问题日益凸显,党中央和国务院也极为重视,先后下发解决"三农"问题的决议、指导方针和具体措施。2002年3月,文化部、国家计委、财政部联合下发《关于进一步加强基层文化建设的指导意见》。虽然肯定了基层文化建设取得了一定的成就,但重点指出乡村文化建设还存在许多的问题,诸如文化生活贫乏,"愚昧迷信活动抬头,腐朽思想蔓延,'黄、赌、毒'等社会丑恶现象沉渣泛起",非法宗教活动猖獗,严重影响社会稳定。为解决这些问题,提出"加快推进基层文化设施建设"、"努力建立一支稳定的专兼结合的文化队伍"、"积极开展丰富多彩的文化活动"、"切实加强领导并落实各项保障措施"。同年4月,共青团中央联合文化部共同颁布实施《关于切实加强农村青年文化建设的意见》,这个文件指出要从四个方面提出加强农村青年文化建设:一是大力开展农村青年文化活动;二是积极培育农村青年特色文化项目;三是重点培养农村青年文化带头人;四是加强农村青年文化阵地建设。加强农村青年文化建设,不仅可以提高其自身文化素质,提高其适应市场的能力,而且可以促进农村青年在吸收、传播、创造先进文化发面发挥积极作用。更重要的是可以充分发挥与调动农村青年文化创新的动力,为农村现代经济发展提供精神动力和智力支持。

2003年中央一号文件的核心思想就是推进农村税费改革,减轻农民负担。改革后对农村义务教育的投入,确保不能低于改革前对农村教育的投入,并实现逐步有所增长,实现"保工资、保运转、保安全"的基本目标。针对广大乡村教师工资发放由乡财政甚至由村委会负责,很多地方面临中小学教师工资得不到保障的困境,中央提出要将农村中小学工资发放收归到县级财政负责,设立教师工资专户,按国家规定标准足额发放,不能再有新的拖欠。农村中小学正常运转所需经费不足部分,由县级财政给予补助,加快农村义务教育管理新体制建设。

2003年10月召开的党的十六届三中全会高度重视"三农"问题,提出对农村耕地还是要以家庭承包为基础,但制度要不断完善,要统分结合规模农场制的双重管理经营模式,进一步保障农民对土地承包经营的各项权利。农村税费改革大大减轻农民负担,受到普遍欢迎。如果不能对县乡机构改革和农村义务教育等配套改革,已经减轻的农民负担会出现反弹。2003年中国尚有5%的青壮年文盲,普及九年义务教育的人口覆盖率为85%,还需要进一步加大对教育的投入。随着政府对教育大幅度的增加投入,农村义务教育更加普及,乡村文化建设也随之呈现出良好态势。

2005年11月,中共中央办公厅、国务院办公厅共同发布:关于《进一步加强农村文化建设的意见》,这个报告不仅对改革开放以来乡村文化政策取向和转向进行了系统总结,也对未来乡村文化建设的总体布局进行了规划,是21世纪以来党中央制定的乡村文化重在建设的又一个更权威的纲领性文件。《意见》将乡村文化建设提高到"建设社会主义新农村、满足广大农民群众多层次多方面精神文化需求的有效途径"的高度。同时鲜明地指出乡村文化建设的主要问题是"文化基础设施落后,现有资源尚未得到有效利用,文化体制不顺、机制不活,文化产品、文化服务供给不足,文化活动相对贫乏,城乡文化发展水平差距较大。"在加强农村公共文化建设方面,提出了六条措施:一是大力推进广播电视进农村;二是在农村积极开展电影放映活动;三是在农村开展移动文化信息服务;四是推动服务"三农"的书籍出版发行;五是加强乡村文化基础设施建设,充分发挥农村中小学教师在开展乡村文化活动方面的作用;六是加大向乡村文化建设方面倾斜资金和政策。

在农民群众精神文化生活丰富方面,动员全社会力量支持乡村文化建设,实行多年的文化科技卫生"三下乡"活动,其实际上是以外部"输血"的文化形式来推动乡村文化建设,而要想从根本上塑造乡村社会自身文化,重点还是需要从乡村内部激活"造血"功能,发挥农民在乡村文化建设中的主体性作用,积极引导,从而重塑乡村文化价值体系,促进乡村文化实现由传统向现代转型。

随着中国经济的快速健康发展,国家综合实力的不断提高,为切实减轻农民负担,自 2006 年 1 月 1 日起废止《中华人民共和国农业税条例》。这意味着在中国沿袭两千年之久的传统税收的终结,交"皇粮"的历史一去不复返了。作为政府减轻农民负担的重要举措,减税不仅增加了农民的收入,另外还符合"工业反哺农业"的国家政策。城乡两套不同税制,是中国城乡二元经济结构的突出表现,不仅有失公平,更进一步加剧了城乡居民收入差距扩大的趋势。中央一号文件提出推进社会主义新农村建设,取消农业税,是中央对城乡经济和社会发展不平衡政策适时做出的重大调整。

从 2003 年到 2012 年,连续十年党中央一号文件都是聚焦"三农"问题,这也是继改革开放初期之后,党中央对"三农"问题的再次加大关注。"三农"问题也随之成为思想界、理论家和学界研究的热点。党中央的乡村文化政策开始转向以统筹城乡发展为核心,在一系列惠农措施的基础上,提出加快城乡文化一体化发展的步伐,让农民共享改革开放的成果,不断满足农民日益增长的文化需求和精神追求。

4.3.2 建设社会主义新农村文化,推进城乡文化一体化

以胡锦涛同志为总书记的党中央提出社会主义新农村建设目标后,过去学术界很少研究的"三农"问题快速成为政界、思想界、理论界、学术界关注和研究的新热点问题。建设社会主义新农村并非一个新概念,20 世纪 50 年代已经曾多次使用类似提法,进入新世纪中国现代化建设快速推进的历史背景下,党的十六届五中全会提出建设社会主义新农村的策略具有深远的历史意义,其要求也更加全面。新农村建设是我国总体上进入小康社会以后,现代化建设进程中转入以工促农、统筹城乡协调发展的新阶段后面临的崭新课题,是时代发展的历史必然要求。

2006 年 2 月,中共中央下发一号文件《中共中央、国务院关于推进社会主义新农村建设的若干意见》,其主题是建设社会主义新农村,即"生产发展、生活宽裕、乡风文明、村容整洁、管理民主",凸显了乡村文化政策的新取向。文件强调指出"提高农民整体素质,培养造就有文化、懂技术、会经营的新型农

民"。"积极开展多种形式的群众喜闻乐见、寓教于乐的文体活动,保护和发展有地方和民族特色的传统优秀文化,创新乡村文化生活的载体和手段,引导文化工作者深入农村,满足农民群众多层次、多方面的精神文化需求。扶持农村业余文化队伍,鼓励农民兴办文化产业。加强乡村文化市场管理,抵制腐朽落后文化"。"大力弘扬以爱国主义为核心的民族精神和以改革创新为核心的时代精神,激发农民群众发扬艰苦奋斗、自力更生的传统美德,为建设社会主义新农村提供强大的精神动力和思想保证。"①引导农民崇尚科学,抵制迷信,移风易俗,破除陋习,树立先进的思想观念和良好的道德风尚,提倡科学健康的生活方式,在农村形成文明向上的社会风貌。

2008年10月,党的十七届三中全会通过《中共中央关于推进农村改革发展若干重大问题的决定》,总结了过去30年农村改革的经验,并提出发展乡村文化,建设社会主义新农村的政策和建议。也就是意味着随着中共中央开始统筹城乡一体化发展,乡村文化建设也纳入了政府规划,同时特别提出,要制定系统完善的策略,努力缩小城市文化与乡村文化的差距,加快城乡文化一体化的系统构建。

2012年11月,胡锦涛总书记在党的十八大报告中提出:"倡导富强、民主、文明、和谐,倡导自由、平等、公正、法治,倡导爱国、敬业、诚信、友善,积极培育和践行社会主义核心价值观。""坚持面向基层、服务群众,加快推进重点文化惠民工程,加大对农村和欠发达地区文化建设的帮扶力度,继续推动公共文化服务设施向社会免费开放。开展群众性文化活动,引导群众在文化建设中自我表现、自我教育、自我服务。开展扫黄打非,抵制低俗现象。普及科学知识,弘扬科学精神,提高全民科学素养。""大力促进教育公平,合理配置教育资源,重点向农村、边远、贫困、民族地区倾斜,支持特殊教育,提高家庭经济困难学生资助水平,积极推动农民工子女平等接受教育,让每个孩子都能成为有用之才。"

很多学者认为,社会主义新农村建设是通过发展社会生产力,实现缩小城乡差距、建设小康社会。不仅要打好农村的经济基础,也要系统地建设农村的

---

① 中共中央、国务院关于推进社会主义新农村建设的若干意见[R].中华人民共和国国务院公报,2006(11):11-12.

经济、政治、社会、文化和生态文明。"社会主义新农村建设是包括物质文明、精神文明和政治文明的多元化目标体系建设。"①农村经济建设依然是新农村建设的中心问题,当前农村经济发展远远滞后于城市,严重制约农民生活水平,这也是影响实现中国社会进入小康阶段的一个重要因素。如果农村经济增长缓慢甚至倒退,农民的实际收入长期得不到提高,新农村建设也就变成水中花镜中月。唯有农村经济发展,农民收入大幅提高,广大农民实现物质文明之后,才能进一步促进农村精神文明和政治文明建设。也有学者指出,目前持续增加农民收入已变得困难重重,城乡差距进一步拉大,故此,需要调整单纯依靠增加农民收入为中心的农村政策,从社会和文化等方面增加农民的整体福利,是新农村建设发展的新方向。乡村文化建设是目前新农村建设中最有价值,也是最具有可操作性的领域。通过新农村文化建设,农民的福利将会大幅度有效增加,同时提高农民的精神文化生活水平,对于推进社会主义新农村建设,发挥非常重要的作用。

随着农村经济的不断增长,农村居民生活水平也在不断提高,农村居民对精神文化生活的需要也日趋强烈,因此加强社会主义新农村文化建设迫在眉睫:首先,农村地区文化建设不仅是解决"三农"问题的着力点,也是落实科学发展观的重要措施;其次,不论是农业发展、农村进步,还是农民致富奔小康都离不开文化教育提供强有力的支撑,加强农村地区文化建设也是建设社会主义新农村的题中应有之义;最后,新农村文化建设不仅是提高农民科学文化素质的途径,也是农民思想道德水平提高的途径,同时也满足农村居民文化需求的途径。然而,在社会主义新农村建设中,出现许多新矛盾和新问题,对于出现的这些问题如何应对? 如何进行新农村文化建设等方面认识不同。

有学者指出,当前乡村文化建设中,问题主要表现在以下五个方面:首先是农村地区师资力量薄弱,缺乏文化传播者;第二是乡村地区文化基础设施薄弱;第三是乡村文化市场化程度太低,文化素材太少;第四是农民文化水平普遍偏低、文化素质较差,新文化接受比较慢;第五是部分农村干部对文化建设不够重视。他们提出应采取如下措施:一要加强领导,集中精力,高度重视乡

---

① 王再文,李刚.我国社会主义新农村建设研究综述[J].经济问题,2007(2):82-84.

村文化建设;二要转变观念,多渠道筹集资金,加强乡村文化阵地建设;三要加强乡村文化市场管理,更加贴近民情,保障乡村文化市场的有序发展;四要坚持"以城带乡,以城促乡"①的新乡村文化建设模式,建设农村特色文化。也有学者认为,当前中国新农村文化建设中存在着几个不容忽视的重大问题:首先是农村出现"信仰缺失"和"文化真空"的问题;其次是城市与乡村文化差距日趋拉大,乡村文化逐步被边缘化;第三是乡村文化体系中农民主体地位缺失;第四是乡村文化基础设施严重不足。针对这些问题,他们提出社会主义新农村文化建设是一个复杂而系统的工程,不仅要处理好主流文化与亚文化之间的关系,而且要处理好文化建设与经济发展之间的关系,另外还要处理好农民自办文化与国家推行文化之间的关系。同时,他们还提出四项具体对策:其一,以农民实际需要为导向,加快新农村文化的发展和创新;其二,以传统文化为平台,加快乡村文化与现代文化的融合;其三,以村镇现有优秀文化为推手,带动新农村文化有序、健康、全面发展;其四,要将"乡村文化建设纳入政治和经济发展规划和建设之中"。② 还有学者指出,新农村文化建设的关键在党委和政府,需要他们发挥主体角色和主导地位。然而,当前新农村文化建设却存在着政府缺位和经费投入不足、领导认识不到位和领导乏力、文化体制不顺与服务不到位等问题。他们提出新农村文化建设,不仅要调动农民积极性,更需要"发挥党和政府的主体职能,建立包括强化领导机制、理顺管理体制、建立健全公共文化服务体制、建构全社会支持等长效机制"。③ 也有部分学者指出,随着乡村社会阶层分化,不同社会阶层对文化需求也存在参差不齐的状况。"针对农民不同社会阶层和不同文化需求,建立新农村文化建设的长效机制"。④ 而农村原有的村落文化是传承优秀文化遗产的根基,是推进先进文化建设的文化源泉所在,因此,应"充分发掘村落文化中优秀的资源和遗产,进一步建设社会主义新农村先进文化"。⑤

---

① 朱保安.农村文化建设中存在的主要问题及发展对策[J].河南社会科学,2005(1):133-134.
② 崔海兴,郑风田."三农"视角下的农村文化建设:问题与出路[J].现代农业科学,2009(2):124-126.
③ 贾德先.构建新农村文化建设长效机制初探[J].中共四川省委党校学报,2006(12):55-58.
④ 傅安平.农村不同社会阶层的文化建设探析[J].农村考古,2007(3):165-167.
⑤ 秦树里.发掘村落文化资源,建设社会主义先进文化[J].河南社会科学,2005(5):137-138.

改革开放以来,党中央的乡村文化政策保持了连贯性,无论发展到哪个时期,都会强调社会主义精神文明建设的重要性,同时又会根据农村经济的实际发展需要,不断进行文化政策的调整,从而能够顺应时代发展的需要,最终目的是为农村现代化建设提供精神动力和文化需求。2007年国家财政对乡村文化建设投入共计56.13亿元,比2006年增长25.9%。"十一五"期间,国家财政拨款39.48亿元,新建和扩建乡村文化站共计2.67万个,到2010年"乡乡有文化站"的目标基本实现。2007—2010年,中央专门安排财政资金3亿元,为乡村文化机构配备1000多辆流动舞台车,为广大农民提供灵活、多样、方便的文化服务。随着农民物质生活水平的提高,农村积极组织自办文化娱乐活动,诸如歌舞晚会、广场舞、扭秧歌、民间乐队等文艺形式,在满足农民的文化需求方面扮演着积极作用。

在城市化进程中,大量的农村土地被征用,许多农民离开世代耕种的土地,成为失地农民。由于中国社会保障体系建设还很不完善,城乡发展不平衡,加之城乡二元结构的体制性障碍,失去赖以生存的土地的农民,面临着身份转换的文化适应,很难成为真正的市民,被迫成为游离于城乡间的边缘群体和弱势群体。此外,在部分地区,某些政府官员为了政绩,在推进城市化进程中赶农民"上楼",在完善的社会保障体系尚未建立起来时,这些称为"市民"的农民,不得不面临着城市生活的一系列困难。这些农民的市民化不仅仅是简单的法律上的户籍转变、身份认同问题,更重要的是要让他们有市民的归属感,对城市文明与工业文明的适应。文化适应是社会转型中的深层次问题,往往滞后于经济基础和社会变革。对他们而言,尽管身份上由农民转化为市民,身处工业文明和城市文明的包围之中,但文化观念上小农意识依然十分浓厚,保守落后的文化观念仍然较为强烈,开放意识、进取精神、创新精神有待进一步提高。传统文化与现代文化、城市文化与乡村文化相互交织在一起,从而可能会引发文化冲突。

4.4 改革开放以来乡村文化建设的经验总结

改革开放初期,在农村推行的家庭联产承包责任制极大地鼓舞了农民的生产积极性,解放了农村的社会生产力,可以说是对原有的高度集中的计划经济体制的一次方向性大调整。为了不断推进乡村社会的改革,中共中央从1982年到1986年连续五年发布的中央一号文件都涉及农村改革,农村的面貌发生了极大的改变,农业生产逐年增加,农民不仅解决了温饱问题,还有了剩余的粮食。农民的物质生活得到基本满足之后,农民的精神文化生活也呈现出蒸蒸日上的景象。为提高农业生产力,农民不仅将科技文化与农业生产结合起来,而且尤为重视下一代的文化教育,追求知识成为当时的时代风尚,整个社会兴起了学习文化教育的热潮,甚至出现大学生被誉为"天之骄子"的景象。20世纪80年代中后期,随着国家政策的调整,改革开放的重心开始转向城市,农村逐渐沦为城市的附庸,为城市的发展提供动力,乡村社会的发展逐渐放慢,一度受到忽视,城乡之间差距进一步拉大,到20世纪末,"三农"问题的严重性再次凸显出来。20世纪90年代初,面对党内存在的有关"姓资"、"姓社"的激烈争论,改革开放的总设计师邓小平"南方谈话"中提出计划和市场不具有社会制度的属性,计划和市场是经济调节的方法,社会主义也有市场,应该建立国家调节市场,市场引导企业的经济运行机制。党的十四大报告中提出中国经济体制改革的目标是建立社会主义市场经济,建立完善的市场经济体制,这是中国经济体制的一个重大变革,必然对社会的各个方面产生较大的影响。在这种背景下,传统的乡村文化秩序必然面临市场化的冲击,随着城市化进程的加速发展,农村也被卷入进去,农村青壮年劳动力流向城市后,农村留下的大都是留守儿童和孤寡老人,甚至出现"空心村"的现象,在市场化和城市化的双重冲击下,传统乡村文化和伦理道德不可避免地衰落了。为扭转这种局面,中央提出统筹城乡一体化发展,破解城乡二元格局,在植根于传统文化的基础上,构建新时代乡村文化策略,重塑乡村文化的价值及其认同,为实现农村现代化提供精神动力和智力支持。改革开放以来,中国共产党领导的乡村文化建设取得了丰硕的成果,也积累了一些基本经验。

4.4.1 加强党对文化建设的领导,唤起农民的文化自觉

在乡村文化建设进程中,党和政府要向广大农民群众灌输"他们是乡村文化的建设者和享有者"的理念,农民既是乡村文化最核心的资源,也是乡村文化建设的基本依靠力量。在乡村文化建设中要唤起农民的自觉、尊重乡村、尊重农民的首创精神。首先,党和政府要充分发挥公共文化服务的功能,将文化融入社会经济发展的大格局中。在国家建设的总体布局中,公共文化服务仅仅是其一环,由于体制方面的原因,很多地方特别是偏远农村地区的文化服务设施和当地经济的发展很不协调。在乡村公共文化服务体系建设时,只有将文化融入教育、科技、民俗等各项事业中,文化和社会相互依存,才能充分发挥各级政府的作用。其次,在党的领导下,发挥地方文化的作用,让文化发展适应地方社会经济发展,更加接地气。不少地方文化发展不接地气,诸如在"文化三下乡"中,知名艺术家通过参与"三下乡"活动到偏远的乡村演唱,由于水土不服,让地方政府苦不堪言。"文化三下乡"活动一定要与地域文化、乡土文化相结合,否则就会失去意义。最后,党和政府要制定政策,培养乡村文化建设的新人。各地党和政府要千方百计培养乡村文化建设者,吸引更多的年轻知识分子投身于乡村文化建设,挖掘乡村文化的价值,尤其对各地坚守非物质文化遗产传承的新人进行大力支持,让那些投身于乡村文化建设者看到希望。

4.4.2 大力发展乡村教育,坚持以乡村为本位

改革开放以来,从实行家庭联产承包责任制,到 1982—1986 年连续 5 年中央一号文件解决农村问题;从"费改税"到废除农业税,到给农民以种粮补贴;从"三农"问题的提出到建设社会主义新农村,再到乡村振兴战略的提出,无不都是在致力于解决"三农"问题。随着农村生产力的解放,农村经济开始走上了稳定发展的轨道,从而为乡村文化的发展奠定了物质基础。1982 年 9

月,党的十二大报告指出"普及教育是社会主义建设的重要前提",①之后党的十三大还强调要把教育事业放在优先的战略位置。教育优先思想是党的教育思想重大发展,也是我国文化建设的重要内容。在教育优先思想的指导下,乡村教育事业全面推进,学生辍学率不断降低,义务教育在农村得到不断普及和发展。在注重文化教育的同时,成人教育、道德教育、技术教育和法治教育也在乡村得到了更多发展和重视。

大力发展乡村教育,为实现农村现代化和步入小康社会提供智力支持。农民文化素质的高低,直接影响"三农"问题的解决和农村走向现代化的实现。改革开放以来,不断提高广大人民群众的思想道德素质和科学文化素质成为乡村文化建设的主要内容。首先,重视乡村文化人才队伍的培养。其次,加大资金投入改善乡村文化基础设施建设。第三,大力宣传典型,弘扬社会正气,扫除社会丑恶现象。在开展乡村文化教育时,要因地制宜,采用灵活多样的方式,避免单纯的理论说教,纯粹的灌输,运用典型示范、寓教于乐的方式,雅俗共赏,形成农民易于接受的方式,不断提高农民的文化教育水平。加大财政投入,建设乡村文化建设中心,丰富农民的精神文化生活,组织"文化宣讲团""文化小分队""技术宣讲团""法律咨询服务队"等文化下乡活动,使农民通过寓教于乐的方式自觉接受文化教育。乡村文化建设要通过文化教育和职业教育提升农民素质,适应现代社会,增加就业机会。恢复本土文化,激发村民的认同感和自豪感,让农民不再将眼光仅仅看向城市,并非城市所有的东西都是好的。乡村的很多优秀的传统文化的价值仍然需要传承,需要发扬光大,要让农民认识到乡村文化的发展前景,树立乡村文化自信。

4.4.3 不仅弘扬传统文化,而且要吸收外来文化精华

从人类文明传承的角度来审视,中华优秀传统文化蕴含的价值以及由此对国家意识、民族意识的召唤高于物质财富的价值。随着人民生活水平的提高,农村居民在满足了基本的物质生活条件后,很自然地就会不断增加对精神

---

① 认真学习十二大开幕词:1982年9月24日在中共中央党校的讲话[M].中共中央党校出版社.1982:9

层面的需求。我们必须充分利用传统优秀文化资源,把弘扬传统文化作为重要的任务,使全体人民保持昂扬向上的精神状态。使传统优秀文化,古为今用,取其精华,弃之糟粕。传统乡村文化是中华优秀文化的根脉,为民族发展提供生生不息、团结奋进的不竭动力,应该引导其走向现代化转型的康庄大道,为当代乡村文化建设和解决"三农"问题服务。

经济全球化的大背景下,中国不可能独善其身,中国的改革开放使中国从封闭走向开放,迈向世界舞台中心,同样,乡村文化建设也是在全球化背景下推进,要把走出去和引进来相结合。"加强对外文化交流,吸收各国优秀文明成果,增强中华文化国际影响力"。[①] 西方文化有精华,也有糟粕,在借鉴西方优秀文化和乡村文化建设经验的基础上,要进行科学分析,有比较有鉴别地吸收,并与中国传统乡村文化相结合,为我所用。既要以开阔的视野和心胸审视西方文化,也要增强文化自信,促进中西文化的交流,实现乡村文化的多元化发展。而实现乡村文化多元化的发展就需要更加开放的文化环境,没有开放的文化环境,乡村文化建设将会停滞不前,甚至倒退。因此,乡村文化建设不仅要把国外先进的文化基因引进来,与中国文化进行融合发展,同时也要把中国经典的乡村文化进行包装和传播,让世界各国人民能够接受,引进来和走出去相互融合,这样对外开放和各种文化之间进行交流成为文化发展的驱动力,中国乡村文化的发展在开放的环境中才能走上良性发展之路,否则会陷入文化缺乏活力的怪圈。

---

① 十七大以来重要文献选编(上)[M].北京:中央文献出版社,2009:28.

第5章 新时代乡村文化体系构建策略

党的十八大以来,以习近平同志为核心的党中央对"三农"问题高度重视,特别对建设社会主义新农村、建设美丽乡村提出了一系列有关"三农"问题的"新理念、新论断、新举措"。强调乡村文明是中华民族文明史的主体,村庄是这种文明的载体,耕读文明是中国的文化软实力。乡村文化的根脉不能断档,因为农村不仅是中国传统农耕文明的发源地,更是蕴含着华夏文明的核心文化精髓。新农村建设要保留乡土味道,乡村风貌,传承乡村文化,注意生态环境保护,发展具有民族特色、地域特色的美丽古镇。这些论述,不仅对解决"三农"问题有很强的针对性,而且对推进中国农村经济社会发展全局都具有重大指导意义。美丽乡村建设的历史文化渊源也得到了揭示,同时为美丽乡村建设指明了方向。在乡村文化建设方面,党中央、国务院先后下发了一系列文件,仅2015年在公共文化服务方面,就相继推出几个纲领性的文件:《关于加快构建现代公共文化服务体系的意见》《关于深入推进农村社区建设试点工作的指导意见》《关于推进基层综合性文化服务中心建设的指导意见》《"十三五"时期贫困地区公共文化服务体系建设规划纲要》,这些政策的出台,引导向农村地区投入更多的文化建设资源,加快推进农村地区基本公共文化服务标准化和均等化发展。党的十九大报告指出:"推动城乡义务教育一体化发展,高度重视农村教育。"新时期乡村文化建设以此为导向,推进城乡融合发展的教育体制,推进教育公平,保障学有所教,乡村文化建设必将迈上一个新的台阶、新的高度。在党的十九大报告中习近平总书记指出:"经过长期不懈的努力,中国特色社会主义进入了新时代",这是对中国发展到新的历史方位的科学判断。进入新时代,为破解"三农"问题,党中央提出实施乡村振兴战略。新时代乡村文化建设坚持哪些原则?面临哪些困难?原因何在?乡村文化建设的实施路径有哪些?又有哪些保障体系?本章将就对这些问题进行探讨。

5.1 新时代乡村文化建设面临的挑战

20世纪末,随着中国特色社会主义市场经济体制和城市化进程的加速发展,农村剩余劳动力也加速流向城市,在城市化建设的浪潮中,成为独具特色的农民工群体。他们离开乡土社会,导致农村出现青壮年劳动力进城务工,留在农村的是留守儿童、孤寡老人,甚至有些地方出现"空心村"的现象。由于城乡二元体制的存在,在城市化和市场化大潮中,城乡差距拉大的趋势日趋明显。在城市化进程中,失去土地的农民被迫流动到城市谋生,然而,由于配套的社会保障体系不完善,失去土地的农民在缺乏基本生活保障的情况下,对身份转换认同出现危机感、自卑感和焦虑感。无论是进城务工的农民工,还是失去土地的城中村和城郊的农民,他们虽然生活在城市,但由于自身的小农习气,文化观念上短期内很难适应城市文化的要求,他们身上呈现出城乡二元性的观念,身处现代都市文明之中,但先天浓厚的小农意识在他们身上依然表现得十分显眼,他们身上城乡文化的交融激荡也使他们很难与城市的市民享受同等待遇,他们成为游离于城乡之间的弱势群体,同时也成为城乡一体化进程的一个难题。

5.1.1 乡村经济和文化发展滞后

从历史上来看,乡村文化是中华文化的根基和血脉所在,传统中国城乡文化本为一体,近代以来,随着城市化和现代化的推进,城乡文化发展呈现不平衡的格局。中华人民共和国成立后,城乡文化发展不平衡的格局不仅没有被打破,由于长期实行城乡二元文化结构,城乡文化发展差距的局面进一步被拉大,重城市轻乡村的格局一直延续到当下。城乡分离导致城乡文化建设的发展极不平衡,城乡文化尚未形成良性互动机制。城市文化扮演着精神文明的支柱,乡村文化则处于从属的地位。

传统二元格局下的"城市优先"政策,不仅导致农村经济发展滞后,同时也在制度上束缚了城乡文化的双向互动,城市居民对城市文化有天然的优越感,漠视乡村文化,想当然地认为乡村文化落后,农民贫穷、保守、愚昧无知等,导致城乡文化互动运行基础薄弱,不能适应时代需求与城市现代文化的融合。城乡文化互动机制的制定、执行等不完善,也是城乡文化未能形成双向良性互动的原因。乡村文化在管理服务体制上,更多地注重管理,服务意识不强,"送文化"下乡多于传承培育当地文化。乡村文化建设尚未建成法律保障体系,乡村文化建设在现代化建设中应该扮演着重要角色,中央一号文件多次强调加强乡村文化建设,但尚未有一部完善的乡村文化建设法规,乡村文化建设处于无法可依的状态。由于受几千年封建专制政治制度及其专制文化的影响,中国农民身上大多具有依附、顺从的意识和心态,农民的民主意识和法治观念较低。腐朽的专制文化相当大程度上阻碍农民现代化意识的转变,对主流文化价值认同度有待提高。封建迷信在农村中仍有相当大的市场,不仅能削弱农村基层党组织的领导,扰乱正常的社会秩序,还会腐蚀农民的心理,影响乡村社会风气。乡村社会的宗族情结引发乡村治理问题,在村支部书记和村民委员会选举中,家族势力大者往往依靠人多势众占据优势,乃至形成村霸,成为阻碍乡村法治建设和文化建设的一股力量。

改革开放以来,党和政府虽然把提高农民的生活水平置于国家工作重心地位,但城乡文化断裂未引起足够重视。在以唯 GDP 为考核的制度下,经济建设处于绝对主导地位,而文化建设一定处于从属地位,"经济发展对文化建构的僭越和替换,进一步加剧了文化退化的趋势。"[1]"由于对现代化理解过于片面,长期以来形成城市文化代表先进文化,乡村文化代表落后文化的现象,从而导致城市文化基本上占领了乡村文化的大部分阵地。"[2]在农村快速城镇化进程中,过分追求物质层面的城镇化,使乡村文化建设陷入"贫困"和"滞后"的双重困境,"使城市化演变为城市强势文化的入侵和乡村文化节节败退、无力应对而日渐边缘化、弱势化。"[3]

---

[1] 樊晓燕.农村文化在城市化背景下面临的困境思考[J].西安交通大学学报(社会科学版),2016(2):58-64.
[2] 曹爱军.农村公共文化建设模式的演进:回溯与展望[J].农村经济,2012(7):101-104.
[3] 李长健,陈占江.农村文化转型的化阻机制探析[J].理论研究,2005(5):56-59.

当前,尽管党和政府高度重视乡村文化建设,各级政府也相当重视,但重视力度明显不够,认识不够到位,因此,财政和人力投入不足,成为制约乡村文化建设的巨大难题。国家财政投入不足是乡村文化基础设施建设上薄弱的核心因素,资金投入在乡村文化建设中扮演着关键角色。长期以来重经济发展轻文化建设的现象普遍存在,以至于政府对文化建设资金投入严重不足,文化经费在国家财政支出比例偏低。即便在偏低的文化建设支出中,对城市文化建设的投入远远高于乡村,近年来虽然国家财政支出总量上不断提高,但远远跟不上乡村不断增长的文化需求,财政资金投入不足,已经制约了乡村文化基础设施建设,从而影响乡村文化的建设。

乡村文化要步入良性发展的轨道,拥有充足的文化建设资金是基础,而融资困难一直是乡村文化发展面临的巨大难题。据中国社科院发布的《"三农"互联网金融蓝皮书》表明,自2014年以来,中国"三农"金融缺口超过3亿元。尽管中央一号文件中多次强调增加资金投入,破解农村发展融资难的问题,但随着投资总额的不断增长,"三农"投资金额并未明显增长。据《中国惠普金融发展报告(2016)》,服务于"三农"的贷款仅为8%左右,融资困难成为乡村振兴和乡村文化建设的难题。此外,各地农村集体经济发展状况的好坏也决定着乡村文化建设的好坏。集体经济起步早,农业产业化发展好的乡村,其文化建设就搞得有声有色,农民文化素质相对较高,村容村貌也明显提高;反之则就成为脏乱差的代名词。近年来,各地积极贯彻落实中央一号文件精神,农村经济也颇有起色,但大多数农村地区经济相对发展不足,财政捉襟见肘,集体经济薄弱,自身造血功能贫乏,对乡村文化建设提供的资金也就明显不足。

农村基层文化建设预算资金不足,加上农民收入水平低,对自我文化水平的提升投入较少,从而导致乡村文化建设动力匮乏。经济基础决定上层建筑,农民收入水平直接影响其文化水平。调查表明,越是贫困地区的农民,其文化水平越低,乡村文化建设就越困难。收入水平也决定了农民的文化消费水平,中西部地区贫困家庭尚未达到小康水平,其文化消费更低。贫穷从根本上制约着乡村文化的发展。党的十八大后,进入习近平新时代,在中央提出乡村振兴战略的大背景下,增加文化建设的财政投入,为乡村文化建设奠定坚实的经济基础就成为摆在各级政府面前的时代课题。

5.1.2 乡村文化建设人才匮乏

乡村文化建设,人才是关键,人才短缺成为制约乡村文化体系构建难的核心要素。统筹乡村人才供需结构,借助政策、资金、资源等有效配置,吸引外来人才、留住本地人才、提升本地人才的专业技术、培养职业农民,进行创业创新孵化,形成支撑乡村发展和乡村文化建设的良性人才结构,为乡村文化建设提供源源不断的人才支撑,破解乡村文化构建难的瓶颈。产业振兴是乡村振兴的核心,而关键在于人才振兴。唯有在引进外部专业技术人才、吸引返乡创业人才、提升农村现有人才、派遣县城专业人才的基础上,通过文化振兴提高产业附加值,塑造乡村核心竞争力和吸引力。按照党中央一号文件和国务院颁布的相关文件精神,构建由政府、市场化培训机构、院校培训、网络培训等组成的多层次、多元化培训体系,加强对农民及返乡创业人员的及时技术指导,为乡村人才培训提供交流平台。引导多种主体在乡村创业,促进市县科研人员到农村兼职,将其新思想、新理念、新技术融入乡村产业发展之中,推动产学研相结合。推动乡村人才振兴,就要把人力资本开放放在首位,充分发挥农业专家、学者、社会各界精英人士、高校的作用,鼓励他们深入农村第一线,发挥他们在乡村文化建设中的价值。为乡村文化建设提供人才支撑,让愿意留在农村、建设乡村的留得安心,激励各类人才在乡村文化建设中大显身手,展示才华,打造一支源源不断的乡村文化建设人才队伍,为乡村振兴提供人力资源。

5.1.3 乡村社会治理水平不足

乡村社会治理水平不足成为乡村文化构建难的重要原因。1978年改革开放以来,由于进城务工农民大幅增加,城乡之间流动加快,农村经济、农村人口、社会结构、消费理念、村民思维习惯都发生了很大变化,原有的农村单一治理体系,已经很难适应农村新形势现实发展的需要,建立完善的农村治理体系成为农村发展的先决条件。习近平在党的十九大报告中指出:"推动社会治理重心向基层下移",成为乡村治理现代化进程的一个重要的里程碑。

乡村治理水平提升的核心是构建"自治、法治、德治"相结合的乡村治理体系。强化村民自治能力建设，改变村民对自治的冷淡态度，提升自治意识，通过政策引导村民合作社、村民文化共同体等自治组织的建立，并让自治组织在乡村治理中发挥积极作用。同时构建乡村基层政府、村民自治组织、村民社会团体等规范的治理体系，对乡村社会治理的混乱和乡村文化管理的无序，亟须改变一元化的治理体系，对多元化的社会组织进行整合，推进社会治理体系向现代化转变。同时，在乡村治理体系和乡村文化构建中融入传统文化中强调的德治。中国传统乡村中的熟人社会的特性并未根本改变，道德规范在熟人社会扮演着不可替代的角色，因此，以道德内化于村民精神，外化于村民行动，提升村民的文化素养。充分借助互联网，推动乡村的社群化、社区化治理模式。重视现代"新乡贤"在乡村文化构建中的引领作用，完善"新乡贤"参与乡村治理机制，提高乡村治理的水平和效率。

5.1.4 乡村核心价值观缺失

随着城镇化进程的加速发展，城乡融合进一步得到强化，农村人口流动加大，乡村生活注入了多元文化。在传统乡村社会结构解体的背景下，乡村原有的核心价值体系基本解体，传统的"乡村礼仪规范"和"核心价值观"随之瓦解。

第一，传统乡村文化价值体系走向瓦解。当下农村的青年一代对传统乡村的社会秩序和价值理念已经不再认同，传统的宗族权威和辈分规则受到极大挑战乃至有的被打破，崇尚金钱至上、拜金主义的价值观开始在农村蔓延开来。从乡村社会的娱乐方式来看，原来农村的扭秧歌、唱大戏、踩高跷、剪纸、捉迷藏、听评书、听广播、看露天电影等文艺活动趋于萎缩，取而代之的是打台球、看电视、上网玩游戏、玩手机、打牌、赌博，甚至从事封建迷信活动等。一些强壮的农村劳动力要么坐在牌场，要么聚在一些谈论如何进城务工。从农村教育方面来审视，大多数农村劳动力外出打工，把孩子留在农村与老人一起居住，让老人照顾孩子的起居，殊不知传统文化中存在着隔代亲的现象，孩子即便犯错，老人一般也不会采取理性的教育方式。由于缺少必要的家庭教育和父母的陪伴,对孩子的健康成长极为不利。近些年来,农村一些留守儿童使用暴力殴打老师、同学,甚至一些在校学生为购买高档化妆品、高档手机等,进行纯信用的高利息消费贷款,这种现象的出现与这些农村在校学生缺乏正确的价值观引导密切相关。由于崇尚物质的风气盛行,每年春节过后,农村地区那些学习成绩不太好的孩子早早地辍学选择外出打工,靠出卖劳动力挣得工资收入,年轻人聚在一起谈论的不再是羡慕读书人,而是挣多少钱,穿什么品牌的衣服,开什么价位的汽车等,与那些通过勤奋刻苦努力考上大学的学生相比,显得相形见绌。再加上近年来大学生毕业即失业、大学生毕业待遇不如农民工等社会舆论的影响,"读书无用论"的声音在农村再次升温。从农村孩子考上重点大学的比例来看,相较于改革开放初期,当前农村出身的孩子考上重点大学的比例越来越低,一方面是由于农村教育资源远不如城市,另一方面,乡村社会价值观的扭曲也成为农村孩子与城市孩子教育素质水平差距拉大的重要因素。

第二,乡村文化受到城市文化的冲击。市场经济大潮的冲击、城镇化进程的发展,传统的乡村文化受到以西方文化和城市文化为主的外来文化的影响。在蕴含现代气息的城市文化的冲击下,传统的充满乡土气息的乡村文化不可避免地被边缘化,城市文化以不同形式向乡村渗透,城市文化成为农民追逐模仿的对象,进城务工的农民工成为城市文化的参与者和崇拜者,随着电视、互联网等大众媒体的发展和普及,电视荧屏上反映的现代都市文化吸引着农民,城市人的文化需求和消费方式不仅影响着农民的思想观念,而且还影响其价值取向。乡村文化受到都市文化的侵蚀后,乡村文化呈现出混乱、多元、模糊的状态。传统乡村重情义、重伦理的道德规范,以及宽容厚道的淳朴民风开始动摇,城市文化中的竞争意识、效率优先、开放意识等不断冲击着传统乡村文化,形成传统乡村文化重义轻利与现代城市文化中重利轻义的价值取向的冲突;传统乡村重农轻商与现代都市重商轻农的理念发生激烈碰撞。在现代性、开放性的城市文化冲击下,城市便捷的文化气息与乡村闭塞落后的文化形成鲜明对比,难免使农民形成攀比心理,农村在消费观念、价值判断、思想意识,尤其是在恋爱婚姻观念方面向城市看齐。在强势的城市文化的刺激下,传统乡村文化的衰落乃至解体也就势所必致了。

第三,乡村受到西方文化冲击。在经济全球化的大背景下,随着互联网和新媒体的普及,西方文化传播到中国,农村地区无论是外出打工的青壮年农民工,还是从农村出去在城市求学的大学生,还是农村中的青少年,都不同程度受到西方文化的影响。西方的情人节、圣诞节、愚人节、父亲节、母亲节等洋节很有市场,这种影响在青少年身上表现更为明显。在影视文化上,绝大多数青少年更加喜欢看好莱坞大片等西方影视作品。在饮食文化上,西方的必胜客、肯德基、麦当劳等成为青少年竞相追逐的快餐食品。在音乐舞台等娱乐上,青少年也更容易接受西方文化的影响。在服装、发型等方面,也趋向欧美化,近年来出现的"哈韩"族、"新生代"、"后新生代"追求耐克和阿迪达斯等西方国家品牌产品就是典型代表。传统的伦理道德情操也不断下降,性开放的观念在青少年中也日趋西方化。另外,近年来,西方宗教在我国广大的农村地区传播速度非常快,在许多的县城和乡镇,都已经建立了教堂,并成立了不少宗教组织。特别是基督教,由于其教义相对简单,适合在农村地区普及,非常容易被广大农民接受,其发展非常迅速。宗教在农村的快速发展,一方面丰富了农村的宗教文化活动,带动了新乡村文化建设;但另一方面,也为乡村文化建设带来了一些负面的影响,比如功利性和迷信性以及与社会主义核心价值观的部分冲突性等,乡村文化建设过程中需要考虑与西方宗教文化如何协调发展。

强势的西方文化、城市文化,特别是西方宗教文化对传统乡村文化的冲击,应引起我们的重视和反思,与我们国家源远流长的乡村文化相比,为何以大片、动漫、劲舞、韩剧为代表的欧美、韩日等外来异质文化在短短几十年的时间占领青少年的文化生活?西方宗教文化能快速俘获农村中老年人的心灵?商业气息的城市文化与乡土气息浓厚的乡村文化如何协调一致发展?乡村文化如何复兴成为乡村振兴战略中必须思考和研究的重大时代课题。

5.2 确立新时代乡村文化建设的目标和内容

进入习近平新时代,在工业化、城镇化和市场化大潮的冲击下,中国传统5000年历史的农耕文明正处于新的历史转折点上,传统乡村社会结构和生活方式正在不断消失,中国传统文化根脉也被连根拔起。著名社会学家费孝通先生指出:"中国是一个乡土的社会,中国的文化是一个乡土的文化。"①如果连5000年传承的农耕文明都消失了,中华民族的伟大复兴也就失去血脉和根基,在新时代中国,构建新时代的乡村文化的目标是什么？乡村文化建设的内容有哪些？这些问题成为理论界、思想界、党和政府必须回答的重大理论问题和现实问题。

5.2.1 新时代乡村文化建设的目标

乡村文化体系建设是一项系统工程,乡村文化建设的目标是构建乡村文化体系,达到乡村文明、生态宜居,满足人民对美好生活的需求,为乡村振兴提供智力支持和精神动力。

第一,乡村文化建设满足人民对美好生活的需求。改革开放以来,乡村文化建设虽然取得了长足的进步,但是,在当下的广大乡村地区,文化的基础设施依然薄弱,还需要进一步补充,广大农民的精神需求还有很大的空白。需要符合农民精神文化需要的文化进行补充,从而在提高农民的精神文化水平的同时,逐渐满足农村居民对美好生活的需求。乡村文化建设的目标是"满足人民对美好生活的需要",这就需要充分发挥文化在乡村复兴中的引领作用,保护传统文化基因,传承乡村文化。民族文化是中华民族的血脉和精神家园,而民族文化的"根"和"魂"在广大农村。乡村文化是中华文化具有独立文化价值并获得世界认同的基础,失去这个根基,中华文化就成为无根之木,无源之水。传承保护传统文化,核心就要传承保护乡村文化。通过乡村文化建设,实现乡村的和谐发展。乡村文化建设的方向是促进社会主义新农村建设,实现乡村振兴。

第二,乡村文化建设可以助力乡村文化脱贫工作。当下我国的脱贫攻坚工作处于最后的攻坚阶段,而农民农村真正实现脱贫,以农民主体、激发农民的内生动力,充分调动农民参与脱贫攻坚的积极性、主动性、创造性,用农民的

---

① 费孝通.乡土中国[M].北京:人民出版社,2008:86.

内生动力支撑脱贫攻坚的实施。要物质扶贫和精神扶贫一起抓,也就是扶"志"与扶"智"相结合。激励和引导贫困群众树立"幸福都是奋斗出来的"理念,帮助贫困群众消除思想惰性,摆脱精神贫瘠。乡村的文化扶贫活动,包括文艺下乡、扶贫宣讲,这样可以从思想上让农民树立自我脱贫意识,"逐步转变农民在精准扶贫、精准脱贫工作中被动输血的局面"。[①] 同时,在确保"两不愁三保障"的前提下,真正做到授人以"渔",变"输血"为"造血",引导乡村地区的农民群众参与扶贫项目实施,树立市场观念、竞争意识,增强摆脱贫苦的自生能力。

第三,乡村文化建设是乡村振兴工作的精神统筹。乡村文化建设是实现乡村振兴战略的灵魂,在新时代乡村振兴战略中具有精神统筹的作用,乡村的文化建设不仅可以指导农民的生产生活,而且还可以培育农民的人文素质和精神面貌,从而为新时代乡村建设提供源源不断的精神动力。乡村文化是乡村社会得以延续的核心,在传统的乡村社会,在乡村居民的乡愁中,不仅有乡村的青山绿水、人文景观,更有乡土社会中邻里守望、相互帮助的社会关系,还有祖先崇拜的仪式、传统的庙会和乡村的戏剧等形式和内容。正是这些传统的乡村文化方式,把农民有机地黏合在了一起,形成了独特的乡村社会。

随着城镇化进程的加速发展,原本独有的历史印记、文化注脚正逐步消失,这种态势成为乡村文化建设的短板。因此,挖掘乡村文化的价值,以文化建设为引领,彰显乡土文化特色,更加可贵。乡村的文化建设有助于让广大农民重新认识乡村文化底蕴,重塑农民自己的精神面貌和生活方式,进而重塑农民对乡村文化的认同感。

5.2.2 新时代乡村文化建设的内容

乡村文化振兴是乡村振兴体系的关键组成部分,居于基础性地位。为了推动乡村文化振兴,促进乡村文化的繁荣与发展,进行乡村文化建设十分必要。因此,在实现乡村文化振兴目标的指引下,新时代的乡村文化建设,在内

---

① 何白鸥,齐善兵.乡村振兴战略实施中加强乡村文化建设的建议[J].领导科学,2018(12):4-5.

容设计上,要在党的领导下,要坚持以社会主义核心价值观为引领,要以传承发展中华优秀传统文化为核心,要以乡村公共文化服务体系建设为载体,要培育文明乡风、良好家风、淳朴民风,只有这样,才能建设好邻里守望、诚信重礼、勤俭节约的文明乡村,实现乡村文化振兴。

第一,深化乡村思想道德建设,筑牢乡村社会主义思想文化阵地。思想道德是塑造乡村文化的软力量,思想道德是社会运转的润滑剂,新时代,只有在乡村地区持续地进行乡村文化建设,培育农民形成科学文明的生活方式,才能让文化植根于农民的内心,才能提升乡村民众的精神风貌,才能不断提高乡村社会整体的文明程度,才能为乡村社会的发展与乡村振兴的实现提供精神引领。

第二,传承乡村优秀传统文化,创新乡村现代文化。优秀的传统文化是历经长期历史的积淀与社会的变迁相互作用而得以流传下来的重要资源,是我们国家最宝贵的精神财富,构成了其前进的重要底色与深厚基础。传统文化是一个民族历史发展的见证,也是一个民族底蕴的表征。乡村传统文化是一种根植于农耕经济形态基础之上的文明,由物质的、精神的文化实体与文化意识构成。新时代,乡村社会留存的优秀传统文化资源,仍然可以为乡村振兴战略的顺利实施与中华民族的伟大复兴贡献精神力量和提供智力支撑。2017年1月,国家在《关于实施中华优秀传统文化传承发展工程的意见》明确指出,乡村振兴中的传统文化保护,就是要加强历史文化名城名镇名村管理,挖掘与保护好乡土文化资源。

第三,完善乡村公共服务体系,丰富乡村公共文化生活。"乡村文化建设的出发点与落脚点在于满足民众精神文化的需求,农民作为乡村公共文化生活的实践主体,是乡村公共文化活动中最活跃因素"。[①] 乡村民众精神层次的提升与文化素养的培育,是一个渐进的过程,乡村文化建设需要在乡村民众日常化的生活之中予以推进,方能形成持久性的文化影响力。因此,乡村文化建设首先要培育农民正确的价值导向,要让社会主义核心价值观渗透到每个农民的心里,要为农民搭建好优质传统文化传播的平台,要不断丰富和创新乡村

---

① 陈德洋.乡村振兴战略的农民主体性探析——基于安徽农村公共文化服务体系建设的视角[J].安徽农业大学学报(社会科学版),2019(1):7-11.

公共文化生活,不断满足新时代农民对新文化的需求。总之,新时代乡村振兴过程中,乡村文化建设,要站在广大乡村民众需求的角度,让中国特色社会主义文化在乡村落地。同时要尊重乡村社会厚重优秀传统文化的基本事实,还要强调公共文化在乡村社会与乡村民众中凝聚力的发挥,准确把握乡村社会基本文化诉求的脉搏,从而为新时代乡村文化建设勾画出美好的蓝图。

5.3 确立新时代乡村文化建设坚持的基本原则

当下中国的社会主义现代化建设是中国有史以来最深刻的社会变革,社会矛盾已经由人民日益增长的物质文化需要与落后的社会生产之间的矛盾转化为人民日益增长的美好生活需要和不平衡不充分的发展之间的矛盾,在此过程中,实现由传统农业大国向现代工业大国的转变成为中国历史发展的必然选择。在中国社会转型的大变革中,"三农"问题始终是一个必须直面的重大课题,这已经在中国社会历史的发展中得到证实。中共中央历代领导人都十分重视"三农"问题,并且因此殚精竭虑研究解决问题的思路和对策。"三农"问题的出现并非始于今日,早在民国时期就有不少有识之士认识到乡村危机,并身体力行探索解决乡村危机之道。可以说当下的"三农"问题是当年乡村危机的翻版,问题的严重性与民国时期的乡村危机何其相似。王先明教授在《历史学视野下的"三农"问题——历史的沉积与现代趋向》一文中指出:"三农"问题"不仅仅是一个现实问题,而根本上也是一个历史的产物。"20世纪30年代,"《东方杂志》关于乡村问题关注的历史演进其实也是乡村社会变迁的历史记录。虽然表现形式不同,时代特征有别,但根植于农村、农民、农业所形成的'三农'问题对于社会发展的根本性制约,却有着惊人的'历史相似'。当然,也是近代历史发展进程中人们所曾要着力解决的问题。近代中国乡村社会变迁的凸现可以说是伴随着工业化、城市化乃至现代化的历史进程而出现的历史主题。现代化过程中的乡村问题,必然是超越乡村本身的问题。"①中华民族在全面建成小康社会、实现现代化、实现"两个一百年"奋斗目标的进程中,"三农"问题的解决与否成为衡量实现中国现代化的一个重要指标。21世纪伊始,乡村基层干部发出"农民真苦、农村真穷、农业真危险"的呼喊,"三农"问题受到党中央和国务院的高度关注,引发社会各界聚焦讨论"三农"问题。

"三农"问题成为中国现代化进程中必然要解决的问题,没有农村的现代化,就根本谈不上能实现国家现代化的宏伟目标。"三农"问题不仅仅只限于农业、农民和农村问题,还成为制约中国工业化、城市化、共同富裕、绿色发展等一系列事关中国社会发展的重要问题。党中央不仅已经意识到这些问题,而且还提出一系列解决问题的相应措施。2003年初,中共中央提出"国家今后每年新增教育、卫生、文化等事业经费,主要用于农村"。党的十六届五中全会提出"建设社会主义新农村"的决议,其中加大对乡村文化、教育等方面投入力度。2005年11月,中共中央办公厅、国务院办公厅在《关于进一步加强农村文化建设的意见》中指出:"加强农村文化建设,是全面建成小康社会的内在要求,是树立和落实科学发展观、构建社会主义和谐社会的重要内容,是建设社会主义新农村、满足广大农民群众多层次多方面精神文化需求的有效途径,对于提高党的执政能力和巩固党的执政基础,促进农村经济发展和社会进步,实现农村物质文明、政治文明和精神文明协调发展,具有重大意义。"②这些文件的制定和颁布实施表明乡村文化建设受到高度重视,并上升到国家发展战略的高度。自2006年起,不仅废除了在中国持续几千年的农业税,而且对种粮农民还实行直接补贴,在中国历史上前后持续2600多年的"皇粮国税"成为过去式。2004年至2019年,中共中央连续十六年发布以"三农"为主题的中央一号文件,强调"三农"问题在中国现代化建设中的重要地位。十八大以来,习近平总书记在赴全国各地考察过程中,特意深入田间地头针对"三农"问题征求意见,作出指示。在2013年中央农村工作会议上的讲话中,习近平总书记强调指出:"中国要强,农业必须强;中国要美,农村必须美;中国要

---

① 渠桂萍,白宏钟.历史视野下的"三农"问题——"中国农村问题的历史积淀与现代趋向"会议综述[J].史学月刊,2004(12):103-107.

② 关于进一步加强农村文化建设的意见[N].人民日报,2005-12-12.

富,农民必须富。农业基础稳固,农村和谐稳定,农民安居乐业,整个大局就有保障,各项工作都会比较主动。"①在党和政府提出解决"三农"问题的一系列战略方针之后,被忽视的农村问题再次成为学界研究的热点。

进入21世纪以来,中共中央为统筹推进城乡一体化建设,提出社会主义新农村建设的战略举措,实际上也是推进农村现代化的重大步骤。而人的现代化在现代化建设中成为至关重要的因素,科学技术、教育制度、管理方法可以从西方发达国家移植而来,然而人的文化素养、思想认识水平、道德水平、心理素质的提高则需要适应现代化建设的各种需求。对此,有学者指出:"如果一个国家的人民缺乏一种能赋予这些制度以真实生命力的广泛的现代心理基础,如果执行和运用着这些现代制度的人,自身还没有从心理、思想、态度和行为方式上都经历一个向现代化的转变,失败和畸形发展的悲剧结局是不可避免的。再完美的现代制度和管理方式,再先进的技术工艺,也会在一群传统人的手中变成废纸一堆。"②基于此,党的十八大报告中提出:"要加强农村基层基础工作,健全自治、法治、德治相结合的乡村治理体系。要培养造就一支懂农业、爱农村、爱农民的三农工作队伍。"由此可见,构建完善的乡村治理体系是破解"三农"问题的关键所在,这也是当前和今后相当长的时期中国乡村文化建设的方向。

习近平总书记在党的十九大报告中提出"文化自信是一个国家、一个民族发展中更基本、更深沉、更持久的力量。必须坚持马克思主义,牢固树立共产主义远大理想和中国特色社会主义共同理想,培育和践行社会主义核心价值观,不断增强意识形态领域主导权和话语权,推动中华优秀传统文化创造性转化、创新性发展,继承革命文化,发展社会主义先进文化,不忘本来、吸收外来、面向未来,更好构筑中国精神、中国价值、中国力量,为人民提供精神指引。"③"在人民精神文化生活丰富方面,坚持面向基层、服务群众,加快推进重点文化惠民工程,加大对农村地区的帮扶力度,继续推动公共文化服务设施向社会免

---

① 韩长赋.新形势下推动"三农"发展理论:学习领会习近平总书记"三农"思想[J].求是,2017(2):34-36.
② [美]英格尔斯.人的现代化[M].成都:四川人民出版社,1980:4.
③ 习近平.决胜全面建成小康社会 夺取新时代中国特色社会主义伟大胜利——在中国共产党第十九次全国代表大会上的报告[N].人民日报,2017-10-28.

费开放"。① 构建现代公共文化服务体系，要"推动文化惠民项目与群众文化需求有效对接。整合基层宣传文化、党员教育、科学普及、体育健身等设施，建设综合性文化服务中心。"②社会主义核心价值观成为引领乡村文化建设的主导思想和价值取向，建立健全文化服务体系为乡村文化建设提供保障。

5.3.1 坚持以科学的理论指导乡村文化建设

党的十九大报告中提出："我们党要以马克思列宁主义、毛泽东思想、邓小平理论、'三个代表'重要思想、科学发展观为指导，坚持解放思想、实事求是、与时俱进、求真务实，坚持辩证唯物主义和历史唯物主义，紧密结合新时代条件和实践要求，以全新的视野深化对共产党执政规律、社会主义建设规律、人类社会发展规律的认识，形成了习近平新时代中国特色社会主义思想"。③"建设社会主义文化强国，必须走中国特色社会主义文化发展道路，坚持为人民服务、为社会主义服务的方向，坚持百花齐放、百家争鸣的方针，坚持贴近实际、贴近生活、贴近群众的原则，推动社会主义精神文明和物质文明全面发展，建设面向现代化、面向世界、面向未来的，民族的科学的大众的社会主义文化。""坚持社会主义先进文化前进方向，树立高度的文化自觉和文化自信，向着建设社会主义文化强国宏伟目标阔步前进"。④ 党的十八届三中全会提出："建设社会主义文化强国，增强国家文化软实力，必须坚持社会主义先进文化前进方向，坚持中国特色社会主义文化发展道路，培育和践行社会主义核心价值观，巩固马克思主义在意识形态领域的指导地位，巩固全党全国各族人民团结奋斗的共同思想基础。坚持以人民为中心的工作导向，坚持把社会效益放在首位、社会效益和经济效益相统一，以激发全民族文化创造活力为中心环节，进一步深化文化体制改革。"党的十八大以来，习近平总书记提出的建设美

---

① 胡锦涛.坚定不移沿着中国特色社会主义道路前进为全面建成小康社会而奋斗——在中国共产党第十八次全国代表大会上的报告[M].北京:人民出版社,2012:12.
② 中共中央关于全面深化改革若干重大问题的决定[M].北京:人民出版社,2014:16.
③ 习近平.决胜全面建成小康社会 夺取新时代中国特色社会主义伟大胜利——在中国共产党第十九次全国代表大会上的报告[N].人民日报,2017-10-28.
④ 中共中央关于全面深化改革若干重大问题的决定[M].北京:人民出版社,2014:10.

丽乡村,发表的有关"三农"问题的系列讲话,不仅为破解"三农"问题指明了方向,同时也是乡村文化建设的指导思想。

习近平总书记提出:"大力繁荣发展文化事业,以基层特别是农村为重点,深入实施重点文化惠民工程,进一步提高公共文化服务能力,促进基本公共文化服务标准化、均等化"。2013年11月,党的十八届三中全会通过的《中共中央关于全面深化改革若干重大问题的决定》中提出"建立健全现代公共文化服务体系"。2014年10月,党的十八届四中全会通过的《中共中央关于全面依法治国若干重大问题的决定》中提出,制定公共文化服务保障法。2015年初,中共中央办公厅、国务院办公厅印发的《关于加快构建现代公共文化服务体系的意见》,成为现代公共文化服务体系的顶层设计。在这些精神指引下,覆盖全社会的公共文化服务体系正在形成,不断满足人民日益增长的文化需求,开创乡村文化建设的新局面。

在乡村振兴进程中,乡村文化建设要树立以传承与创新为核心的价值理念。既要继承传统乡村文化的精华,使其独具特色的文化资源不至于走向消解,又要适应时代发展的潮流,使传统乡村文化以新的面貌呈现出来,实现对传统文化思想和观念的超越。乡村文化建设的根基在于农村教育,为农村经济发展提供动力,故此,要切实解决农民家庭尤其是贫困家庭子女的上学难、看病难等问题。党的十八大以来,党中央在支农惠农政策上为保障农民的文化教育权利提供了坚实的保障,不断加大对农村教育的资金支持,为满足农民日益增长的精神文化生活提供了保障。在乡村文化建设过程中,树立传承与创新的新文化发展观,发挥社会主义核心价值观的引领作用,做到以人为本,实现城乡文化一体化协调发展,满足农民的基本文化权益与需求。同时发挥农民自办文化活动的积极性,以及农民在乡村文化建设中的主体地位。

乡村文化建设始终离不开乡村文化的创造者——农民这个文化建设的主体,因此,乡村文化建设要树立农民为本的原则。传统的乡村文化建设中,农民仅仅成为文化教育的对象和工具,成为被动地接受政府文化政策的群体,忽视了其文化建设中的主体地位,以及文化发展的最终目的。随着农村经济的发展,农民对精神文化生活的追求也愈加丰富多彩,文化已经远远超出单纯宣传教育的工具角色,社会发展的多元性,使文化也呈现出多元性的态势。建设社会主义文化强国,繁荣发展社会主义文化,增强乡村文化的软实力最终目的是满足农民群众的精神文化需求。坚持以农民为本的理念,就是要把乡村文化工作的立足点和归宿点放在为满足农民的文化需求服务上,解决农民参加文化活动难的问题。同时发挥农民群众参与文化工作的积极主动性,将乡村中的集体文化、个人文化、民间文化等不同样式的文化相互融合,相互促进,形成良性互动的文化格局。

乡村文化建设要坚持统筹兼顾的原则。在构建人类命运共同体的大背景下,中外思想文化领域的碰撞和交流更为频繁,随着城乡经济文化一体化政策的提出,新时代的乡村文化建设要统筹兼顾本土文化与西方文化、城市文化与乡村文化、传统文化与现代文化、主流文化与非主流文化。在新媒体和全球资讯时代的大背景下,中西各种知识、资讯、思潮和文化交互涌动,不同的价值观不断碰撞,西方文化改造、影响本土文化的企图一刻也没有停止。乡村文化建设就要正确处理乡村文化与西方外来异质文化的多元性和差异性,在继承优秀传统乡村文化的基础上,吸收包括西方资本主义创造的人类一切优秀文明成果,将二者相互交流融合,以崭新的形式和面貌呈现出来,构建新时代乡村文化的共同体。在城市化进程中,随着城乡文化一体化趋势的加速发展,乡村文化与城市文化的交流融合趋势更加明显,统筹兼顾城乡文化的一体化发展成为一种必然趋势。传统乡村文化是乡村社会秩序的血脉,是维护乡村社会秩序的基石。在乡村文化振兴的进程中,要继承传统优良家风,以此带动乡风民风建设,同时要接受新思想、新道德、新文化,统筹兼顾,实现传统文化与现代文化的交融。当下农村占主导地位的是爱国主义、集体主义、文明和谐、诚信友爱等主流文化,这种主流文化既反映了国家意识形态,也是时代精神和民族精神的体现。乡村文化建设,要弘扬主旋律,传播主流文化,但同时不能忽视诸如因历史原因积淀的宗教文化、民俗文化、农耕文化、饮食文化、生态文化、民间艺术等非主流文化。非主流文化中既有优秀的民族文化和独具特色的地方文化,也有宗教迷信等精神糟粕。故此,新时代乡村文化建设,要统筹兼顾主流文化和非主流文化。

推进乡村现代化发展对消除乡村文化中的落后愚昧迷信思想提供了动力,促进乡村文化制度的完善,加快农民思想观念的转变,促进城乡文化交流,为传统乡村文化带来新活力。然而,市场化和城市化浪潮既促进了乡村的现代化发展步伐,又严重冲击了乡村传统文化的传承和发展,撕裂了乡村文化,乡村文化生态环境受到破坏。在强势的城市文化的碾压下,乡村文化的生存和发展空间受到挤压,传统乡村文化中的庙宇、戏台、节日表演等载体逐渐消解,现代化的新农村建设中的钢筋水泥是不能建造出历经数千年积淀的乡村文化的。著名学者冯骥才多次大声疾呼:"每一分钟,都有乡村文化遗产在消失。再不保护,五千年历史文明古国就没有东西留存了,如果我们再不行动,我们怎么面对我们的子孙?"①随着城市文化在乡村的不断渗透,以及受市场化大潮的冲击,乡村中也开始弥漫着拜金主义、享乐主义,传统朴实的价值观和道德伦理受到无情摧残,并逐渐消解,农民陷入了"精神无根"的"文化荒漠"之中。传统的乡村文化日渐消解,乡村文化成为被遗忘的角落。随着乡村的衰落,传统的乡村文化的传承面临断层,危及到了民族文化的"血脉"和"根基"。我国的很多传统村落,就像一本厚厚的古书,只是来不及翻阅,就已经消亡。乡村的"空心化"也使乡村文化的传承失去生机和活力。

随着乡村文化载体的消失,乡村文化赖以生存的土壤也随之丧失。因此,留住乡土味道,守住乡愁,关键是维护好乡村文化载体。而做到这一点首先就要保留乡土特色和风貌,恢复传承乡村文化的公共空间,让人们驻足、体验、领略美丽乡村的魅力。发挥农民的主体地位,重塑"以乡土为本"的价值观念,并使其适应现代社会发展的文化品格。乡村文化尽管受到工业化、城市化、市场化的冲击,但乡村文化精神传承并未完全断裂。"城市和工业吸引着所有的能量,但乡村始终哺育着恬静美满、安全永恒的田园牧歌式幻梦"。② 虽然传统的乡村文化模式受到摧毁,但乡村文化的核心价值仍然在发挥着重要作用。传统的民俗文化、民间文化在历史的演进中吸收各种文化资源,有其独特的价值,党中央也多次提出要维护和传承这些非物质文化遗产。因此,维护好美丽乡村的"根",就要保持文化多元性的传承和发展。城乡文化一体化建设中,既要用先进的城市文化改造落后保守的乡村文化,也要用优秀传统的乡村文

---

① 冯骥才. 别再祸害农村[EB/OL]. https://www.sohu.com/a/315351352_747199?sec=wd,2019-05-21.

② 习近平. 在中国文联十大、中国作协九大开幕式上的讲话[N]. 人民日报,2016-12-1.

化增添城市文化的朴实和感情色彩。乡村文化的创新既要还原乡村文化的载体和乡村文化品格,又要根植于传统乡村文化并使其向现代化转型。重塑以"乡土为本"的文化价值的呼吁并非是怀旧情绪的宣泄,而是美丽乡村、美丽中国建设的关键之举。传统乡村文化,历经数千年的农耕文明的洗礼和积淀,影响着人民的思想观念和价值观。"这种精神价值和文化意识是维系民族精神的历史纽带,是维护乡村秩序的基本依据,更是建设美丽中国的深厚文化根基。"①

5.3.2 坚持以正确的价值认同重塑乡村文化

在中国传承几千年的乡村文化是乡土社会的精神家园,身居其中的农民借以表达其风土人情和价值关怀。在现代城市文化和工业文明的强烈冲击下,乡村文化的精髓不断被裂解,在新旧文化转型尚未完成之际,乡村文化的沙漠化的趋势愈加明显,受此影响,乡村社会的现代化转型也被延缓了。乡村文化价值的失落,必然影响乡村社会的团结和凝聚力,最终影响社会的和谐稳定。在党中央极为重视乡村文化建设的背景下,在乡村现代化进程中重塑乡村文化的价值,为社会主义新农村建设提供智力支持,共筑乡村社会的文化秩序,成为亟须解决的问题。传统乡村文化既有精华也有糟粕,重建乡村文化价值并非将原有文化弃之不顾,而是植根于传统文化的血脉之中。习近平总书记指出:"中华文化延续着我们国家和民族的精神血脉,既需要薪火相传、代代守护,也需要与时俱进、推陈出新。要加强对中华优秀传统文化的挖掘和阐发,使中华民族最基本的文化基因同当代中国文化相适应、同现代社会相协调,把跨越时空、超越国界、富有永恒魅力、具有当代价值的文化精神弘扬起来,激活其内在的强大生命力。"②新时期重塑乡村文化价值应以此为基础,否则就会成为无源之水,迷失方向。尽管中国的工业化和城市化进程齐头并进,但作为几千年的农业大国,农业不仅不会消亡,反而为现代化建设提供源源不断的资源。破除城乡二元化的壁垒,城乡一体化、和谐共生、相互影响必将是

---

① 赵建军,胡春立.美丽中国视野下的乡村文化重塑[J].中国特色社会主义研究,2016(6):49-53.
② 习近平.在中国文联十大、中国作协九大开幕式上的讲话[N].人民日报,2016-12-1.

未来文化发展的方向。短期来看,强势的城市文化居于主导地位,但并不意味着蕴含中华文明精髓的乡村文化不能对城市文化产生影响,只不过这种影响力比较微弱不被人注视而已。重塑乡村文化价值既要坚守传统文化价值的精髓与核心,如建立在诚信基础上的伦理道德、天人合一的生态伦理等文化价值,也有顺应现代化建设的时代潮流,实现乡村文化的更新。诸如用先进的社会主义核心价值观理念引领乡村文化的发展方向,转变思维方式,积极主动追求创新,恢复尊重知识的社会风气,树立自尊、自信、开放、独立,积极进取,掌握科学技术知识、提升文化素质等。在城市文化和乡村文化构建互补共生的关系,跳出城乡文化对立、"非此即彼"二元对立的思维框架,汲取两种文化的精华,同时抛弃其糟粕,力求做到和谐共生式的多元发展。

乡村文化价值的重建需要与传承数千年的农耕文明影响下的"旧"文化相连接,唯有植根于传统文化的血脉之中,才能做到"推陈出新"合理"扬弃",否则新文化价值就会变成无源之水无本之木。在乡村文化现代转型之中,由于文化惯性的力量使然,植根于乡土社会的乡村文化传统不会突然中断或消失。在广大农村,尽管受到市场化和城市化的冲击,但传统的宗法观念和家族意识仍然根深蒂固,深深渗透在乡村社会的方方面面。即便是进城务工的农民工大军受城市文化的深刻影响,但农民心底仍然保留有乡村文化的心理基础,在城市文化不能满足其精神需要时,仍然会从表面上看似被抛弃的传统文化中寻求精神安慰和心灵庇护。生活在城市的农民工通常会以地域文化特征聚集在一起的"老乡"就是最好的说明,这种凭借地缘关系的信任体现的正是传统乡村文化的影响力和适应性。尽管城市化进程会造成乡村的空心化,但不意味着乡土文化传统会被彻底摧毁。"中国的现代化目标是构建一个新的文明秩序,他必然有启蒙的因素,这种启蒙的东西离不开传统文化。在这个意义上,建设中国现代化部分的资源必然离不开中国'轴心期文明'的文化传统。"①从这个意义上来审视重塑乡村文化价值,对"文化传统"的核心价值的再认同也就成为当下乡村文化转型的必然选择。构建乡村文化的新价值体系,不是对传统乡村文化的决裂,而是必须立足传统文化的根基,为乡村文化

---

① 金耀基.论中国的"现代化"与"现代性"——中国现代的文明秩序的建构[J].北京大学学报,1996(1):27-34,134.

的现代转型开辟出一条新路。

乡村文化是中华文明的重要组成部分,延续着中华文明,以独特的乡村文化韵味建构乡村社会的价值理念及价值体系,是维系民族凝聚力的纽带,更是乡村振兴的文化根基。然而,在城市化和工业化的不断碾压下,乡村文化的裂解,实际上是传统乡村生活方式在现代都市生活的映照下被农民抛弃的后果。现代都市文明的时尚和喧嚣使农民对贫穷落后的乡村极为轻视,急于摆脱自身的农民身份,向往现代便捷的都市生活,从文化意义来说他们已不具备传统农民的特征。在都市文化和西方文化的双重冲击下,传统的乡村文化变得支离破碎,乡村文化价值的坍塌成为一种必然。旧文化价值秩序的解体,新文化价值秩序尚未建立,在这新旧转型的混乱状态中,农民尤其是农村青少年在这种"文化沙漠"中呈现出无奈、自卑、迷茫、精神贫乏。为挽救陷入失落状态的乡村文化,唯有在传统乡村文化这个"根"上唤起农民的"历史记忆",培育农民对乡村文化价值的认同,重塑乡村文化自信,让乡村文化的价值与"精神血脉"以新的形式和姿态"返本开新",在新时代乡村振兴中开花结果。

重塑乡村文化价值,建设社会主义新农村文化,就要植根于传承几千年的乡村文化。离开传统文化,社会主义新农村文化就会失去文化血脉,变成无根之本、无源之水。社会主义新农村文化,是在继承和发扬传统文化的基础上,吸收城市文化和西方文化的精髓共同构建的。当前的乡村文化建设与人民群众日益增长的精神文化需求还存在着不适应、脱节和差距。在市场化的大潮中,要扎根广阔的乡土,将经过历史沉淀的乡村文化重新塑造,成为农民文化生活的基调和主旋律。秉持极具乡土韵味的人文精神,树立开拓进取、竞争开放、倡导和睦、追求和谐、修己安人、积极向上的文化特质,传承"重名节、重孝悌、重文教、重信义"的道德价值观念,将传统乡村文化的思想观念渗透于农民的精神世界,强化农民群众对乡村文化的认同感,构建新农村文化价值,增强农民对乡村文化的归属感与自豪感,激发其致力于新时代乡村振兴的热情,塑造农村新风貌,建设和谐、美丽的社会主义新农村。

在推进乡村振兴,实现乡村现代化的过程中,既要立足传统乡村文化的本位,又要在乡村发展与传统文化之间找到契合点,构建适应时代发展潮流的新文化,实现乡村文化的现代转型。然而,在城市文化与工业文明的双重挤压下,传统乡村文化受到严重破坏,农耕文明架构下的乡村社会秩序和文化秩序因受到摧残而逐渐走向解体,现代化与乡村传统文化的距离随之被拉大。乡村文化建设滞后于经济发展,更重要的是没有提供扭转乡村文化衰落的方法,从而为走出乡村文化价值认同危机奠定基础。可谓是"破坏有余"而"建设不足",这种困局造成改革开放以来过分强调经济发展,忽视乡村文化建设。重塑乡村文化价值的认同,在梳理乡村文化自信的同时,也要对传统乡村文化进行扬弃。传承乡村文化的传统美德不是仅仅对民歌、民谣的传唱和各地兴起的读经活动等外在形式,更要继承天下为公、自强不息、道法自然等传统乡村文化的精神内涵和本位文化的核心价值。

随着现代信息技术和互联网的普及,乡村接收到的文化和信息也日益多元化,颠覆了传统乡村那种单一、闭塞、保守的交流渠道。当前乡村社会既有极富地域特色的乡村文化,也有城市文化和西方文化,可以满足不同人群的需要。多元文化之间的碰撞、互动、激荡、交融、共生成为重塑乡村文化价值,构建新的乡村文化的思想资源。当然,任何文化都具有排他性和渗透性,在此过程中要警惕那种颠覆传统乡村文化,破坏推进乡村现代化建设的西方文化。"纵然西方的现代化再先进,纵然改造中国社会的愿望再良好,全盘的社会和文化颠覆也是不可行的。"①在多元文化交流中,要固守乡村文化的本位,对外来的异质文化既不顶礼膜拜,也不全盘否定,而是以冷静理性的态度看待,尊重各种文化的不同差异,包容多元文化已达到彼此的和谐共生。对待不同文化的积极态度应该是博采众家之长为我所用,超越各种文化,在此基础上吸收各种文化的价值精髓,从而创造出为农民群众喜闻乐见的新文化。当前,在乡村社会中构建多元文化体系时,就要尽力做到各美其美,美人之美,美美与共,天下大同,必须立足于不同族群、不同宗教信仰者、不同方言使用者,乃至不同价值体系支持者的需要,而非只为主流文化或主流价值观服务,从而呈现工具化的特征,为建设新的乡村文化形态奠定坚实的基础。在借鉴西方文化和现代都市文化的精髓时,也力图避免在建设新时代乡村文化时重蹈其社会不稳定和"城市病"的覆辙。

---

① 王晖,陈燕谷.文化与公共性[M].北京:三联书店,1998:523.

在城市文化和西方文化的双重挤压下,重新唤起广大农民对乡村文化的认同,重塑乡村文化价值的主要路径就是推进乡村文化的创新。党中央国务院提出"要根据时代的特点和农民群众精神文化需求的变化,不断充实活动内涵,创新活动形式。只有创新,才能不断增强乡村文化发展活力,才能实现乡村文化的发展与繁荣。"[①]乡村文化的创新需要在各个方面找到契合点,创作反映乡村文化魅力的作品,重塑人民群众对乡村文化的自信心。因地制宜,根据各自的地域文化特色,挖掘、保护民间文化资源,发展各地独具特色的地域文化,还原各地乡村文化的原生态风貌,营造富有乡土气息的新文化氛围。在充分发掘利用各地文化特色时,务必要调动当地农民群众参与创新乡村文化建设的积极性、主动性,发挥文化精英的作用,培育并强化他们对乡村文化的认同感,以及对乡土社会的民族自豪感、归属感。此外,积极挖掘乡村社会中现存的历史文化遗产和乡村文化精髓,以便传承维护乡土的文脉。对历史悠久、具有深厚传统价值、极具地域文化特色和民族特点的文化遗产进行现代化的创新改造,以适应满足新时代农民的精神文化需求。在重建乡村文化体系时,要建立对民间非物质文化遗产的保护传承机制,让充满民族文化传统的民间艺术后继有人,为传承和繁荣乡村文化提供补给。

5.3.3　坚持对乡村文化价值重建的路径进行示范引领

文化和教育相伴而生,互为前提。文化为教育提供内在支持,是教育存在的社会价值;教育则扮演着传播文化、创造文化、文化变迁的角色。在城市化和工业化的进程中,乡村社会无论是社会结构还是生活观念均发生巨变,面临农民群众对乡村文化的认同产生疏离感的危机。因此,农村教育不能仅局限在教会农村学生如何生存之道,更应该引导他们正确对待乡土社会和农耕文明,培养对乡村文化的认同感和归属感。由于都市文明成为诠释现代文明的话语霸权,当前的教育改革方向是以城市为主,传统的乡土文明受到排斥,其价值被遮蔽了。

---

① 中共中央办公厅、国务院办公厅.关于进一步加强农村文化建设的意见[N].人民日报,2005-11-7.

重塑乡村文化价值最有效的方式非教育莫属。对广大的农村青年而言，高考扮演着向社会上升流动摆脱农村走向城市的重要路径，然而现行的高招录取名额分配指标，城市远比农村具有优势，加之高等教育资源分布的不均衡，比如作为人口大省的河南只有两所"双一流"高校，高考录取分数比北京要高出 100 多分，这对河南考生来说极为不公平。据有关方面调查统计，近 10 年来，重点高校录取农村考生的比例在逐年下降。目前正在开展的教育改革的方向和话语权多是针对城市，农村学生的视野和接受的信息远低于城市学生，但在选拔制度上却以城市文化为核心，要求农村教育面向农村，显然有违公平竞争的良性发展。农村工业化和城镇化是时代潮流，也是实现乡村社会转型的必然趋势，加快城市群建设，实现城乡一体化才是解决"三农"问题根本办法。培养新型农民成为当前乡村文化转型与教育改革的基本目标，同时也为农村现代化提供人力资源。对于那些批评农村教育脱离农村实际的学者，他们预设的立场是城乡分离，农村培养的知识青年应该植根于农村而不是走向城市。在市场化的浪潮中，如果还停留在让农村陷入自我封闭的老路上，农村将会再次陷入困境与危机之中。

自 20 世纪初以来，实行新式教育伊始就是以城市为中心，乡村社会中的文化知识精英被吸引到城市中去，学成之后不愿回到农村，导致农村人才青黄不接，极为匮乏，这种情况必将延缓乡村社会向现代化转型的进程。让农村教育为农村服务的观点是让学生扎根农村、坚守农村、为农村的现代化建设提供智力支持，但束缚了农村学生向城市流动的机会。而乡村文化精英离开乡村流向城市，造成乡村文化教育的匮乏，不利于乡村社会的发展和建设。农村教育该如何发展？这似乎陷入了一个两难悖论之中。要破除城乡教育差距的困境，既不能继续坚持"城市中心论"，更不能坚持以农村为中心的发展路径。原因在于："任何一种极端化的发展方式都是不恰当的，会导致褊狭的文化实用主义，严重者会变成具有很大攻击性与破坏性的反智主义，对文化的积累、传承与生产造成极大的伤害，从而在根本上危及民族的实力与生存。"[1]

随着城乡一体化进程的不断推进，城乡教育的发展理应一体化，用城市文

---

[1] 余秀兰.中国教育城乡差距：一种文化再生产分析[M].北京：教育科学出版社，2004：231.

化先进的教育理念改造乡村文化中落后的价值理念,同时传承乡村文化的本位价值。破除城乡对立的思维模式,统筹城乡一体化发展,缩小二者之间的差距。否则,将会重复陷入过去实现的城乡分割,不利于社会的和谐发展,更不利于实现乡村振兴。目前教育制度的安排偏向城市,如果继续城乡分割,乡村教育将会面临更大的困境。城乡教育的一体化发展,并不是说城乡教育发展完全相同,乡村文化和地方特色应置于乡村教育体系之中,立足乡村,强化乡村学校与乡村社会的联系,突出乡村教育个性,使"乡村教育"更符合"乡村需求"。城乡教育一体化,既要发挥各自特色,又要促进城乡教育的和谐共处。"让当前的乡村教育培养'适于乡村生活的人'似乎不太可能,但是如果从建设社会主义新农村的视角考虑乡村教育的应为时,似乎可以转变思路,让乡村教育致力于建设'吸引人'的乡村生活方式。"

2015年7月,习近平总书记在吉林调研时指出:"任何时候都不能忽视农业、不能忘记农民、不能淡漠农村"。[1] 重塑乡村文化价值,要通过教育提高农民群众的文化素质,认同乡村文化的内在价值,增强文化自信,培养开放包容的文化心态,提升文化内涵。面对乡村文化逐渐没落,乡村教育应担负起农民群众对乡村文化认同,进而重建乡村文化价值的精神家园。为适应农村现代化建设的需求,农民也需要转型,"有文化、懂技术、会经营"成为必备的条件,实现这种转型的根本途径除推进乡村教育之外,别无其他方法。而"在现阶段农村,农民中不可避免地存在着一些旧的思想和习惯,农村还有一些愚昧落后的现象,农民在思想道德和科学文化素质方面还存在着与社会主义现代化建设不相适应的问题。"[2]因此,提高农民的文化素质迫在眉睫,势在必行。通过教育使农民转变思想观念,树立起开放、竞争和开拓意识,适应社会的发展需要。乡村教育要培养农民养成自觉认识乡村文化价值,既能够厘清乡村文化的不足,又要担负起乡村文化价值的继承者和诠释者的重任。

在重塑乡村文化价值的过程中,乡村教师扮演着价值的引导者、文化的弘扬者、新农村文化精神的塑造者的角色。然而,在市场化冲击下,乡村教师待

---

[1] 韩长赋.新形势下推动"三农"发展理论:学习领会习近平总书记"三农"思想[J].求是,2017(2):34-36.

[2] 温家宝.关于新时期的农民问题[J].求是,1995(24):2-9.

遇不高、生存境遇堪忧。在城市文化冲击下,他们"逐渐失去了文化的独立性,其对现实的文化批判精神渐趋式微,社会批判立场模糊化、社会批判意识淡化",成为"社会现实生活的适应者、世俗要求的提供者"。[①] 由于功利主义的影响,以及乡村文化的衰落,乡村教师社会地位大大降低。在重建乡村文化价值的过程中,要重视并充分利用他们的文化力量,使他们成为乡村文化公共教育空间的引导者。在实现乡村社会的现代转型之中,提高教师福利待遇,使其能安心扎根乡村,唯如此,乡村教师才能不仅安心传播现代文化知识,而且能够扮演乡村文化价值的守护者和传播者。

5.3.4 坚持借鉴国(境)外乡村文化建设的成功经验

在传统乡村文化向现代化转型的过程中,世界上有一些国家和地区已经走在中国的前列,这些国家和地区乡村文化建设的成功经验和深刻教训,为当前中国推行的乡村振兴,尤其是乡村文化振兴提供了可以借鉴的资源和启示。

第一,注重传统乡村文化的传承和保护。任何一种文化,如果将传统文化束之高阁、弃之不顾,一味地迎合西方异质文化,那么就失去了文化的"根"和"魂"。在中国传承数千年的乡村文明是中华民族文明的主体,正如习近平总书记指出的那样,"村庄是乡村文明的载体,耕读文明是我们的软实力,要保留乡村风貌,坚持传承文化。"在整个大中华文化圈中,台湾、香港、东南亚等地区对传统文化的保护要比中国大陆好。台湾地区乡村文化建设在战后也曾经历着传统文化与现代文化的对抗,西方文化与本土文化之间的碰撞,与当前中国乡村文化建设面临的情况非常相似。台湾地区的"中华文化复兴运动",凭借民族传统的人本精神和伦理观念,弘扬民族文化,进行民族精神教育,进而挽救文化危机,为台湾地区的现代民主转型提供了精神资源。台湾地区不仅未抛弃传统文化,反而在植根于传统文化的基础上,不断创新,吸收西方优秀文化,使传统文化适应时代发展的潮流,以新的姿态、新的面貌呈现出来,成功实现了传统文化的现代转型。在保护乡村文化方面,日本的做法也为我们提供

---

① 刘旭东.对教师"去理论化"现象的思考[J].当代教育科学,2007(23):12-15.

了启示。日本在乡村文化建设上,重视并推崇传统乡村文化的价值,将极富特色的"绝技""绝活""绝艺"视为"人间国宝",政府拨付专项资金予以扶持和资助。建立全国性的保护乡村文化的协会,将乡村文化传承艺人凝聚在一起,专门从事传承活动。几十年来,对乡村文化的传承和保护,使濒临危机重重的乡村文化、民间文化走向新生。无论是中国台湾地区还是日本,对传统乡村文化的保护力度、政府提供专项资金予以支持等做法都为我们社会主义新农村文化建设提供了宝贵的经验和有益的启示。

第二,改善乡村文化基础设施。纵观西方发达国家的乡村文化建设取得的成功经验,无不加大对乡村文化基础设施的投资力度。西方发达国家,因实现工业化和现代化较早,物质基础雄厚,早就解决了现代化进程中的城乡二元结构的问题,城乡文化一体化发展几乎是同步进行的。日本在实现现代化的进程中,在乡村设置博物馆,对古老的乡村民居,政府出资予以保护,且资助民居主人进行修缮。韩国在推进"新村运动"中,将有限的资源投入到乡村文化基础设施建设上来,从而极大地推动了乡村文化的发展和繁荣。在农村建立"村民会馆",通过这种"会馆"以国家意识形态和主流文化价值观控制基层社会的文化。这种"村民会馆"的主要作用是"开展农业科学技术的教育、定期进行农田耕作的知识讲座、乡风文明教育等有关乡村文化的内容,不仅传播了农业、农村发展的文化知识和科学技术,为农村经济发展注入活力,而且在潜移默化中灌输了政府的意识形态和核心价值观念"。①

第三,将振奋民族精神视为乡村文化建设的灵魂,促进乡村社会的文化和谐发展。每个民族国家都有各自的文化底蕴,在传统文化向现代文化转型中上尽管方法和路径不同,但都通过激发其民族精神和时代精神作为文化建设的核心。韩国的"新农村运动",将振奋民族精神视为文化建设乃至国家建设的灵魂,不仅推动了乡村社会经济发展,而且实现了民族精神和时代精神的融合,为现代化转型和工业化进程提供动力支持。同时,在经济发展的同时,注重经济、文化、生态等方面的协调发展。欧美各国,树立起以乡村文化和谐为中心的发展模式,不仅建立和完善基本文化设施,而且经常开展丰富多彩的乡

---

① 宋一.国际农村文化建设的经验与启示[J].广西师范学院学报,2009(1):153-156.

村文化生活,使人们在和谐的文化生活中享受乐趣和幸福。

第四,坚持以农民为中心的创作导向。西方国家注重创作支持,制定政策坚持以农民作为创作主体,对农民创作和针对农民的创作给予补贴。西方发达国家十分重视对农民的文化教育和技术培训,政府出资开设农业技术教育,以便提高农民从事农业生产的基本技能,同时对农业进行补贴和各种优惠待遇。为顺应时代发展,提高农业的信息技术,西方发达国家打造农业信息网,为农民提供先进的技术和信息服务。通过互联网平台,农民获得大量与农业相关的科技信息,以及农产品的种植、经营、销售等各种现代信息,为农业现代化提供便利。

西方发达国家乡村文化建设的宝贵经验给我们提供了一些启示,要加快构建新时期中国特色的哲学社会科学体系,在进行社会主义新农村建设中,引领和推动乡村文化与乡村经济建设、政治建设、生态文明、社会和谐协调发展。根植于传统乡村文化的基础上,注重传统乡村文化的继承、创新、开放、利用,注重农民文化教育的提高。不断加大对乡村文化基础设施的投资力度,健全农村公共文化服务体系,为乡村文化建设和发展提供物质基础。强化社会主义核心价值观教育,以习近平新时代中国特色社会主义思想,尤其是对"三农"问题的相关指示为指导思想,以爱国主义为核心的民族精神和以改革创新为核心的时代精神为根本原则。既要维护好优秀文化资源,又要在新时期发展独具特色的乡村文化,充分发挥乡村文化的教化功能,促进乡村社会的和谐发展。按照民主法治、公平正义、诚信友爱、充满活力、安定有序、人与自然和谐相处的要求,树立和谐理念,促进不同文化间的交流和融合,增强乡村文化的生机与活力。借鉴国(境)外乡村文化的建设经验,在全球化的浪潮中,在推进乡村经济建设的同时,积极推进乡村文化转型,为乡村振兴提供精神文化支撑。

5.4 确立新时代乡村文化建设的系统策略

乡村文化是中华民族的血脉和灵魂,是中华民族的精神家园。中国特色社会主义进入新时代,党的十九大提出的乡村振兴战略,是破解"三农"问题的总抓手。乡村振兴战略中提出的乡风文明、生态宜居成为乡村文化建设的指导思想。乡村文化振兴既是乡村振兴战略的精神动力,又是乡村振兴的重要标志。乡村文化振兴实施的路径有哪些?又有哪些具体对策呢?本节就这些问题进行论述。

5.4.1　突出新时代思想引领,传承发展乡村优秀传统文化

当前我国正处于社会转型和城乡社会利益格局深刻调整的时期,广大农民群众的思想观念在经历着前所未有的深刻变化,用习近平新时代中国特色社会主义思想引领农村思想政治工作,用共同理想和坚定信念把农民团结起来,是一项时代赋予的历史重任。

学习习近平新时代中国特色社会主义思想。"人民有信仰,国家有力量,民族有希望。"党的十九大把习近平新时代中国特色社会主义思想写入党章,作为党的指导思想,实现了党的指导思想的与时俱进。在全国上下掀起学习贯彻落实党的十九大精神的高潮中,要用习近平新时代中国特色社会主义思想武装农民,通过各种载体,推动广大农村党员干部群众深入学习习近平新时代中国特色社会主义思想的时代背景、科学内涵、实践要求,不断增强政治认同、思想认同、情感认同,并在实践中加以贯彻落实,成为推动工作、指导实践的科学理论武器。用人民群众喜闻乐见的形式,把深刻的理论转换成农民易于接受的朴实生动的话语讲清楚,使广大人民群众坚定"四个自信",巩固共同思想基础。随着时代发展,网络、微信等新媒体的普及,广大人民群众的视野更加开阔,对党和国家的政策关注度日益增加。强化宣传,引导广大人民群众了解党的大政方针,增进对党和政府的信任,成为农村思想教育的重要内容。深入开展党情、国情的宣传教育,特别是宣传党中央关于"三农"工作的重要政策文件,诠释党中央重视"三农"、支农惠民和实施乡村振兴战略的政策措施,围绕农民关心的热点难点问题进行解读,引导农民增强信心、凝聚共识。组织宣讲团走进农村进行巡回宣讲,开展丰富多彩、形式多样的主题宣传活动,大力推进《学习强国》线上学习平台落地,推动习近平新时代中国特色

社会主义思想走进千家万户，入耳、入脑、入心，推动党的理论大众化，用新思想新文化引领广大农民群众。

培育和践行社会主义核心价值观。2012年11月，习近平总书记率领中央政治局常委会见中外记者时作出庄严承诺，"人民对美好生活的向往，就是我们的奋斗目标"。美好生活包括物质文明和精神文明。党的十八大以来，从"两个一百年"的奋斗目标到"实现中华民族伟大复兴的中国梦"，从统筹"五位一体"总体布局到"四个全面"战略布局、树立"五大发展理念"，以习近平同志为核心的党中央治国理政的每一个战略布局，都植根于两个文明的协调发展，都离不开精神文明提供的动力支撑。党的十八大报告中提出"富强、民主、文明、和谐"，"自由、平等、公正、法治"，"爱国、敬业、诚信、友善"24字的社会主义核心价值观，这是建设社会主义文化强国的首要任务。通过近几年来的大力宣传、教育引导、文化熏陶，社会主义核心价值观日益成为凝聚民心的社会新风尚。社会主义核心价值观"寄托着近代以来中国人民上下求索、历经千辛万苦确立的理想和信念"，体现了全国各族人民共同认同的价值观，包含了国家层面的价值目标、社会层面的价值取向、个人层面的价值准则，体现了古圣先贤的思想，体现了仁人志士的夙愿，体现了革命先烈的理想，也寄托着各族人民对美好生活的向往。习近平总书记指出："要深入开展学习宣传道德模范活动，弘扬真善美，传播正能量，激励人民群众崇德向善、见贤思齐，鼓励全社会积善成德、明德惟馨，为实现中华民族伟大复兴的中国梦，凝聚起强大的精神力量和有力的道德支撑。"①要重视家庭建设，注重家庭、注重家教、注重家风，紧密结合培育和弘扬社会主义核心价值观，发扬光大中华民族传统家庭美德，使千千万万个家庭成为国家发展、民族进步、社会和谐的重要基点。党的十九大报告重点指出社会主义核心价值观要"构筑中国精神、中国价值、中国力量，为人民提供精神指引"。② 农村地区文化建设，要用社会主义核心价值观体系引领乡村文化建设，为农民所接受，并成为农民的思想意识和自我行为的价值导向。首先，乡村文化建设需要在社会主义核心价值观指导下，通过

---

① 习近平在会见第四届全国道德模范及提名奖获得者时的讲话[N].人民日报,2013-09-27.
② 习近平.决胜全面建成小康社会 夺取新时代中国特色社会主义伟大胜利——在中国共产党第十九次全国代表大会上的报告[N].人民日报,2017-10-28.

系统开展符合民意、贴近民生、关注民情、与民互动,向农村居民传递新的精神追求和价值理念。其次,要在农村推行公民意识教育,帮助农民树立公民意识。第三,要不断提升农民的民主和法治意识,从而塑造知法、懂法、守法的新型农民。最后,重建乡村新文化,丰富农民的精神文化生活,引领农民重塑对乡村文化的认同感以及"以乡土为本"的价值观念,激发其主动性和自觉性。

当下的中国乡村社会正面临着文化转型,即由农业社会向工业社会和后工业社会转型,破解"三农"问题不能脱离乡村文化转型的时代背景。当前乡村文化正由从传统乡村文化向现代都市文化的过渡阶段,传统乡村文化的影子并未完全消失,同时又具有了某些都市文化的特征,呈现出传统与现代、多元文化并存、相互交融的态势。推动乡村文化转型,首先要加强城乡文化间的交流融入,创建城乡一体化的文化互动机制,使城市文化资源能够发挥对农村有效辐射作用,最大限度地实现城乡文化和谐交融。其次,积极引导农民参与乡村文化建设机制,保障农民对文化产品需求的多元化。当下农民的价值观念更加多元,满足农民多元文化需求的前提则是建立农民文化需求的参与表达机制,以及政府如何将这种民意转换成公共政策的制度安排。因此,在乡村文化建设中,农民的话语权、主体地位有待提升。再次,发挥社会主义核心价值观在乡村文化建设中的引领作用。在市场化大潮的冲击下,乡村社会呈现出由"伦理本位"向"利益本位"转变,表明农民行为动机由道德伦理转向经济因素,也表明乡村文化在由传统向现代转型过程中,不仅造成农民精神信仰层面的迷茫,主流意识形态也会随之淡化。因此,乡村文化建设在处理乡村文化多元并存与社会主义核心价值体系之间的关系时,社会主义核心价值体系应引领乡村文化转型和建设,在多元多样中求主导,在交流融合中谋共识。在此基础上,整合乡村多元文化,构建充分体现崇尚法治、维护权利、注重程序、科学规范的现代治理理念的价值体系,增强乡村文化的向心力与凝聚力,促进乡村多元文化与主导文化的和谐统一,最终形成文化合力,为新时代乡村振兴提供精神动力和现代治理理念。

提升农民精神面貌。随着经济社会深入发展,农民群众受各种社会思潮的影响也日益增强,接受的信息日益多样,思想差异日益扩大,这种新情况应当引起我们的高度关注。积极应对经济社会快速发展带给农民群众的思想影响,开展人文关怀,帮助农民树立积极向上的良好心态,增强精神力量,提升精神面貌。

注重相互关爱,通过知识讲座、调查走访等形式,开展公益服务,促进农民思想情绪良性发展。创设文化平台载体,以文化活动中心等为依托,设立"快乐大篷车"等工作载体,帮助农民解开心结,释放压力,构建积极健康向上的心态。有针对性地开展工作,尤其是把空巢老人、留守儿童等群体作为重点关照对象,开展"一对一"帮扶,组织"邻里守望"志愿服务。对贫困家庭的农户开展多种形式的精准扶贫活动,解决生产生活中的现实问题。对具有心理问题和不良情绪的群体进行思想引导,提供社会帮扶,培育积极心态。

中华优秀传统文化植根于乡土社会,唯有建立在留得住乡音、乡风、乡情、乡思的基础上,继承中华传统文化之精华,从中挖掘历史智慧,根据时代发展将适合时代需要的乡村文化进行创新性发展、创造性转化,才能让传统文化"发光发彩"。

弘扬优秀家风家训文化。传统的家风家训文化,在几千年的传统乡土社会发展史上扮演着稳定器的角色,对维护社会发展稳定发挥着无可替代的作用,在当今市场经济的大潮中依然具有独特的时代价值和现实意义。在弘扬传统优秀家风家训文化时,合理吸收其精华,并根据时代潮流的需要推动其进行创造性转化、创新性发展,为新时代乡村优良家风家训提供深厚的历史底蕴和文化滋养。通过举办诸如家谱村史、楹联、经典家训等丰富多彩的文化活动,挖掘、整理、编写弘扬传统美德的家规家训,将好家风家训飞入寻常百姓家,将好家训在文化礼堂、文体中心都能够集中展呈,纳入家谱村史、村规民约的编写修订之中。在农村红白喜事等活动中推动家风家训代代传承,移风易俗,引导农民坚定文化自信,传承优良家风家训,树立家国情怀。

重视、研究和借鉴地方志文化。地方志文化是中华优秀传统文化的重要组成部分,具有记载当地历史,为地方政府提供资政育人的功能。传承并发扬地方志文化,对总结农村发展改革经验,促进乡村社会经济发展,助力乡村振兴战略具有重要意义。因此,在实施乡村振兴战略中,要加强乡村地方志资料收集整理,综合运用社会调查、口述史、家谱族谱等资料的收集,不断拓展收集范围和途径,做好各地独具特色的人文历史普查工作,为保护历史文化、实施乡村振兴战略提供坚实的资料支撑。通过树立一批典型,带动更多的地方志的编写,更好地抢救保护、传承保护、开放利用宝贵的乡村文化。大力进行宣传教育,不断增强各地农民的归属感。在互联网和新媒体新技术普及的当下,推动地方志数字化,鼓励各地设立并加强地方志文化门户网站、微信公众号等平台建设,为社会提供地方志的信息查阅等服务。

挖掘保护民俗文化和非物质文化遗产。在弘扬民俗文化特色的同时,科学制定民俗文化保护机制,制定保护地域文化和民俗文化的规章制度。在挖掘保护中继承,在传承中不断创新。通过专家学者对民俗文化的鉴定,区分物质文化遗产和非物质文化遗产。加大对民俗文化和传统村落的宣传力度,打造名牌,健全乡村优秀传统民俗文化传承人扶持机制,提高传承人的社会地位,调动农民在民俗文化保护和传承中的积极性和创造性。广大农村是非物质文化遗产的发源地,各地独具地方特色的表演艺术、手工技艺、民俗节日等非物质文化遗产大多产生于农村,流传于乡间。在保护传承抢救各地非物质文化遗产时,要秉持"保护为主、抢救第一、合理利用、传承发展"的方针,大力推进"美丽'非遗'乡村行动"计划,做好"非遗"保护传承工作,发挥各地非物质文化遗产塑魂、兴业、育人、添乐、扬名等能效,为乡村振兴战略提供强有力的文化支撑。

大力开展弘扬传统民俗,丰富传统节日文化。推广"我们的节日""我们的传统"等主题文化活动,组织开展具有民族传统特色和地域特色的民俗文化活动,在春节、元宵、清明、端午、七夕、中秋、重阳等传统重大节日期间,通过开展丰富多彩的文化活动,不断诠释、丰富节日内涵,营造浓厚的节日氛围,让广大农民群众在节日中感受到传统文化的魅力。通过培育积极健康向上的节日文化,延续乡土文化脉络,不断提升广大农民群众对乡音乡土乡味的文化认同、情感归宿、乡土情怀和文化自信。

加强传统艺术保护传承。通过实施"抢救性记录"工程,推进传统戏曲、音乐、舞蹈等项目的传承,将传统艺术代代传承,并赋予其时代色彩,让农民乐在其中,提升其文化获得感,结合地域特点,培育一批传统表演艺术精品项目,打造"一地一品"或"一地多品"名牌工程格局。坚持传承与发展相结合的方向,通过振兴传统艺术,更好发掘其价值,为乡村文化产业做大做强奠定基础。

加快推进富于地域地点和民族特色的"非遗"整体性保护,推进民俗文化村、"非遗"主题小镇建设,使其成为"非遗"项目的传承基地、教学基地、展示窗口,更好地发挥示范作用,并将其与美丽乡村建设结合起来,助推乡村振兴战略。

5.4.2 增强乡村公共文化活力,创新乡村文化传播方式

改革开放40多年来,人民群众的物质文化生活水平大幅度提升,正在为实现全面建成小康社会的奋斗目标而奋斗,同时精神文化需求也与日俱增。但在不少农村地区,由于各种原因,精神文化依然是短板,不能满足当地农民的需求。基于此,要不断增强乡村公共文化的生机和活力。

建立健全乡村公共文化服务体系。建立乡村公共文化服务体系,要按照有标准、有人才、有内容的要求合理有效推进。要在乡(镇)、村两级实现公共文化全覆盖,乡(镇)里构建综合文化中心,村里构建文化室。在农村深入推进文化惠农活动,给农村地区提供更多更好的公共文化产品和服务。鼓励文艺工作者深入农村,与农民"心连心",支持"三农"文艺创作,让新的文化艺术品能充分展示新时代农民的文化内涵和乡土风情。习近平总书记提出:"要完善公共文化服务体系,加强基层场地设施建设,让村村、乡乡、县县都可以广泛开展文化体育活动。要把农村小喇叭、小广播建起来,深入推进广播电视村村通、农家书屋、乡镇综合文化站等重点文化惠民工程,加快图书馆、文化馆、体育馆、少年文化宫等建设,使农民群众在业余时间有个好的去处,使未成年人能够就近经常参加文化体育活动。场地设施建好了,要经常组织开展活动,不能流于形式。"[①]对于如何保护传统乡村文化遗产,习近平总书记指出:"要保护好前人留下的文化遗产,包括文物古迹,历史文化名城、名镇、名村,历史街区、历史建筑、工业遗产,以及非物质文化遗产,不能搞拆真古迹、建假古董那样的蠢事。既要保护古代建筑,也要保护近代建筑;既要保护单体建筑,也要保护街巷街区、城镇格局;既要保护精品建筑,也要保护具有浓厚乡土气息的

---

① 中央文献研究室编.习近平关于社会主义文化建设论述摘编[M].北京:中央文献出版社,2017:187.

民居及地方特色的民俗。"①推行乡村文化馆建设,推动农村公共文化服务资源下沉到基层,利用互联网等新媒体新技术,为广大农民提供优质的服务窗口和服务平台。

激发乡村文化活力。创作反映浓厚乡土文化气息的文化产品,开展更多吸引农民积极参与并乐在其中的文化活动。运用文化下基层进乡村,"心连心"文艺宣传小分队,文艺志愿服务等载体,把更多优秀电影、戏曲、图书、文艺演出等送到农民群众中间。利用互联网等新媒体新技术,建设覆盖城乡的数字文化服务网络,为广大农民群众提供多渠道的文化服务。在推进乡村公共文化建设时,凸显农民的主体地位,充分调动农民参与的积极性和主动性,通过比赛、表演、展示等多种形式,举办乡村文化节、才艺大比拼、文艺晚会等各类文艺活动,搭建各类展示乡村文化和农民才艺的平台。通过举办丰富多彩的文艺活动,使广大农民群众成为文艺活动的主角,并让其乐在其中,增强乡村文化的活力。

党的十八大后,党中央通过制定文化体制改革方案,从宏观层面构建了文化发展和繁荣的规划点和路线图,就是要不断提高社会主义先进文化辐射力和影响力,加快构建技术先进、传播快捷、覆盖广泛的现代传播体系。同时中共中央还针对乡村地区地域大、比较分散的特点,提出要将传统媒体和新兴媒体融合起来,把两者的优势补充,融合在一起发展,发挥最大传播力。

提升农民的科学文化素质,最便捷的方式和方法就是要加快构建乡村现代文化传播体系。乡村文化传播体系的构建要与中国具体的国情、中国传统文化、中国乡村现实需求相结合,让社会主义核心价值观服务农民,并被农民理解和接受。这就要求,一是大力发展农民的再教育,提高农民的文化素养。提升农民的自信、自觉理念,提升农民遵守规则和法律的意识。二是要充分发挥乡村"新乡贤"的作用,特别是发挥产业发展能手、乡村教师、乡村医生、回乡创业者等的模范带头作用,合力提升农民的文化素质。

积极推进乡村优秀传统文化传承和发扬体系的构建。历史研究表明,任

---

① 中央文献研究室编.习近平关于社会主义文化建设论述摘编[M].北京:中央文献出版社,2017:189-190.

何先进文化总是与传统文化一脉相承、血肉相连的。中华传统文化不仅是走出国门的一张文化名片,更是体现了我们是一个文化强国。因此中华传统优秀文化需要系统构建和传播发扬。第一,加强历史文化遗产保护;第二,重视优秀传统文化传承,让中华民族的优良传统薪火不息、代代相传;第三,促进优秀文化资源科学开发利用;第四充分利用现代高科技手段对乡村优秀文化资源进行创新,促进优秀传统文化的继承和弘扬。

积极推进乡村文化网络传播体系的构建。当下,随着网络渗透到乡村社会的各个领域,特别是手机网络传播模式的普及,让信息传递超越时间、空间、地域的局限,让信息传递方便快捷,让受众更为广泛。网民愿意发表自己的真实需求,也愿意进行互动,这样可以快速抓住农民的需求。在推进乡村文化建设的过程中,一定要用好网络宣传平台,利用网络传播的及时性、广泛性和大众性的特点,积极促进乡村文化在网络语境下的传播。

另外,在新的历史发展时期,要采用乡村居民喜闻乐见的、容易理解的方式和方法推进乡村文化系统建设。比如:多向互动法,在推进乡村文化建设过程中,要从"单向灌输"向"多向互动"转变;因地制宜,因人而异法,就是针对不同群体、不同地域,抓住重点,突出差别,推进乡村文化建设;入乡随俗法,用农民"听得进、记得住、用得着"的语言来讲解他们的故事;寓教于乐法,通过民间艺术的形式,不仅能带给农民乐趣,而且能对农民有所帮助。可以开展"民间艺人"评选;开展"乡村文化示范户"活动;推行"一乡一品""一村一品"等原生态民族民间艺术等。总之,乡村文化建设要建立一套政府与农民之间以及农民与农民之间进行良性互动的机制。

5.4.3 培育乡风文明,建设独具特色的乡村文化

在党的十九大报告中,习近平总书记提出解决"三农"问题的乡村振兴战略,这在党的历史上是首次将乡村振兴提升到国家发展战略高度。在乡村振兴战略中,习近平提出一系列发展乡村文化建设的论断。第一是"两山理论",习近平指出:"我们过去讲既要绿水青山,又要金山银山。其实,绿水青山就是金山银山。"这个"两山理论"为乡村生态文明建设提出了基本遵循;第

二是"记住乡愁"的呼唤。2013年12月,习近平在中央城镇化工作会议上强调:"要依托现有山水脉络等独特风光,让城市融入大自然,让居民望得见山、看得见水、记得住乡愁。""要注意保留村庄原始风貌,慎砍树、不填湖、少拆房,尽可能在原有村庄形态上改善居民生活条件;要传承传统文化,发展有历史记忆、地域特色、民族特点的美丽城镇";第三是明确"新农村建设原则"。2015年1月,习近平总书记在云南考察时提出:"新农村建设一定要走符合农村实际的路子,遵循乡村自身发展规律,充分体现乡村特点,注意乡土味,保留乡村风貌,留得住青山绿水,记得住乡愁。"这些乡村文化建设的论断在新时代乡村振兴战略背景下,乡村文化建设如何发展成为各界关注的热点。2018年中央一号文件的主题是乡村振兴战略,该文件的最大亮点是提出走中国特色社会主义乡村振兴道路,具有很强的针对性和前瞻性,政策含金量很高,是未来若干年指导解决"三农"问题的纲领性文献。

要实现乡村振兴,必须物质文明和精神文明两手一起抓,举行乡村文化活动,促进农民精神风貌提升,同时培育良好家风、文明乡风、淳朴民风,从而不断提高乡村社会的文明程度。

加强党的领导。在乡村振兴过程中,首先要加强中国共产党对村庄的绝对领导,充分发挥基层党组织战斗堡垒作用。党的十九大报告指出,经历过改革开放40年后,在接下来的一段时间,中国将会迈入一个新的发展阶段。面对这样的重要的发展机遇,中国共产党所有党员要发挥模范带头作用,要发挥凝心聚力的作用,要担负起促进社会变革的历史使命,要与广大农民形成命运共同体,携手前行。因此,在构建乡村文化体系的过程中,基层党组织是主导力量,要发挥其在推进乡村文化建设中的号召力、动员力。

以社会主义核心价值观为引领。在农村地区加强思想道德体系建设,弘扬带有乡土气息的优秀传统农耕文化,要以社会主义核心价值观为引领,使用符合乡村特点的有效方式,促进乡村社会更加和谐发展,构建乡邻和睦,乡风文明的乡村社会体系。加强农村思想文化阵地建设,挖掘农村传统道德教育资源,推进社会公德、职业道德、家庭美德、个人品德建设。弘扬和传承优良的传统道德观,把尊老爱幼、济贫扶弱、维护公益作为道德标准去衡量。把乡规民约、村民自治整合起来,健全自治、法治、德治相结合的乡村治理体系。立足乡村文明,广泛吸取现代城市文明及外来文化优秀成果。深入挖掘农耕文化蕴含的优秀思想观念、人文精神、道德规范,充分发挥其在凝聚人心、教化群众、淳化民风中的重要作用。充分科学合理利用广大乡村自然山水资源,有效保护乡村社会的生态环境,祛除乡村生活陋习,治理美化乡村生活环境,真正使乡村成为山清水秀、天高云淡、风景如画的充满希望的田野和生态宜居的美丽乡村。另外,在乡村文化建设过程中一定保护好传统文物,特别对文物古迹、传统村落、民族村寨、传统建筑进行原地修复,保持其原有的风貌。

充分认识乡村农家院落的价值。随着城镇化进程的加速推进,乡村也随之发生急剧变化,破坏性开发成为常态,城市规划中忽视对城乡历史、记忆、乡愁的保存,尤其是寄托着中华儿女乡愁的历史文化古镇和传统村落庭院日渐消失。正是这些古村落庭院体现着浓郁的地方特色,具有很高的建筑艺术价值和历史文化价值,成为弥足珍贵的乡村文化遗产。2013年12月,习近平在中央城镇化工作会议强调指出,城镇化要让居民望得见山、看得见水、记得住乡愁。"记得住乡愁"就要保护和弘扬优秀传统乡村文化,延续乡土历史文脉。城镇化对乡村文化的价值判断,如果离开土地价值的支撑,"风雨故园"的保护仅仅是一种道义的呼唤,是乡愁记忆的呐喊和宣泄。现代化的"物质文明"的冲击和诱惑,使传统乡土文化历经数千年保留至今的形态被冲得七零八碎。如何使农耕文明、诗书传家成为延续乡村文脉的思想根基成为时代呼唤。

在中国传统文化的影响下,每个人都有一个田园梦。在乡村振兴战略背景下,对健康田园生活方式的追求,是对乡愁、乡情、乡韵情怀的向往。坚持人与自然和谐共生,保留村庄原始原貌,慎砍树、不填湖、少拆房,尽量在原有村庄的形态上改善农民生活条件,走乡村绿色发展之路,建设美丽乡村。遵守乡村自身的发展规律,也就遵守了乡村价值体系。传统的农家院落是乡村文化的重要载体。2015年1月,习近平总书记在云南大理的古生村农民院落里座谈时说:"这里环境整洁,又保持着古朴形态,这样的庭院比西式洋房好,记得住乡愁。""庭院比西式洋房好"是习近平总书记对乡村农家院落价值的高度认可。传统农家院落有其价值所在:首先,农家院落的生产价值。传统乡村文化中所谓"五谷丰登,六畜兴旺"就是以农家院落为依托的。如果盲目按照城市建设的思路建设乡村,农家院落的价值就无处体现和传承,价值也会受到削弱。其次，农家院落的生活价值。农家院落是农民生活的依托和基地，农民的吃、喝、住、娱乐和民俗活动都是在这种空间进行的。尊老爱幼、邻里互助、诚实守信等一系列优秀传统文化，都是依托农家院落这个文化载体进行传承。再次，农家院落的生态价值。传统乡村文化中极为注重人与自然和谐相处的观念，农家院落的建造也无不体现传统文化中"天人合一"的生态文明的理念。当下，乡村和城市一样出现了垃圾遍地的问题，这是传统村落过去没有的现象，这种现象的出现是由于忽视了农家院落的生态价值。最后，乡村农家院落的教化价值。传统乡村社会的天然教化功能是在乡村院落中潜移默化、不知不觉中进行的。传统乡村社会中的监督、示范和舆论约束等功能基于乡村农家院落的开放性，因而成为乡村教化的重要途径。如果乡村院落的开放性缺失，这种教化功能也必将随之消失。农家院落是乡村社会的一个缩影，消灭了农家院落，哪里还能"记住乡愁"呢？

创建科学化和规范化乡村文化运行体系。乡村文化建设，有其内在的规律性。要不断发现乡村文化建设的客观规律，形成一套领导有方、建设有效、运行有序的文化建设运行机制，唱好主旋律、打好主动仗、握好领导权，使乡村文化建设工作科学化和规范化推进。首先，要多部门、多主体地协同推进乡村文化建设；其次，与党中央指导思想保持一致，确保其朝着有利于乡村振兴的方向前进；最后，乡村文化建设考核体系需要规范有方，形成各主体可以对照考核标准进行自评、自查、自纠，以及实现可以互评、互查、互纠。广泛开展让农民参与的精神文明创建和评比活动，潜移默化地传递正能量。加强在农村地区的科普宣传工作，提高农民的科学文化素养。结合时代特色，进行理论创新，在社会主义核心价值的引领下，强化道德教化作用，引导农民向上向善、孝老爱亲、重义守信、勤俭持家。建立道德评比和激励机制，引导农民自我提升，自我监督，实现社会和谐、家庭幸福、邻里和睦、干群融洽。另外，开展寻找"最美乡村教师、医生、村干部、家庭"等活动，评选"好媳妇、好儿女、好公婆"等的表彰活动，把农村的好人好事进行传播，传递正能量。

习近平总书记强调指出："文化是一个国家、一个民族的灵魂。文化兴国运兴，文化强民族强。没有高度的文化自信，没有文化的繁荣兴盛，就没有中华民族伟大复兴。"①乡村振兴战略沿袭社会主义新农村建设提出的乡风文明的提法,党的十八大以来,社会主义农村精神文明内涵需要更加丰富,习近平总书记提出要用社会主义核心价值观完善乡规民约,使社会主义核心价值观成为人们日常生活基本遵循的准则,使社会主义核心价值观的影响像空气一样无所不在、无时不有。乡村振兴战略中的乡风文明增加了传承中华民族优秀文化中蕴含的思想、人文精神、道德规范,民族复兴中国梦等内容。乡风文明,扮演着乡村振兴战略的灵魂角色。

乡村的文化与教化价值是乡村治理和乡风文明的重要载体。山水风情自成一体,特色院落、村落、田园相得益彰正是中国传统乡村文化的真实写照。传统农业文明中的耕作制度、农耕习俗、节日时令、地方知识、民间信仰和生活习惯等农业文化,均体现了人与自然和谐发展的生存智慧。在生态保护、观光休闲、文化传承、科学研究等方面也都具有重要价值。同时,还应认识到尊老爱幼、守望相助、诚实守信、邻里和睦等优秀传统是乡风文明建设的重要文化资源。作为一个天然教化机构的乡村社会,对农民行为进行引导、培训与教育是其内在职责所在,引导农民在不知不觉、潜移默化之中能够达事明理,明辨是非善恶。节日庆典、民俗习惯、民间传统、村落舆论、村规民约等,这些都是维系村落价值系统的重要载体,以润物无声的形式内化于心外化于行。独具特色的乡村文化正是乡村魅力所在。美丽乡村建设不同于城市建设,更不是城市建设的简约版,不是消逝传统乡村文化的记忆,而是要更好地传承其特有的乡村风味与传统。假设美丽乡村建设都是一个模样,没有自身特色和自身内涵,或是完全照搬城市建设模式,其生命力不会长久,也必定不能成功。美丽乡村建设更多地体现地域特征与民俗风情,凸显其独特的个性,唯如此,美丽乡村才名副其实。

中国传统乡村是连接家族血脉、传承族群文化的载体,是远在异乡的游子寻根问祖的归属地,更是其精神家园。乡贤文化植根于传统乡土文化之中,具有地域性、亲善性和现实性等特点,在教化乡里、涵育乡风中扮演着重要的精神力量。在推进乡村治理体系现代化进程中,用乡村文化蕴含的道德力量推

---

① 习近平谈治国理政[M].北京:外文出版社,2014:165.

动乡风文明建设,以乡土乡情乡音为纽带,吸引各界社会贤达和企业家投资乡村,带领村民致富,激发村民积极参与乡村事务,为乡村文明建设注入新活力,延续传统乡村文脉,引领乡村振兴战略。

5.4.4 重塑乡贤文化,发挥新乡贤的示范引领作用

"乡贤"是对传统乡村社会中享有崇高威望、为社会做出重要贡献的社会贤达人生价值的肯定。明清时期是"乡贤"的鼎盛时期,"士大夫居乡者为绅",[1]退隐乡间的为官者成为乡贤阶层的主要构成成分,他们重构了乡村经济和社会秩序。他们作为一个时代的特殊群体,乡贤一般身份地位较高、知识渊博、具有较高威信和话语权,在乡村教育、风俗教化、筑路修桥、调解纠纷、稳定秩序等方面发挥重要作用。鸦片战争后,乡贤群体盛极而衰,甚至成为劣绅,成为革命的对象。中华人民共和国成立后,乡村社会结构发生巨变,尤其是改革开放以来,城乡人口流动,很多农村青壮年"能人"走向城镇,农村急剧衰落,乡村空心化严重。随着农耕文明向工业文明的转型,城市化进程和工业化进程不断加快,尤其处于新型城镇化和乡村振兴战略救赎农村的当下,新农村建设最大的困境就是人才匮乏,要贯彻"共谋、共建、共治、共享"的农村现代化发展理念,推进乡风文明建设,开发农村人才资源和文化资源建设,探索农村治理的多元化路径,给"失血"严重的乡村社会注入新活力,在此背景下,"新乡贤"成为更多有识之士的期盼。"新乡贤"成为广袤农村的时代呼唤。借助传统"乡贤文化"形式,赋予新的时代内涵,"以乡情为纽带,以优秀干部、道德楷模为引领,推进乡贤文化建设"。[2] 对延续农耕文明、培育新型农民、涵育文明乡风、促进共同富裕,以及中华传统文化的创造性转化、创新性发展发挥积极作用。

"新乡贤"既是党中央主导的国家层面的顶层设计,也是符合实际的工作部署。2014年9月,中宣部提出"要继承和弘扬有益于当代的乡贤文化,发挥

---

[1] 江丹,魏贤梅.唐宋时期乡贤对文化传承的作用——以徐州地区为例[J].文教资料,2016(8):65-66.
[2] 习近平.在中国文联十大、中国作协九大开幕式上的讲话[N].人民日报,2016-12-1.

'新乡贤'的示范引领作用。"①此后,"乡贤"和"乡贤文化"成为各大主流媒体探讨的对象,希望挖掘传统文化中乡村治理经验,让"新乡贤"发挥其示范引领作用。习近平总书记在党的十九大报告中提出健全自治、法治、德治相结合的乡村治理体系,乡贤的当代价值因此更加凸显。近年来,各地德才兼备的乡村精英和乡贤归根乡里,反哺乡村。乡村社会转型之际,"乡贤治村"作为一种将农民与乡贤结合在一起的治理模式,对推进乡风文明,无疑是一种积极有益的探索。

当下中国乡村面临着很多问题和挑战,"比如公共舆论失效,村民社会道德水准下降、行为失范;人际关系出现信任危机,公共精神所需要的社会资本存量不足;公共文化空间萎缩,农民的归属感下降;村庄公共事务的参与性降低,乡村认同感下降。"②基于此,向村民传播主流价值观,新乡贤正当其时。乡贤能够发挥"黏合剂"作用,把外出务工者和家乡人黏合在一起,重新凝聚认同,让乡土社会重新黏合起来。这是一种对家国情怀的强烈认同,唯有带有这种强烈的认同感,才能够使乡贤更加为之付出。乡贤以其言谈举止和友善博爱的胸怀率先垂范,培育乡风文明,引导村民形成积极向善的力量,不断传承,逐渐发展成为培育乡风、教化民风的持久力量。

构建党支部、村委会为统领,以发挥"新乡贤"的引领带动作用为核心、以提升"老农人"的文化素养和技术水平为基础、以培养新型职业农民为依托、以返乡创业创新的"情怀农民"的新农民为补充、发挥农民社会团体自治作用,从多个维度共同打造乡村文化建设共同体,为乡村文化建设提供强有力的支撑。建立村党支部、村委会和村民代表三者相互合作相互监督的关系,充分发挥村民自治社团组织的规则,依据各地实际情况,分阶段、分层次推进乡风文明建设和乡村自治治理结构建设。发挥乡贤在乡村文化建设中的引领作用,构建新时代的新乡贤文化。"用乡贤的嘉言懿行垂范乡里、涵育文明乡风,让社会主义核心价值观在乡村深深扎根,同时以乡情、乡愁为纽带,吸引和凝聚各方面的成功人士,用其学识专长、创业精神反哺桑梓,建设美丽乡村"。③

---

① 刘奇葆.创新发展乡贤文化[J].村委主任,2014(19):23.
② 辛宁.中国乡村公共精神的缺失及建设[J].四川行政学院学报,2016(4):100-104.
③ 刘奇葆.创新发展乡贤文化[J].村委主任,2014(19):23.

当下乡村社会获得的评价整体上低于城市,乡村深深陷入自我否定、文化逐渐衰败、传统道德沦丧的困境。乡村社会精英单向流入城市,青壮年长期外出打工,相当一部分村庄成为"空心村"。现行的城乡二元治理体制急需改变,需要类似于传统乡贤角色、又具有相对社会身份的群体下乡。新乡贤具有一定的知识、技能及资源积累,又接受过现代城市文明的洗礼,拥有先进的理念。新农村的乡土、文化、生态价值为新乡贤提供了合适的土壤。田园生活是中国人的精神归宿,乡村保留书香弥漫和亲近自然的乡土情调,植根于乡土文化价值,成为乡贤新生的最佳土壤,未来要用新乡贤的价值追求和文化传承涵育文明乡风,让新乡贤的责任和情怀扎根于乡村振兴的实践中。

5.4.5 提升乡村文化阵地,加强乡村文化队伍建设

改革开放40多年来,随着中国经济社会的快速发展和社会转型,农民的精神文化需求呈现出多元化、多层次等特点,现有乡村文化基础设施已经不能满足农民的需求。农村公共文化设施总量不足,布局不合理等问题更加凸显,资源分布不均衡,重复建设、管理体制上推诿扯皮、多头管理的现象依然很突出,总量不足与资源浪费情况并存,整体效益发挥不佳,因此需要进一步完善基层公共文化设施建设,统筹推进整合资源,为乡村振兴战略提供文化支撑。

乡镇文化服务中心建设。乡镇文化服务中心既是广大农民群众开展文化工作的重要组成部分,又是进行乡村文化工作的基地。依托综合文化站建设基层文化服务中心,健全多功能活动厅、图书阅览室、教育培训室、体育健身室、书画展览室、地域文化展示室等基础设施,实现资源共享。鼓励有条件的地方推进露天大舞台、文化广场、文化公园等设施建设。围绕文艺演出、读书看报、广播电视、电影放映、文体活动、教育培训等,为广大农民群众提供基本公共文化服务。

乡村文化广场建设。乡村文化广场是农民最基本的活动阵地,也是向农民提供公共文化产品的便捷场所。整合乡村文化资源,将文化广场打造成为乡村文化宣传中心,开展弘扬主流价值,理论政策宣讲、乡土文化展示、乡风文明传播、礼仪礼节教化、科技知识普及、群众文化活动的传播中心,成为乡村文

化地标和农民的精神家园。让农民在文化广场上"心有所寄",汇集乡村人文底蕴。充分展示村史村情、乡风乡俗、生态保护,也能够听到乡贤讲述特色村庄故事,充分塑造最美人物、道德模范、优秀学子、成功人士等先进事迹,打造文化名人。将文化广场建设成为厘清村史脉络、挖掘人物底蕴、记忆乡音、品味乡愁的文化场所。在文化广场开展舞蹈、戏曲、歌曲等活动,既能够活跃农民群众的文化氛围,也能使他们锻炼身体,改变农村长期存在的老年人"烧香拜佛看电视"、年轻人"白天赤膊晚上赌博"的状况,丰富农民的精神文化生活,将主流价值和正能量潜移默化地滋润到农民心间。

乡村文化振兴,人才是关键,努力培养一支懂农业、爱农村、爱农民的乡村人才队伍,为乡村文化振兴提供人才支撑。农村基层文化宣传工作领域不断拓展,阵地也随之不断扩大,迫切需要进一步加强乡村文化队伍建设。

引进科技文化人才队伍。科技文化人才队伍是乡村振兴的智力支持,为农村科技文化发展指引方向,也是乡村核心竞争力的重要标志。当前乡村科技文化人才短缺,远远不能满足乡村振兴战略的需要。建立与"三农"科研单位的合作机制,加大引进农业院校的专家深入农村的力度。促进各类农业科研文化人才队伍合理流动,改进其薪酬和岗位管理制度,破除人才流动的体制机制障碍,促进农业院校科研院所与农业经营企业,以及"三农"问题相关研究单位之间人才的合理流动。同时农村也要大力引进有创新实践经验的科技文化人才到农村进行指导,为乡村振兴注入新鲜人才血液。

提升培养实用人才队伍。农村实用人才是农民中的优秀代表,是带领农民致富路上的引路人和骨干力量,是提升农村科技文化建设的主体力量。对在农村的实用人才队伍开展技能培训,制定培训计划,创新培训举措,持续开展新型职业农民培训,加大城乡旅游融合、农村电子商务、绿色农业等专业化培训项目,突出新发展理念、新技术、新发展模式等,提升他们在经营、管理、科技、文化等方面的综合能力。同时紧跟时代潮流和乡村振兴战略发展需要,加大对农业职业经理人、农村电子商务等新型职业模式和商业模式的开发力度,为新型农民和新型农业经营主体深度融合提供有力的支撑。

鼓励创新创业人才队伍到农村去。农村的创新创业人才队伍是实施乡村振兴战略的重要力量,是加快农业农村现代化建设的主力军。吸引各类人才返乡创新创业,推动城市资金、人才、科技等要素流向农村,激发其聪明才智,营造他们在农村地区创新创业的良好氛围。对于大学生、留学归国人员、科技人员、青年、妇女等勇于返乡创新创业人员给予各种"强农富农惠农"的政策优惠,努力解决这些人员创新创业融资难问题。采用"公司+农户""公司+家庭农场""公司+合作社+农场"等形式,带动当地农民创新创业。支持高等院校、大型企业采取众创空间、创新工场等模式,对返乡创新创业人员给予租金补贴等。建立对口联系制度,对返乡创新创业人员及时开展技术指导和跟踪服务。鼓励各类电信运营商、电子商务商等企业面向返乡人员开发技术应用软件、开展生产技术培训、开展网上直销。对这些人才开设绿色通道,提供便捷服务,传播创业的新思维、新经验,激发创业者的激情和动力,营造鼓励和支持返乡人才创业的良好氛围。

引导民间乡土人才队伍发挥才智。民间乡土人才是指在民间文化艺术、生产生活技能、经营管理服务、特色技艺等方面拥有一技之长的民间人才、"草根"人才,对推进乡村振兴提供深厚的人力资源支撑。积极引导民间乡土人才发挥聪明才智,有利于增强农村广大人民群众的归属感。鼓励民间乡土人才开展技术传授、经验交流、成果推广等活动,给予这些艺人一定支持,将他们推荐为乡村后备干部。建立"乡土人才库",树立先进典型,通过报纸、广播、电视、网络媒体加强宣传引导。积极采取有效措施,制定配套政策,支持民间乡土人才发挥才能、施展才华,做到事业上扶持、艺术上指导、生活上照顾、精神上鼓励,使其能够安心长期扎根乡村、传承文化技艺、服务农民群众。延续民间优秀的文化血脉,既要靠民间文化传承人口口相传,又要在高等院校开设富有地域文化特色的选修课程,吸引更多人才做民间文化传承人,推动"非物质文化遗产"、民间优秀文化的保护传承。

壮大"三农"工作人才队伍。"三农"工作人才队伍主要由领导干部队伍、管理与服务队伍和基层干部队伍共同组成。建立党委统一领导、政府负责、农村工作部门统筹协调的农村工作领导体制。各级党政"一把手"是实施乡村文化振兴的第一责任人。建立多元化的培训体系,开展"三农"干部轮训,利用挂职锻炼、轮岗交流、集中培训、学习考察等多种方式,提升"三农"干部队伍的管理与服务意识、政策理论水平。建立长效机制,确保"三农"干部人才队伍有更多时间实地到农村看看走走,现场解决问题。对于那些长期扎根农村的干部人才队伍进行表彰奖励,形成鼓励干部人才到农村基层一线工作的舆论导向。对农村基层干部进行交流培训,不拘一格使用农村基层干部,推动农村致富带头人、乡土人才、新乡贤、返乡创新创业人员、复员退伍军人、大学毕业生等进入基层干部队伍,以多种途径、多种方式配齐农村基层文化建设队伍。

5.4.6 推进城乡教育公平,坚定乡村文化自信

乡村教育是实施乡村文化振兴的必然要求,建立健全城乡义务教育管理体制机制,实现城乡教育一体化。乡风文明建设的核心是提高农民的科学文化素质和思想道德修养,唯有不断提高农民对乡风文明的认识,才能引导农民树立正确的"三观"(世界观、人生观、价值观)。让广大农村居民了解中央的"三农"政策,促进城乡教育一体化发展,破解城乡二元结构,确保农村适龄儿童的受教育权,消除农村适龄儿童受教育的歧视。根据实际情况因地制宜制定教育规划,推进城乡教育均衡发展。

大力发展乡村教育,建立一套完善的乡村人才体系。2018年中央一号文件高度重视农村义务教育,提出优先发展农村教育,特别是推动建立以城带乡、城乡一体、均衡发展的义务教育发展机制。一是在农村逐步推行公办幼儿园;二是普及高中教育;三是推行职业技能教育;四是改善现有薄弱学校办学条件;五是建立助学金制度;六是加强学校之间教师队伍的交流,提升办学水平;七是普及网络化教育,与城市学校共享课件;八是扶持培养一批了解农村,具有一定农业技术的农业职业经理人和乡村工匠等,从而建立完善的乡村人才体系。

在义务教育阶段,强化政府对改善农村教育的主体责任,在促进城乡教育公平发展中发挥激励和保障作用。将中央政策真正落实到乡村地区,通过财政转移支付缩小城乡差距。积极鼓励地方因地制宜地探索可推广的经验,推动基层城乡一体化治理与体制机制创新,破解农村义务教育发展难题。城乡教育一体化发展应与精准扶贫、教育扶贫实现联动。教育扶贫是对教育公平

理念与机会均等思想的体现,通过接受教育帮助贫困地区的人口减贫脱贫,是一条行之有效的阻断贫困代际传递的有效途径。针对农村留守儿童、进城务工子女、贫困家庭与残疾学生等群体,提供更好教育环境和制度保障,为学生提供更多接受高等教育或职业教育的通道。在追求教育公平时,应注意协调多方利益,建立城乡协同治理模式。提升乡村教师综合素质,从机制上提升乡村教师社会地位,保障乡村教师在职称晋升、工资等方面不低于当地公务员水平。制定一些优惠政策,吸引并鼓励优秀大学生到偏远农村中小学开展支教工作,使其能够扎根乡村教育。在教育经费和教师资源等方面,开展城市优秀教师与乡村教师双向互动交流沟通,使农村孩子也能够享受到与城市孩子同样的教育,确保城乡教育一体化、均衡化发展。在教育方式上,大力推进在线网络教学,让农村学生也能同步享受城市优秀教师的课堂教育内容和理念;在教学内容上,不仅要注重传统教育,还要加强思想道德教育,推进素质教育,培育中小学生优良品格,增强学生的创新思维能力,从德智体美劳各方面将学生培养成为新时代中国特色社会主义事业的建设者和接班人。以此来带动乡风文明建设,改善乡村面貌,实现乡村振兴的夙愿。

在成人教育阶段,建立健全教育培训体系,整合农村教育资源,提升农民的科技意识、文化水平和技能素养,培育更多新型职业农民。确保农民整体素质与乡风文明相契合,让农民成为乡风文明建设的主力军。在成人教育的培训内容和培训方式上,因地制宜,结合当地农民需要和接受程度,树立以农民为中心的发展理念,以农民的实际需求为导向,调动社会力量和高等学校师资,支持农村成人教育,将其打造成为培育新型职业农民的基地,为乡村振兴战略提供人才资源。

习近平总书记在党的十九大的报告中提出:"文化自信是一个国家、一个民族发展中更基本、更深沉、更持久的力量。文化是一个国家、一个民族的灵魂。文化兴国运兴,文化强民族强。没有高度的文化自信,没有文化的繁荣兴盛,就没有中华民族伟大复兴。"①建立在农耕文明基础上的中华文明的典型特征是乡土性,乡村孕育了古老的中华文明,农耕文化是中华文明的"根"和

---

① 习近平.决胜全面建成小康社会 夺取新时代中国特色社会主义伟大胜利——在中国共产党第十九次全国代表大会上的报告[N].人民日报,2017-10-28.

"魂",因此,引导农村居民坚定文化自信,为乡村振兴战略注入活力。乡村的田园牧歌、朴实安详、天人合一的生态之美,既是人们魂牵梦萦的故乡,也是其精神归宿。十八大以来,习近平总书记提出建设"美丽乡村"的奋斗目标,成为美丽中国建设的根本出发点和落脚点。2015年1月,习近平总书记在云南省考察时指出:"新农村建设一定要走符合农村实际的路子,遵循乡村自身发展规律,充分体现农村特点,注意乡土味道,保留乡村风貌,留得住青山绿水,记得住乡愁。"同年5月,在浙江考察时,习近平指出:"美丽中国要靠美丽乡村打基础。"乡村美是中国美的基础,建设各具特色的社会主义新农村,"望得见山水、记得住乡愁",才能共同构成千姿百态、人与自然和谐相处的美丽中国。

传统中国,乡规民约、家风家训发挥着家庭建设、乡村治理方面的重要作用,成为维护乡村社会秩序的基础,也为农民提供价值依归。从古到今,乡村文化在乡村建设中始终扮演着教化、支撑乡村社会发展的基础性作用。正如有论者指出:"当代中国乡村社会问题层出不穷而且解决乏力,其根本原因就在于农村生活意义的被消解和乡村文化价值的被抽空"。乡村文化是中国文明的"根"和"魂",乡村文化是乡村振兴的根基和血液。传承和积淀数千年的民族精神和乡村文化,构成中华文明的多元化。乡村文化作为中华文明的根脉,以其独特的价值体系为中国的繁荣发展提供文化支撑。正是这种极富乡土气息的文化支撑着中华文明的不断演进,成为世界文明的一枝独秀,引发了世界的尊重。故此,乡村文化是乡村振兴的重要组成部分。

乡村振兴实施建设美丽乡村政策,承载了亿万农民群众对美好生活的向往,是小康社会在农村的体现。美丽乡村包括村容整洁、自然生态有效保护的环境之美。民风淳朴、文明有礼、移风易俗的风尚之美。文化繁荣、耕读传家、以文化人,充满乡土气息,富于时代精神,建设农村各具特色的精神家园的人文之美。遵纪守法、风清气正、和谐稳定、安定祥和、维护公平正义的秩序之美。大力弘扬优秀民间文化,传承良好的家风家训,培育乡贤文化,延续传统乡村文化的血脉,增强乡村文化的吸引力和凝聚力,给美丽乡村建设增添新的亮色。建设美丽乡村的最终目的是让农民过上美好的生活,无数美丽乡村共同构建美丽中国,从而实现农民的"中国梦"。在提倡生态文明和美丽中国的时代背景下,我们需要的是顺应自然、保护自然、尊重自然、恢复自然的中国文化和中国智慧。让传统乡村的精神文化生活与现代生活融合起来,让农民能够在城镇化快速发展的空间中找到心灵释放、压力缓解、表达诉求的场所。

乡村振兴战略和新型城镇化战略的实施,不应是与中国乡村文化的疏离,而应是精神家园的重建,呵护乡村文化,让乡村的历史文脉生生不息。乡村振兴战略最终目标是实现乡村文明,加强乡村文化建设的最终目标也就是要实现乡村文明。乡村文化历经几千年发展历史的沉淀,是乡村振兴战略的灵魂所在。因此,新时代实施乡村振兴战略,应该实行多位一体的发展理念,抛去过去注重经济而轻生态、轻文化的传统发展理念。乡村文化振兴要做到乡风内涵丰富,首先要注重传承并创新中华优秀传统文化,提升乡村建设的文化软实力,乡村文化软实力也是中国文化软实力的体现;其次是继承广大乡村的优良传统并将其发扬光大,尤其是传承数千年的伦理道德;最后是培养新时代意识,农民不仅是乡村振兴推广的主体,而且也应该是乡村振兴的价值主体,对农民进行系统化的乡村振兴培训和疏导,提高农民对乡村振兴战略的认知水平,重点培养其学习意识、责任意识、参与意识。

乡村振兴要传承和建设农村优秀的原生态文化,因为乡村的"灵魂"不容歪曲。乡村是中国优秀传统文化的根基所在,一定要把传承和弘扬优秀的农耕文化、民俗文化作为乡村文化复兴的重要内容,在美丽乡村建设中按照"看得见山,望得见水,记得住乡愁"要求,保护和开发利用好历史文化村落和非物质文化遗产。"实现城乡一体化,建设美丽乡村,是要给乡亲们造福。"按照习近平总书记关于美丽乡村建设的重要讲话精神为指导,谱写出新时代乡村文明建设的美好篇章。站在即将全面建成小康社会、实现第一个百年目标的门口,有先人远古辉煌厚重文化的启示,有近代以来乡村建设者的实践启示,有韩国、中国台湾等东亚地区乡村建设的经验,又恰逢处于国家基本工业化即将实现、国势强盛、工业反哺农业、城市反哺乡村的历史时期,乡村文化复兴一定能够在乡村振兴战略中实现。

5.5 构建新时代乡村文化建设的保障体系

文化是人类在社会发展过程中所创造的一种精神财富,可以深刻反映政治、经济、社会、国家治理等不同方面发展水平。因此,乡村振兴进程中要推进乡村文化的发展与繁荣,实现乡村文化建设服务于乡村振兴的目标,新时代中国共产党领导的乡村文化建设就要突破传统单一文化视野的限制,从政治、经济、社会、国家治理四个方面出发,进而构建系统性的完整的保障体系。

5.5.1 增强党的政治引领,明确乡村文化建设的前进方向

乡村文化建设,需要乡村政治制度为其营造良好的环境,从而增强文化建设的有效性。具体而言,新时代中国共产党领导的乡村文化建设,既需要基层党组织发挥方向主导性,确保乡村文化建设始终沿着正确的轨道运行;又需要基层政府在现代国家治理的原则下,为乡村文化建设提供系统的完善的服务。

第一,党组织发挥政治主导性。一个政党获得广大人民的认可,就是执政合法性获得,是政府唤起对它合法性信仰与公众自觉判断是否合法双重作用的结果。对任何一个执政党来说,广大民众对其执政地位的认同并非持久不变,随着社会的发展,政党执政的合法性必须进行及时有效的追加与扩充,才能紧跟时代的脚步,才能更好地维系并巩固其执政地位。习近平总书记指出:"中国共产党的领导是中国特色社会主义最本质的特征。没有共产党,就没有新中国,就没有新中国的繁荣富强"[①]。在农村地区,我们国家有农民党员2000多万,而乡村基层党组织作为中国共产党在基层社会的延伸,是社会治理的前沿阵地,也是广大农民利益与情感诉求表达的重要桥梁,基层党组织必然与基层社会保持最紧密的联系。因此,新时代乡村文化振兴,乡村基层党组织就要把握正确的政治方向,以习近平新时代中国特色社会主义思想为指导,

---

① 习近平谈治国理政(第二卷)[M].北京:外文出版社,2017:18.

认真贯彻落实党中央关于乡村文化建设的方针政策,保证乡村主流文化能够在乡村落地生根,乡村文化建设蓬勃发展。

第二,要扩大党的理论宣传。在实践中,党组织的工作不仅在内部进行党员思想政治教育,还要在广大农民群众中进行党的理论、政策的宣导。马克思说:"理论在一个国家的实现程度,决定于理论满足这个国家的需要的程度"①。基层党组织是中国共产党嵌入乡村的执政力量,是乡村精神文明建设的领导主体,在提高农民群众社会主义主流意识形态认同上发挥着基础性作用。做好思想宣传工作,重点在基层,难点也在基层,基础不牢,地动山摇。党的十九大报告指出,要把农村基层党组织建设成为宣传党的主张、贯彻党的决定的坚强战斗堡垒。乡村基层党组织是农村各个组织和各项工作的领导核心,是乡村思想政治教育与党的理论宣传的实施者与推动者。因此,乡村基层党组织要结合实际,掌握当地民众的思想文化现状与存在的问题,通过培训、讲座、宣传等形式,尽可能帮助乡村民众了解中国化的马克思主义,为广大农民群众从整体上认知习近平新时代中国特色社会主义思想营造良好环境,在宣传党的思想与主张"最后一公里"上狠下功夫,确保乡村文化思想建设不走偏。

第三,要增强农民的政治认同。社会结构越复杂,公民的政治认同就越复杂,这就越需要包括意识形态在内的整合。中国共产党作为先进的马克思主义政党,增强广大农民群众的政治认同是党的重要的一项政治使命。中国共产党要通过思想引领,凝聚共识把广大农民团结起来,思想引领要处理一致性和多样性的关系,一致性是共同思想政治基础的一致,多样性是利益多元、思想多元的反映,要在尊重多样性中寻求一致性。农村地区思想政治工作的实施与落地,离不开基层干部与基层组织,这是乡村振兴得以实现的根本保障。基层党员加强自身党性锤炼,引导农民增强对中国特色社会主义的认同。党是整个社会的表率,党的思想路线方针在全社会的传播,最直接的方式还是党员通过自己言行的传播。乡村基层党组织直接面对着农民群众,党员的一言一行代表着中国共产党的形象,党员要严格要求自己,以身作则,时时处处坚

---

① 马克思恩格斯选集(第1卷)[M].北京:人民出版社,1995:10.

持以人民为中心,真正做到权为民所用、利为民所谋,密切与群众的联系,这就势必会从思想上获得广大农民对马克思主义的普遍认可和中国特色社会主义政治的高度认同。

新时代,乡村文化振兴中基层党组织尤其是村级党组织的战斗堡垒作用更加凸显,作为先进组织的中国共产党,在革命、建设与改革的历史进程中都显现出了极强的组织力与引领力。中国的任何事情,离开了党的领导,一切都是空谈。因此,在乡村振兴的伟大历史进程中,基层党组织需要强化其在文化振兴中的领导作用,这是这一事业能否取得成功的关键。

5.5.2 助力发展乡村经济,夯实乡村文化建设的物质基础

乡村文化建设的物质基础是乡村经济,没有乡村经济的发展,乡村文化建设就缺失了坚实的后盾。因此,新时代中国共产党就要通过乡村产业振兴来激发乡村经济发展的活力,增强乡村文化建设的物质基础。产业是乡村经济发展最重要的基础,关系着农业发展与农村进步。如果没有乡村产业振兴,乡村全面振兴无从谈起,乡村文化发展也就失去了有力的物质支撑。改革开放以来,随着我国城市化快速推进,大量青壮年农民进入城市谋生,导致乡村空心化、产业虚无化的出现。为了改变这一现状,中国共产党将"三农"问题置于治国理政的非常重要的位置。党的十九大上,提出乡村振兴战略,乡村产业振兴成了最基础性的内容,这就明确了乡村经济发展是乡村发展的根基,也从另一个方面说明乡村产业振兴是乡村文化建设等其他建设的物质基础。因此,加快乡村产业振兴,既是新时代乡村经济发展基本要求,实现传统农民文化向现代公民文化进行转化的基本条件。乡村产业振兴,绝不是要求所有乡村在产业形态上千篇一律,而是要尊重当地的资源禀赋、区位优势与比较优势来确定主导产业,实现差异化发展。

第一,要改变传统农业经营方式,发展乡村现代农业。传统农业主要是一种家户制的经营方式,农地碎片化问题较为突出,造成农业生产形不成规模经济,大大降低了抵抗自然灾害的能力。因此,一方面,要进行"三权"分置土地改革,坚持所有权、稳定承包权、放活经营权,是破解农地碎片化的关键。"三

权"分置就是将土地所有权、承包权、经营权进行并行分置,对土地要素进行优化配置来提高土地的使用效率,从而促进农业的产业化发展;另一方面,在总结中华人民共和国成立以来的基本经验与借鉴国外成功经验的基础上,由党组织与当地政府一起进行动员,提高小农的组织化程度,再造乡村社会的发展活力。"在经营方式上,要改变以往以家庭为单位的模式,发展规模经济或适度规模经济"①。积极推进小农户与现代农业发展的有机衔接,增强农产品的市场竞争力,最终实现乡村生态农业、智慧农业、循环农业、共享农业、高科技农业的综合发展。

第二,乡村经济要因地制宜发掘自身资源优势,走资源型开发道路。农业资源丰富的村庄,村集体要紧紧围绕粮、畜、药、果、菜等特色农业,创办适应市场经济发展的粮油加工、农畜产品、中药材、蔬菜水果等农业产业化企业;矿产资源丰富的村庄,村集体既可以独资直接开发,还可以通过合资方式进行联合开发,增加集体收入;旅游资源丰富的村庄,村集体可以大力发展乡村旅游,壮大自己与旅游相关的第三产业。

第三,乡村经济发展,要优化农村集体土地资源的配置方式,引导经营方式升级。乡村经济的发展,要抓住城乡一体化的进程,地方政府要把土地出让金拿出至少50%用于乡村经济的发展和社会保障体系的构建,促进乡村振兴。土地是乡村集体经济最主要的资源,新时代乡村振兴要更新观念,在保障家庭承包经营权的前提下,通过土地整理、宅基地复垦、"四荒地"开发、村村合并等手段增加新的农业用地,守住农村耕地红线。在国家政策允许范围内,城镇或集镇周边的乡村,可以采用土地经营权入股、转让、租赁等形式,以企业化生产经营方式实现乡镇集体增利。

第四,要深化乡村产业融合,推动乡村产业升级。产业融合是乡村产业兴旺的重要出路。我国传统乡村产业具有封闭性与闭合性的特点,其缺点是整体运行效率不高,无法适应现代生产方式的需求。当下振兴乡村产业,需要推进乡村产业融合发展,乡村产业融合发展的关键是要素、理念和利益融合。乡村产业融合是以农业为基础,与相关产业间协同振兴,要充分发挥乡村产业要

---

① 朱启臻.乡村振兴背景下的乡村产业——产业兴旺的一种社会学解释[J].中国农业大学学报(社会科学版),2018(3):18-21.

素的优化整合,即除传统的种植业、养殖业之外,还要发展加工业、手工业、服务业、文化产业等,促进乡村产业健康融合发展。

5.5.3 改革乡村文化体制,激活乡村文化建设的主体力量

做好中国的事情,关键在人。改革开放以来,中国共产党领导的乡村文化振兴是一种国家本位视角,乡村只是文化的输入之地,农民作为乡村文化主体却居于边缘化位置,其文化需求未能得到真正满足。广大农民是乡村社会的主体,也是乡村文化振兴的主体。国家关注农民文化参与,给予农民赋权,将农民的文化选择与文化偏好作为乡村文化政策的重要参考指标,充分尊重在乡村文化振兴中农民的主体地位,才能真正推动乡村文化的全面发展。

第一,凸显广大农民的主体性。文化即人化,是化人的过程。罗吉斯认为:"一个国家要发展,必须研究农民,对农民缺乏了解是很多国家发展失败的原因"①。改革开放以前,中国共产党的文化建设主要从政治角度出发,强调文化的政治属性,一元化的价值观成了文化的主旋律,不同层次、不同对象的文化差别被忽视,但用一种文化形式却难以满足人民群众的文化需要。改革开放以后,一元化文化结构被终结,但原有文化建设的思维和管理模式却延续了下来,乡村文化振兴成为一种国家单向度的输入,将重心放在可以量化统计的文化活动上,对看不见、数不清的文化活动关注不够,缺少对农民群体文化有效需求的满足。

新时代,乡村文化振兴的制度安排与政策设计需要打破单向度输入思维与模式的限制,遵从"以人民为中心"的理念。乡村文化建设需要契合农民文化传统、职业特点与复杂多元的需求结构,才能真正走进农民的内心世界,才能解决乡村文化荒漠化问题。因此,需要创新乡村文化振兴的新理念,充分调动广大农民参与文化、发展文化、创新文化的主动性,营造全社会尊重乡村生活方式与乡土文化价值的舆论氛围,改变以往一厢情愿的恩赐型送文化以及改造乡村文化的发展范式,在各类文化体系中尊重农民的主体地位,才会有助

---

① [美]罗吉斯.乡村社会的变迁[M].王晓毅,王地宁译,杭州:浙江人民出版社,1988:320.

于乡村文化的发展繁荣。乡村文化振兴还要从广大农民的生产生活实际出发，坚持形式多样、业余自愿、健康有益、便捷长效的原则，丰富乡村文化生活。传统乡村文化建设中，文化被当作宣传教育的工具与手段，政府按照自己的意愿来要求农民遵从基本的文化秩序，没有赋予农民文化建设的主动权。随着乡村社会发展的变化，农民文化需求呈现出多样化的特点。而"乡村文化振兴需要村庄内部具有承接主体，积极参与乡村文化的供给与服务，对乡村文化振兴重要性与内容有充分认同，并且能够提供必要的智力支持"。[①] 同时，乡村文化振兴还要推进乡村中参与度广、认同度高的文化活动来发挥乡村文化的独特精神，使农民在感知乡村文化魅力中提升参与乡村文化振兴的自觉性。

第二，激发乡村文化传播的主动性。乡贤文化是我国传统文化在乡村社会中的一种表现，传统社会中，乡贤在推动伦理维系、民风淳化、乡土认同等方面发挥了无可替代的作用。尤其是乡贤作为乡村文化建设的主体，极力推行以儒家文化为内核的价值传播，对于乡村社会而言，乡贤不仅是乡村秩序的维护者，更是乡村文化建设的引领者。唐朝刘知几在《史通·杂述》中记载："郡书者矜其乡贤，美其邦族"。乡贤所承载的榜样文化、先进文化，成了一定地域范围内具有塑造思想、信仰与价值的文化形态，可以切实增进乡村的道德教化。步入新时代，中国共产党在乡村振兴过程中需要进一步挖掘新乡贤群体承载的精神价值与品格传承，使其在乡村文化振兴中发挥好示范作用。乡贤创造的乡贤文化，是传统乡村社会的一种重要文化样式，是我国优秀传统文化精神延续的重要载体，其在新时代中国共产党乡村文化振兴中与社会主义核心价值观培育一起产生了同构性。尤其是新乡贤群体将个人奋斗融入了地方社会经济与文化建设之中，延存了传统乡贤文化所孕育的精神价值，为乡村社会积聚了一定的文化资本，这也正是新时代乡村文化建设所需的。

总之，新乡贤群体作为一种榜样文化的象征，由于对村民道德观念型塑的辐射性作用，在传承乡风民俗、传布诗书礼义、修复乡村记忆、聚集乡愁文脉中具有无可替代的地位。尤其是其承传的文化根脉与道德引领的柔性之力，连接起了传统与现代的关系，为新时代中国共产党乡村振兴过程中乡村文化建

---

① 李祖佩.村庄空心化背景下的农村文化建设：困境与出路——以湖北省空心村为分析对象[J].中州学刊,2013(6):72-77.

设注入了新的活力。

5.5.4 构建现代化国家治理体系，为乡村文化振兴提供保障

中国特色社会主义进入新时代，中国国家治理从理论到实践都发生了广泛的深层次的变革，需要在国家治理体系与治理能力现代化的全新理念的基础上，创造符合乡村文化发展的政治环境。

第一，推进国家治理体系现代化，为乡村文化振兴创造条件。为了培育符合新时代发展要求的社会主义核心价值观体系，必须不断发展和完善中国特色社会主义政治制度，稳步推进国家治理体系的制度化、规范化、有序化。习近平总书记强调："构建现代化的国家治理体系就是要体现人民意志、保障人民权益、激发人民创造活力，用制度体系保证人民当家作主。"[①]习近平总书记同时指出："要把坚定制度自信和不断改革创新统一起来，在坚持根本政治制度、基本政治制度的基础上，不断完善国家治理体系和治理能力现代化"。[②]对于进入新时代，致力于实现国家现代化的当下中国而言，通过推进国家治理体系现代化和提升国家治理能力，制定新的制度和完善旧的制度，将会大大改变人们参与政治的行为和观念，并深刻反映在文化上和价值观上。新时代，以推进国家治理体系和治理能力现代化，以人民当家作主制度体系为鲜明指向的新时代中国特色社会主义国家治理制度的完善和发展，对当前我国乡村文化振兴具有重要的引导作用。

第二，推进国家治理体系现代化，为乡村文化振兴提供保障。国家治理体系和治理能力现代化是实现社会主义现代化的特征之一。乡村治理是国家治理体系的重要有机组成部分。不断加强农村基层的基础工作，健全自治、法治、德治相结合的乡村治理体系，这不仅为国家治理体系的整体推进和发展打下了基础，也为实现全面建成小康社会，解决我国社会主要矛盾，贯彻新发展理念、实施乡村振兴战略奠定了基石。

---

① 王一彪.和党报青年一起读总书记重要论述[J].人民论坛,2019(8):18-25.
② 习近平.在中国文联十大、中国作协九大开幕式上的讲话[N].人民日报,2016-12-1.

党的十九大报告指出,国家治理体系和治理能力现代化是我国"两个一百年"奋斗目标的重要组成部分。当前,我国正处于决胜全面建成小康社会,开启全面建设社会主义现代化国家新征程的关键时期,无论是中国共产党对国家政权的领导,还是依法治国的方式,还是社会主义核心价值观的培育,还是乡村文化振兴的具体路径,这些都需要在坚持社会主义制度的基础上进行系统的顶层设计和科学谋划。习近平总书记指出:"推进国家治理体系和治理能力现代化,就是要适应时代变化,既要改革不适应实践发展要求的体制机制、法律法规,又要不断构建符合社会发展的新的体制机制、法律法规,使各方面制度更加科学、更加完善,实现党、国家、社会各项事务治理制度化、规范化、程序化。要注重国家治理能力建设,增强按制度办事、依法办事意识,善于运用制度和法律治理国家,把各方面制度优势转化为管理国家的效能,不断提高党科学执政、民主执政、依法执政水平"。[①] 在推进乡村现代治理的过程中,必须坚持党的领导、人民当家作主、依法治国三者的有机统一,坚持中国共产党领导、乡村自治制度等基本政治制度的功效,不断推进乡村治理制度体系完善和治理能力提升。国家治理要以法治为手段,在权力配置和运行方面构建起整体性的国家治理体系,同时把农民群众的政治参与纳入法治渠道,从而使政治生活日趋有章可循,并使之做到制度化、程序化、规范化,从而为构建符合时代需求的文化和价值观体系提供制度保证。

---

① 任进.全面深化改革中的地方治理体系重构[J].人民论坛,2014(4):30-36.

结　语

　　乡村文化是中华文明的根基,也是传承农耕文明的血脉,同时也是维系中国乡村社会稳定的精神动力。自近代以来,中国社会陷入了"三千年未有之大变局"中,中国乡村文化拉开了由传统向现代百年转型的序幕。中国共产党成立后,随着对中国乡村社会和革命道路认识的逐渐加深,在乡村开展"打土豪、分田地"的土地革命,同时在中央苏区等革命根据地、延安等解放区对乡村文化进行改造和建设,取得了民主革命时期中国共产党领导乡村文化建设的成功。

　　1949年中华人民共和国成立后,中共中央十分重视对乡村社会的改造和建设,伴随着经济建设的快速发展,文化建设也不可避免地要向前发展。党和政府为了为大规模的工业化奠定基础,也对乡村社会进行改造。由于实行城乡二元结构和以工业建设为中心、以城市建设为重点的思想理论与政策的基本取向,乡村的"失重"态势开始呈现出来。当然,熟悉乡土脉络的中国共产党在扫除乡村文盲、进行教育改造、提高乡村的医疗卫生等方面取得了成效,推进了"没有乡建派的乡村建设",提出了"新农村建设"的命题,这种建设是要求农村支援城市,农业支持工业的建设模式。肇始于农村的改革重新启动了中国的现代化进程,"闸门一旦开启,就再也关不上了"。伴随着一个又一个中央一号文件把农村工作放在首位,同时农业政策是"一个比一个思想解放,一个比一个开放",1982年,中央一号文件发布时,"包产到户"政策已经基本上在90%以上的农村开始实行了。随着改革的不断推进,改革的重心由乡村推向城市,农村政治、文化的改革逐渐滞后乃至缺失,"三农"问题开始凸显。20世纪末,"三农"问题再次成为社会各界关注的焦点。

　　"优秀的乡村文化能够提振农村地区精气神,增强农民凝聚力,孕育社会新风尚"。① 乡村文化是中华文明与中华文化的本质之所在,也是中华民族的根脉之所系,它既承载着我国传统文化传承之重,又担负着社会主义先进文化普及之责。只有把乡村文化建设好,中华民族文化的繁荣发展才有扎实的根基。中国共产党成立以来,党领导乡村文化建设是一个科学逻辑体系演进的过程。具体来说,主要表现在三个方面:在历史层面,延续了中华民族实现伟大复兴的乡村文化实践,尤其是中国共产党在民主革命时期和社会主义建设时期的乡村文化建设实践,为新时代的乡村文化建设奠定了深厚的历史底蕴;在理论层面,中国共产党继承了马克思列宁主义、毛泽东思想,结合新时代条件和乡村社会实际,在邓小平、江泽民、胡锦涛等领导人理论基础上进行了丰富与完善,形成了习近平新时代中国特色社会主义乡村文化建设理论体系,具有极强的科学性和时代性;在实践层面,受新时代中国特色社会主义科学理论的指导,在中国共产党的领导下,国家从顶层设计上为乡村文化建设做出了战略安排,构建起了合理的制度框架,不忘初心、牢记使命,不断推进中国特色社会主义乡村文化建设。

因此,中国共产党领导的乡村文化建设是集历史逻辑、理论逻辑与实践逻辑的完整统一,为构筑新时代乡村文化建设的整体性框架贡献了重要理论与实践支持。

第一,中国共产党的领导是乡村文化建设之要。历史是现实的源泉,中国共产党成立百年的历史发展证明,中国共产党的领导是中国特色社会主义制度的最大优势,是中国特色社会主义最本质的特征。乡村文化建设只有在党的领导下,建立在坚实的政治基础之上,方能保证中国特色社会主义文化前进的方向,因此必须增强乡村基层党组织在乡村文化建设中的领导力,强化其战斗堡垒作用。为了助推乡村社会的全面发展,党的十九大提出了乡村振兴战略,这是新时代中国共产党破解"三农"发展难题的又一项新的制度安排。

第二,马克思主义理论是乡村文化建设是之魂。马克思主义理论在指导中国共产党进行革命斗争、社会建设、改革开放的同时,在文化层面逐渐形成了新民主主义文化理论、社会主义文化"为人民服务"方向与"双百"方针、"两

---

① 任进.全面深化改革中的地方治理体系重构[J].人民论坛,2014(4).

手抓、两手都要硬"文明建设、先进文化思想、文化自信等具有中国元素的思想理论,成为我国乡村文化建设的重要资源。价值观能够用来刻画一个社会,也能够用以观察社会历史发展过程,更能够用来解释人的生活目标、行为差别。党的十八大以来,乡村振兴过程中乡村文化建设,以习近平新时代中国特色社会主义思想为指导,以社会主义核心价值观为引领,以贴近乡村生活、贴近农民实际的多样化形式,为农民增加精神价值的供给,在乡村构建起主流价值观,使社会主义道德观念内化为农民的自觉意识,营造好崇尚真善美、反对假丑恶的时代新风,从而为乡村民众提供文化之魂。

第三,乡村优秀传统文化是乡村文化建设之基。传统不是保守的过去,而是在历史之中萃取出的文化力量。每个时代的人都是在前人创造的文化传统基础上前行的,缺失了这一基点,个人无法生存,更不用谈发展。习近平指出:"中华传统美德是中华文化的精髓,蕴含着丰富的思想道德资源。不忘本来才能开辟未来,善于继承才能更好创新"。① 改革开放以来,在乡村现代化的进程中,乡村优秀的传统文化被抛弃,对联、龙灯、社火、对歌等文化形式被城市文化的狂欢所代替,乡村不断在丧失着乡村性。中国共产党从成立到现在,一直是中华优秀传统文化的传承者与弘扬者,乡村振兴中的文化建设需要其大力传承乡村优秀的文化传统,极力维护乡村文化之基,为新时代奋进中的乡村民众提供精神支撑与文化自信。只有做好优秀传统文化的创造性转化与创新性发展,才能为新时代乡村文化建设筑牢文化之基,增强乡村民众继续前进的精神力量。

第四,乡村民众是乡村文化建设之体。主体性是事物发展的根本动力,能够推动事物更好更快地发展。长久以来,乡村社会一直是中国文化的根脉之所系,在所孕育的独特而底蕴深厚的乡村文化中,乡村民众扮演着非常重要的角色,即乡村民众是乡村文化的创造者、承传者与评判者。毛泽东指出:"凡是需要群众参加的工作,如果没有群众的自觉与自愿,就会流于徒有形式而失败"。② 改革开放以来,中国共产党领导乡村文化建设,其实是一种国家本位的建设,忽视了乡村民众文化建设的主体性。党的十八大报告强调:"要开展

---

① 习近平.在中国文联十大、中国作协九大开幕式上的讲话[N].人民日报,2016-12-1(1).
② 毛泽东.中国共产党宣传工作文献选编(1937—1949)[M].北京:学习出版社,1996:566.

群众性文化活动,引导群众在文化建设中自我表现、自我教育、自我服务"。这就为乡村民众在乡村文化建设中合理表达实际文化需要与文化意愿明确了方向,有利于农民群众基本文化权益的满足。新时代,乡村振兴进程中的文化建设,绝不是应成为城市文化精英所设计的文化,而是要以满足农民群体的精神文化需求为目标,旨在形成凝聚乡村个体的文化认同。因此,新时代乡村振兴过程中的乡村文化建设,要立足乡村视角,要以乡村民众为本位,要倾听来自农民对文化的呼唤,减少外部规划与农民自主性间的张力,最大化地拓展政策表达与农民诉求的交集区域,这是解决乡村文化荒漠化与空心化的必然选择。

第五,"五位一体"协调发展是乡村文化建设之根。文化是一个国家的灵魂、民族的血脉,是一个民族传承和发展最根本、最深沉、最持久的力量,也是凝聚民族向心力,增强民族自信心,团结各族人民共同奋斗的坚强基石。乡村文化振兴与乡村地区的经济、政治、社会和生态文明振兴相结合,构成"五位一体"总体布局,环环相扣,协调发展。只有贯彻乡村振兴的新理念,振兴现代化农业经济体系,才能实现农村地区高质量、可持续的发展;只有在农村地区推行"自治、法治、德治"相结合的治理体系,才能激发农民意志、保障农民权益、激发农民的创造活力;只有振兴乡村文化,才能激发乡村题材的文化创新活力,推动乡村文化繁荣兴盛;只有提高保障和改善农民的生活水平,构建新乡贤参与的乡村社会治理体系,才能使农民获得感、幸福感、安全感更加充实、更有保障;只有在农村地区加快生态文明振兴,振兴美丽乡村,才能构建出人与自然和谐共生的美好画面。因此,乡村振兴,文化振兴是指引,经济发展是基础,政治改革是保证,社会振兴是条件,生态文明振兴是结果。乡村文化振兴既独立于其他四项振兴,又与其他四项振兴密切相关。因此只有"五位一体"协调发展,才能保障实现乡村文化振兴。

从中国共产党成立以来领导乡村文化建设的大历史视角来考量,习近平新时代乡村文化建设的关键之处就是"要、魂、基、体、根"的系统性、整体性构建,即中国共产党的领导是乡村文化建设之要;马克思主义理论是乡村文化建设之魂;乡村优秀传统文化是乡村文化建设之基;乡村民众是乡村文化建设之体;"五位一体"系统发展是乡村文化建设之根。这是历史赋予我们最珍贵的启迪。

在党的十九大报告中,习近平总书记提出乡村振兴战略,这是解决"三农"问题的总抓手。乡村振兴战略的本质是回归乡土中国,以乡风建设为灵魂,并在经济现代化和全球化背景下超越乡土中国。实施乡村振兴战略,是重构中国乡村文化的重大举措,同时也是弘扬中华优秀传统文化的重大战略。在充分考虑传统文化特别是吸取其精髓文化,来建立现代化的社会文化,因为文化具有历史延续性,新文化不可能凭空从天上掉下来,传统文化也不会一夜消失。因此既要继承传统乡村文化中善良、淳朴、诚信、友善、和谐等价值理念,又要学习传统文化中秉持天下为公、自强不息、崇德重义、道法自然等文化品格。构建植根于传统乡村文化基础上的新乡村文化,要借鉴现代文化的价值理念,以社会主义核心价值系为核心,在"历史之根"与"现代之源"中找到平衡点,凝聚共识,和谐共生,为新时代乡村振兴提供精神动力和智力支持。新时代乡村振兴不仅培养农民对乡村文化的认同,同时培养其对乡村文化的自觉意识,通过农民喜闻乐见的形式,让其接受并传播现代文化中的精髓,意识到自己所属文化的渊源,树立对传统乡村文化价值的认同理念,积极倡导良好家风、乡风、民风,从而重塑乡村文化价值。

　　重塑乡村文化价值体系,乡村文化建设要与社会主义核心价值相互融合,"在乡村文化振兴过程中也应正确看待乡村社会传统的宗族意识、家族观念等文化形态。这些传统的文化形态如果运用得当,在一定条件下可以发挥伦理道德方面的整合和规范作用。"[①]"在文化观念上,不仅要打破城乡二元对立,也要打破意识形态的约束,站在新的高度重新发现'乡土'的价值"。[②] 在数千年的历史文化长河中,乡村传统文化为民族发展提供了强大的精神动力,中国特色社会主义进入新时代,这种精神动力必将延续,并发扬光大。在重建乡村文化价值的过程中,以党支部、村委会为统领,以新乡贤的引领带动为核心,以提升"老农人"的文化素养和技术水平为基础,以培养新型职业农民为依托,以返乡创业创新的新型农民为补充,充分发挥农民社会团体的自治作用,系统构建乡村文化的"要、魂、基、体、根",同时打造乡村文化建设的保障体系,从

[①] 姬会然,慕良泽.20世纪以来国家与乡村社会关系演进的文化谱系:文献检视与反思[J].中国农业大学学报(社会科学版),2014(3):54-63.

[②] 潘家恩,温铁军.三个"百年":中国乡村建设的脉络与展开[J].开放时代,2016(4):125-145.

多个维度共同打造乡村文化建设共同体,为乡村文化振兴提供有力的支撑。同时不断从新时代中国特色社会主义建设的伟大实践中吸取新鲜养分,展现传统文化的民族性、时代性、先进性,展示出传统文化的中国特色、中国风格、中国气派,进而推动乡村文化走向繁荣,走向世界,为传承中华优秀文化和建设现代文化强国提供支持。乡村文化建设,乡村振兴战略,任重而道远!

参考文献

一、经典著作

[1] 马克思恩格斯选集(第1-4卷)[M].北京:人民出版社,2012.

[2] 马克思恩格斯文集(第1-10卷)[M].北京:人民出版社,2009.

[3] 列宁选集(第1-4卷)[M].北京:人民出版社,2012.

[4] 毛泽东选集(第1-4卷)[M].北京:人民出版社,1991.

[5] 毛泽东文集(第6-8卷)[M].北京:人民出版社,1999.

[6] 邓小平文选(第1-2卷)[M].北京:人民出版社,1994.

[7] 邓小平文选(第3卷)[M].北京:人民出版社,1993.

[8] 江泽民文选(第1-3卷)[M].北京:人民出版社,2006.

[9] 中共中央文献研究室.三中全会以来重要文献选编(上、下)[M].北京:中央文献出版社,2011.

[10] 中共中央文献研究室.十二大以来重要文献选编(上、中、下)[M].北京:中央文献出版社,2011.

[11] 中共中央文献研究室.十三大以来重要文献选编(上、中、下)[M].北京:中央文献出版社,2011.

[12] 中共中央文献研究室.十四大以来重要文献选编(上、中、下)[M].北京:中央文献出版社,2011.

[13] 中共中央文献研究室.十五大以来重要文献选编(上、中、下)[M].北京:中央文献出版社,2011.

[14] 中共中央文献研究室.十六大以来重要文献选编(上、中、下)[M].北京:中央文献出版社,2011.

［15］胡锦涛文选（第1-3卷）[M].北京：人民出版社,2016.

［16］中共中央文献研究室.十七大以来重要文献选编（上、中、下）[M].北京：中央文献出版社,2013.

［17］习近平谈治国理政[M].北京：外文出版社,2014.

［18］中共中央文献研究室.十八大以来重要文献选编（上、中）[M].北京：中央文献出版社,2016.

［19］中共中央文献研究室.习近平关于社会主义文化建设论述摘编[M].北京：中央文献出版社,2017.

［20］习近平.决胜全面建成小康社会夺取新时代中国特色社会主义伟大胜利[M].北京：人民出版社,2017.

［21］习近平谈治国理政（第2卷）[M].北京：外文出版社,2017.

［22］《中共中央国务院关于实施乡村振兴战略的意见》编写组.中共中央国务院关于实施乡村振兴战略的意见[M].北京：人民出版社,2018.

［23］习近平谈治国理政（第3卷）[M].北京：外文出版社,2020.

二、中文专著

［1］上海私塾改良会.私塾改良总会章程[M].北京师范大学图书馆藏铅印本,1905.

［2］冯紫岗.农民问题概论[M].南京：岐山书店,1929.

［3］舒新城.近代中国思想史[M].中华书局,1929.

［4］章元普,许仕廉.乡村建设实验（第1集）[M].上海：中华书局,1934.

［5］河北省社会科学院历史研究所.晋察冀抗日根据地史料选编（下册）[M].石家庄：河北人民出版社,1983.

［6］何友良.中国苏维埃区域变动史[M].北京：当代中国出版社,1996.

［7］陈序经.乡村建设运动[M].上海：大东书局,1946.

［8］孙邦正.六十年来的中国教育[M].中国台北：正中书局,1971.

［9］江恒源.农村改进的理论与实际[M].上海：生活书店,1935.

［10］千家驹,李紫翔.中国乡村建设批判[M].上海：新知书店,1936.

[11] 陈兆庆.中国农村教育概论[M].上海:商务印书馆,1937.

[12] 章有义.中国近代农业史资料(第2、3辑)[M].北京:三联书店,1957.

[13] 国家统计局.伟大的十年:中华人民共和国经济和文化建设成就的统计[M].北京:人民出版社,1959.

[14] 陈翰笙.中华人民共和国成立前的中国农村(第2辑)[M].北京:中国展望出版社,1986.

[15] 第一、二次国内革命战争时期土地斗争史料选编[M].北京:人民出版社,1981.

[16] 宋恩荣.晏阳初全集(第1卷)[M].长沙:湖南教育出版社,1989.

[17] 李济东.晏阳初与定县平民教育[M].石家庄:河北教育出版社,1990.

[18] 陈元晖,琼鑫圭,邹光威.老解放区教育资料(第1册)[M].北京:教育科学出版社,1981.

[19] 费孝通,吴晗著.皇权与绅权[M].天津:天津人民出版社,1983.

[20] 梁漱溟.乡村建设理论[M].上海:上海人民出版社,2006.

[21] 许纪霖,陈达凯.中国现代化史(第一卷1800—1949)[M].上海:学林出版社,2006.

[22] 第一次国内革命战争时期的农民运动资料[M].北京:人民出版社,1983.

[23] 皇甫束玉,宋荐戈.中国革命根据地教育纪事[M].北京:教育科学出版社,1989.

[24] 陶行知.中国教育改造(重版)[M].合肥:安徽人民出版社,1981.

[25] 高军.中国社会性质问题论战[M].北京:人民出版社,1982.

[26] 王先明.近代绅士——一个封建阶层的历史命运[M].天津:天津人民出版社,1996.

[27] 费孝通.乡土中国[M].上海:上海人民出版社,2006.

[28] 史全生.中华民国文化史[M].长春:吉林文史出版社,1990.

[29] 李向平.信仰、革命与权力秩序[M].上海:上海人民出版社,2006.

[30] 黄平.乡村中国与文化自觉[M].北京:三联书店,2007.

[31] 张静如,刘志强.北洋军阀统治时期中国社会之变迁[M].北京:中国人民大学出版社,1992.

[32] 晏阳初.晏阳初文集[M].成都:四川教育出版社,1990.

[33] 薛暮桥,冯和法.中国农村论文选(上册)[M].北京:人民出版社,1983.

[34] 任时先.中国教育思想史(下册)[M].上海:上海书店,1984.

[35] 王栻.严复集第1册[M].北京:中华书局,1986.

[36] 罗荣渠.从西化到现代化[M].北京:北京大学出版社,1990.

[37] 甘满堂.村庙与社区公共生活[M].北京:社会科学文献出版社,2007.

[38] 费孝通.费孝通文集(第1—4卷)[M].北京:群言出版社,1999.

[39] 郑大华.民国乡村建设运动[M].北京:社会科学文献出版社,2000.

[40] 中国近代学制史料(第2辑上册)[M].上海:华东师范大学出版社,1987.

[41] 李宗桂.中国文化概论[M].广州:中山大学出版社,1988.

[42] 汪晖,陈燕谷.文化与公共性[M].北京:三联书店,2005.

[43] 陈吉元.中国农村社会经济变迁(1949—1989)[M].太原:山西经济出版社,1993.

[44] 钱穆.中国文化史导论[M].北京:商务印书馆,1994.

[45] 金耀基.从传统到现代[M].北京:中国人民大学出版社,1999.

[46] 郑谦.被"革命"的教育——"文化大革命"中的"教育革命"[M].北京:中国青年出版社,1999.

[47] 冯天策.信仰导论[M].桂林:广西人民出版社,1992.

[48] 李德顺.价值论[M].北京:中国人民大学出版社,1995.

[49] 中华人民共和国教育部.共和国教育50年[M].北京:北京师范大学出版社,1999.

[50] 金观涛,刘青峰.开放中的变迁:再论中国社会超稳定结构[M].香港:香港中文大学出版社,2000.

[51] 王玉梁. 理想、信念、信仰与价值观[M]. 西安:陕西人民出版社,2001.

[52] 陈先达. 理论自信——做坚定的马克思主义信仰者[M]. 长春:吉林人民出版社,2016.

[53] 刘建军. 马克思主义信仰论[M]. 北京:中国人民大学出版社,1998.

[54] 黄明理. 马克思主义魅力与信仰研究[M]. 北京:人民出版社,2016.

[55] 檀传宝. 信仰教育与道德教育[M]. 北京:教育科学出版社,1999.

[56] 候惠勤. 马克思主义意识形态理论[M]. 南京:南京大学出版社,2011.

[57] 赵敦华. 基督教哲学1500年[M]. 北京:人民出版社,1994.

[58] 向玉乔. 后现代西方伦理学研究[M]. 北京:中国社会科学出版社,2011.

[59] 荆学民. 人类信仰论[M]. 上海:上海文化出版社,1992.

[60] 荆学民. 当代中国社会信仰论[M]. 北京:人民出版社,2008.

[61] 韩庆祥. 马克思主义的人学理论[M]. 郑州:河南人民出版社,2011.

[62] 荆学民. 社会转型与信仰重建[M]. 太原:山西教育出版社,1999.

[63] 刘建军. 马克思主义信仰论[M]. 北京:人民出版社,1998.

[64] 刘建军,张雷声. 命运的评说——马克思在当代[M]. 北京:中国人民大学出版社,1994.

[65] 张之沧. 西方马克思主义伦理思想研究[M]. 南京:南京师范大学出版社,2009.

[66] 刘建军. 信仰的呼唤——社会主义市场经济条件下的信仰问题研究[M]. 北京:人民出版社,2011.

[67] 黄明理. 社会主义道德信仰研究[M]. 北京:人民出版社,2006.

[68] 徐贲. 怀疑的时代需要怎样的信仰[M]. 北京:东方出版社,2013.

[69] 杨素稳,李德芳. 中国共产党农村思想政治教育史[M]. 北京:中国社会科学出版社,2007.

[70] 徐秦法. 社会治理中的信仰价值研究[M]. 北京:光明日报出版社,2012.

[71] 李向平.中国信仰研究(第1辑)[M].上海:上海人民出版社,2011.

[72] 何兹全.中国文化六讲[M].郑州:河南人民出版社,2004.

[73] 贺雪峰.乡村治理与秩序[M].武汉:华中师范大学出版社,2003.

[74] 虞和平.中国现代化历程(二)[M].南京:江苏人民出版社,2001.

[75] 葛兆光.中国思想史(第2卷).七至十九世纪中国的知识、思想与信仰[M].上海:复旦大学出版社,2001.

[76] 贺雪峰.乡村研究的国情意识[M].武汉:湖北人民出版社,2004.

[77] 方晓东.中华人民共和国教育史纲[M].海口:海南出版社,2002.

[78] 黄宗智.中国乡村研究(第二辑)[M].北京:商务印书馆,2003.

[79] 梁漱溟.梁漱溟全集(第1—8卷)[M].济南:山东人民出版社,2005.

[80] 钱理群,刘铁芳.乡村中国与乡村教育[M].福州:福建教育出版社,2008.

[81] 叶敬忠,潘璐.别样童年:中国农村留守儿童[M].北京:社会科学文献出版社,2010.

[82] 蒋一之.道德原型与道德教育[M].杭州:浙江大学出版社,2008.

[83] 安启念.马克思恩格斯伦理思想研究[M].武汉:武汉大学出版社,2010.

[84] 余秀兰.中国教育城乡差距:一种文化再生产分析[M].北京:教育科学出版社,2004.

[85] 徐勇,吴理财.走出"生之者寡,食之者众"的困境:县乡村治理体制反思与改革[M].西安:西北大学出版社,2004.

[86] 徐秀丽.中国近代乡村自治法规选编[M].北京:中华书局,2004.

[87] 过常宝.中华优秀传统文化读本[M].北京:北京师范大学出版社,2017.

[88] 杨志刚.孝经与孝文化[M].北京:人民日报出版社,2014.

[89] 李建华.多元文化时代的价值引领[M].北京:人民出版社,2012.

[90] 朱启臻.留住美丽乡村-乡村存在的价值[M].北京:北京大学出版社,2014.

[91] 宁先圣,石新宇.社会主义核心价值体系与当代社会思潮[M].北京:北京科学文献出版社,2012.

[92] 张鸣.乡村社会权利和文化结构的变迁:1903-1953[M].西安:陕西人民出版社,2013.

[93] 刘旦.中国留守儿童妇女老人调查[M].广州:广州人民出版社,2013.

[94] 李秀忠,李妮娜.当代中国乡村文化建设问题研究[M].济南:山东人民出版社,2014.

[95] 赵霞.乡村文化的秩序转型与价值重建[M].石家庄:河北人民出版社,2013.

[96] 袁行霈.中华传统文化经典百篇[M].北京:中华书局,2016.

[97] 张红艳.马克思恩格斯家庭伦理思想与其当代价值[M].桂林:广西师范大学出版社,2015.

[98] 钟永圣.传承与复兴:社会主义核心价值观的中华文化解读[M].北京:中国青年出版社,2015.

[99] 冯俊锋.乡村振兴与中国乡村治理[M].成都:西南财经大学出版社,2017.

[100] 居云飞.兴国之魂:社会主义核心价值观与中华优秀传统文化[M].北京:中国社会科学出版社,2015.

[101] 潘利红,李韬.马克思主义中国化发展史概论[M].北京:中共党史出版社,2015.

[102] 林峰.乡村振兴战略规划与实施[M].北京:中国农业出版社,2018.

三、中文译著

[1] [美]杜赞奇.文化、权利与国家——1900-1942年的华北农村[M].王福明译.南京:江苏人民出版社,2004.

[2] [苏]马卡连柯.论共产主义教育[M].刘长松,杨慕之译.北京:人民

教育出版社,1962.

[3][英]贝思飞主.民国时期的土匪[M].徐有威等译.上海:上海人民出版社,1992.

[4][美]R.麦克法夸尔,费正清.剑桥中华人民共和国史.下卷.中国革命内部的革命:《1966—1982》[M].愈金尧译.北京:中国社会科学出版社,1990.

[5][英]爱德华·伯内特·泰勒.原始文化[M].连树声译.上海:上海文艺出版社,1992.

[6][美]艾恺.最后的儒家:梁漱溟与中国现代化的两难[M].王宗昱,冀建中译.南京:江苏人民出版社,2004.

[7][美]罗思文,安乐哲.生民之本:《孝经》哲学诠释与英译[M].何金俐译.北京:北京大学出版社,2010.

[8][美]洛易斯·惠勒·斯诺.斯诺眼中的中国[M].王恩光译.北京:中国学术出版社,1982.

[9][美]黄宗智.长江三角洲的小农家庭和乡村发展[M].北京:中华书局,1992.

[10][美]熊玠.习近平时代[M].纽约:美国时代出版公司出版,2015.

四、中文期刊

[1]姬会然,慕良泽.20世纪以来国家与乡村社会关系演进的文化谱系:文献检视与反思[J].中国农业大学学报(社会科学版),2014(3).

[2]姜萌.乡土意识与国家情怀:清末乡土史志书写的特点及其问题[J].史学月刊,2014(5).

[3]钱理群.梁漱溟乡村建设思想及其当代价值[J].中国农业大学学报(社会科学版),2016(4).

[4]鲁振祥.三十年代乡村建设运动的初步考察[J].政治学研究,1987(4).

[5]罗志田.科举制的废除与四民社会的解体——一个内地乡绅眼中的

近代社会变迁[J].清华学报,1995(12).

[6] 龙太江.国家政权建设与乡村发展-对革命后中国乡村社会现代化进程的反思[J].衡阳师范学院学报(社会科学版),2002(1).

[7] 王先明.中国乡村建设思想的百年演进[J].南开学报(哲学社会科学版).2016(1).

[8] 朱汉国,姜朝晖.略论民国时期乡村教育中的文化冲突[J].历史教学问题,2012(2).

[9] 罗志田.中国文化体系之中的传统中国政治统治[J].战略与管理,1996(3).

[10] 马俊亚.20世纪二三十年代的乡村危机:事实与表述[J].史学月刊,2013(11).

[11] 王国胜.现代化过程中的乡村文化变迁探微[J].理论探索,2006(5).

[12] 徐勇,徐增阳.中国农村和农民问题研究的百年回顾[J].华中师范大学学报,1999(6).

[13] 金耀基.中国现代文明秩序的建构[J].北京大学学报,1996(1).

[14] 王学典.历史研究民间取向值得倡导-两汉乡村社会史简评[J].史学理论研究,1998(3).

[15] 衣俊卿.社会发展与文化转型-关于发展哲学的核心问题的思考[J].哲学动态,2000(3).

[16] 周军.当代中国乡村文化变迁的因素分析及路径选择[J].中央民族大学学报(哲学社会科学版),2011(2).

[17] 张鸣.教育视野下的乡村世界——由"新政"谈起[J].浙江社会科学,2003(3).

[18] 刘博.精英历史变迁与乡村文化断裂-对乡村精英身份地位的历史考察与现实思考[J].青年研究,2008(4).

[19] 王先明.从东方杂志看近代乡村社会变迁-近代中国乡村式研究的视角及其他[J].史学月刊,2004(12).

[20] 陈刚.陵江三峡乡村建设实验:中国现代文化启蒙新路径[J].重庆

社会科学,2005(1).

[21] 李松.城镇化进程中乡村文化的保护与变迁[J].民俗研究,2014(1).

[22] 潘家恩,温铁军.三个"百年":中国乡村建设的脉络与展开[J].开放时代,2016(4).

[23] 项继权,鲁帅.中国农村改革与马克思主义"三农"理论的中国化[J].社会主义研究,2019(6).

[24] 贺立龙.乡村振兴的学术脉络与时代逻辑:一个经济学视角[J].四川大学学报(哲学社会科学版),2019(9).

[25] 荣开明.论新时代中国精神的三个基本问题[J].观察与思考,2019(3).

[26] 史敬文.新时代高质量推进乡风文明建设研究[J].江南论坛,2019(1).

[27] 李艳丰.在文化自信中培育和践行社会主义核心价值观[J].贵州大学学报(社会科学版),2018(12).

[28] 王宇翔,陈建华.中国古代乡村治理模式的影响因素、特点及其变迁[J].西北农林科技大学学报(社会科学版),2011(6):137-143.

[29] 吴敏燕.习近平关于文化建设重要论述的逻辑理路[J].中共中央党校(国家行政学院)学报,2019(4).

[30] 孙喜红,贾乐耀,陆卫明.乡村振兴的文化发展困境及路径选择[J].山东大学学报(哲学社会科学版),2019(9).

五、硕博学位论文

[1] 周军.中国现代化进程中乡村文化的变迁及其建构问题研究[D].长春:吉林大学博士学位论文,2010.

[2] 聂捷.毛泽东农村文化建设思想研究[D].湘潭:湘潭大学硕士学位论文,2013.

[3] 彭广林."大跃进"时期的典型报道研究[D].武汉:华中科技大学博

士论文,2013.

［4］王欣瑞.现代化视野下的民国乡村建设思想研究［D］.西安:西北大学博士学位论文,2007.

［5］刘鹤.全球化视阈下文化交往战略研究［D］.长春:东北师范大学博士论文,2018.

［6］陈晶莹.习近平关于文化强国建设战略思想研究［D］.杭州:浙江大学博士论文,2018.

六、报刊文章

［1］坚定文化自信推动文化发展［N］.人民日报,2016-10-20.

［2］从延续民族文化血脉中开拓前行--以习近平同志为总书记的党中央从中华传统文化中汲取思想智慧治国理政记叙［N］.光明日报,2016-03-02.

［3］习近平传统文化观内涵丰厚［N］.中国社会科学报,2016-03-20.

［4］新知新觉:推进社会治理共同体建设［N］.人民日报,2019-11-21.

［5］中共中央国务院关于实施乡村振兴战略的意见［N］.人民日报,2018-02-05.

［6］习近平.在纪念马克思200周年诞辰大会上的讲话［N］.人民日报,2018-05-05.

七、外文文献

［1］Charles. Moore:The Chinese mind:essentials of Chinese Philosophy and Culture,Honolulu East-West Center Press,1967.

［2］Sidney D Gamble China l917 - 1932. Photographs of the Land and People,Alvin Rosenbaum Projects Inc,Washington,D. C. 1988.

［3］F. H. King. Farmers of Forty Centuries or Permanent Agriculture in China, Korea and japan［J］. The Quarterly Journal of Economics, VOL. 33, November,1918.

［4］Country Life in South China：Zhe Sociology of Familism，N. Y. Teachers College，Columbia University，1925.

［5］Daniel J. McKaughan. On the value of faith and faithfulness［J］. International Journal for Philosophy of Religion，2017（4）.

［6］Maliniwsk，Crime and Custom in Savage Society，London：K. Paul，Trench，Trubner & Co. 1926：15.

［7］Stephen Uhall Jr. A History of the Chinese Communist Parties. Hoover Institution Press，Stanford University 1988.

［8］Benjamin A. Elman，A Cultural History of Civil Examinations in Late Imperial China［M］. Berkeley，Lo s Angeles& London：University of California Press，2000.

［9］Stig Thogersen：A county of culture：twentieth-century China seen from the village schools Of Zouping，Shandong. University of Michigan Press 2002.

［10］Eugen Ehrlich. 1936. Fundamental Principle of the sociology of law （English edition）. Harvard University press：1.

［11］Yang Ching-Kun：1944. A North China Local Market Economy：A Summary of a study of

［12］Periodic Market in ZouPing, Shantung. NewYork：Instjtute of Pacific Relations.

［13］Ahn Byung-joon. Chinese Politics and the Cultural Revolution：Dynamics of Policiy Processes.

［14］Seattle，Wash. and London：University of Washington Press，1976.

［15］Ashok Collins. Towards a Saturated Faith：Jean-Luc Marion and Jean-Luc Nancy on the Possibility of Belief after Deconstruction［J］. Sophia，2015（3）.

［16］Solinger Dorothy J. China's Transition from Socialism. An East Gate Book M. E. Sharpe，1993.

［17］Vivienne Shue，The Reach of the State：Stretches of the Chinese Body Politic［M］. Stanford：Stanford Univercity Press，1988.

［18］Myron Cohen，1993，Cultural and political；inventions in Modern

China; the case of the Chinese"peasant", Daedalus, Vol133, No1, 151-170.

[19] Norbert Rouland. 1994. Legal Anthropology, London: The Athlone Press, 1994: 169.

[20] Integrating Relationship Constructs and Emotional Experience into False Belief Tasks in Preschool Children[J]. Doug Symons, Elizabeth McLaughlin, Chris Moore, Stephany Morine. Journal of Experimental Child Psychology. 1997(3).

后 记

　　回顾与展望百年中国乡村文化建设策略研究，在习近平新时代乡村振兴大背景下是一个极为重要的课题。从百年中国乡村文化变迁的历史中，审视中国共产党成立100年来领导下的乡村文化建设策略，既具有历史意义和理论意义，又对习近平总书记在党的十九大提出的乡村振兴战略提供可资借鉴的思想资源，具有深远的现实意义。

　　乡村文化是五千年中华文明的根基，传承农耕文明的血脉，也是维持传统中国乡村社会稳定的精神动力。本书对中国共产党领导下乡村文化建设策略进行系统研究，尝试回到历史发展的脉络中，以中国社会现代转型的历史视角为切入点，通过对百年中国乡村建设进程背景的梳理，总结不同历史阶段不同党派和学派之间在乡村文化建设问题上的共性，并比较分析他们在再造民族文化背后的思想分歧和不同路径选择，尤其注重对中国共产党领导的乡村文化建设何以能够取得成功的原因进行综合分析。在评析乡村文化建设的路径选择时，力图站在客观的学术立场上，摈弃先入为主的观点，主张跳出"激进"与"保守"、建设与破坏二元对立的立场，打破历史与当代乡村文化建设实践在时空上的割裂，以"百年"为单位重新梳理乡村文化变迁的基本脉络，在中国现代化的历史进程中，重新审视中国共产党领导的乡村文化变迁的脉络与张力，可以揭示出乡村文化发展转型的历史轨迹，寻求乡村文化历史发展的内在理路，为新时代乡村文化建设、乡村文明振兴提供一点启示。

　　在本书的写作过程中，马啸吟老师在论文选题、大纲设计、内容梳理、观点创新等方面给予了无私的帮助，另外还有田华、王秋红、张鹏、李鹏、周绍田等专家和学者也提供了帮助和指导，在此致以衷心的感谢。

　　最后需要指出的是，新时代关于乡村文化建设的研究还需要更加深入，对于进城农民工文化、乡村宗教文化以及乡村有过犯罪记录人群文化研究还比较少,未来还需要更加深入研究,书中如有不足,期望学界同仁提出宝贵意见。

晋东海
2022 年 1 月